城市轨道交通系列丛书

城市轨道交通土建工程

赵惠祥
谭复兴　编著
叶霞飞

中　国　铁　道　出　版　社

2009年·北京

内 容 简 介

本书论述了城市轨道交通工程中有关轨道结构工程、轨道交通的线路设计、地下铁道结构的设计与施工、高架铁道结构的设计与施工以及轨道交通工程的环境评价等方面的内容。

读者对象：从事城市轨道交通工程的工程技术人员、建设管理人员以及相关专业的大学生、研究生。

图书在版编目（CIP）数据

城市轨道交通土建工程/赵惠祥编著. —北京：中国铁道出版社，2000.6 (2009.2 重印)
ISBN 978-7-113-03719-2

Ⅰ.城... Ⅱ.赵... Ⅲ.①城市铁路-铁路线路-设计②城市铁路-铁路线路-工程施工 Ⅳ.U239.5

中国版本图书馆 CIP 数据核字 (2000) 第 20210 号

书　　名：城市轨道交通系列丛书
　　　　　城市轨道交通土建工程
作　　者：赵惠祥、谭复兴、叶霞飞
出版发行：中国铁道出版社 (100054，北京市宣武区右安门西街 8 号)
策划编辑：傅立谚
责任编辑：傅立谚
封面设计：陈东山
印　　刷：北京鑫正大印刷有限公司
开　　本：850 × 1168　1/32　印张：8.25　字数：215 千
版　　本：2000 年 6 月第 1 版　2009 年 2 月第 3 次印刷
印　　数：5001 ~ 7000 册
书　　号：ISBN 978-7-113-03719-2/U · 1027
定　　价：17.80 元

城市轨道交通系列丛书

主编：孙　章
何宗华
Thomas Brodocz
Walter Christ

序

世界上轨道交通很早就作为公共交通在城市中出现。随着科学技术和城市化的发展，大运量的轨道交通在现代大城市中越来越起着重要的作用。经济发达国家城市的交通发展历史告诉我们，只有采用大客运量的地铁和轻轨交通系统，才是从根本上改善城市公共交通状况的有效途径。

我国发展大运量轨道交通的历史也并不短，40 年前北京就开始了地铁建设。想建地铁的城市也不少，但一直因造价太贵而却步。至今一些百万人口以上的大城市，仍然用传统的公共汽车和无轨电车来维持客运的做法，已越来越不能满足城市居民高频率出行的需要。因而目前很多大城市又在考虑和策划修建轨道交通项目。除北京外，上海和广州都已经在建造现代化的地铁系统。北京、上海、天津、广州四城市虽已有地铁线路在运营，但远远不能较为普遍地满足需要。由于我国城市轨道交通的应用技术和基础理论都还处于开拓阶段，项目实施的大多数情况是要引进技术和设备，国产化率低，成为工程造价昂贵的主要原因。因而提高我国城市轨道交通行业的技术力量，发挥自主建设能力，努力降低工程造价，已是健康发展大运量轨道交通的关键。

为此，我们组织了建设部和铁道部的有关专家，编写了这套《城市轨道交通系列丛书》，同时还与德国西门子股份公司交通技术集团进行合作，吸收了一些实用而先进的技术成果，分别按不同专业内容纳入这套丛书。

这套系列丛书以普及现代城市轨道交通基础理论、知识为目标，较为全面系统地阐述了城市轨道交通的发展历史和先进的技术成果，同时也论述了不同类型轨道交通的系统特征、通用技术的适应范围、专业技术及其综合效应等。这套丛书可作为管理人员、专业技术人员和大专院校学生的基础理论知识读本，也可作为本行业专家学者在此基础上深化研究和促进技术发展的参考资料。

周干峙

1998 年

* 周干峙　中国科学院院士、工程院院士、建设部顾问、原建设部副部长。

前　言

《城市轨道交通系列丛书》是一套系统介绍城市轨道交通知识的丛书，而其中《城市轨道交通土建工程》一书，则是根据城市轨道交通的“基础设施”—— 土木建筑工程的内容而编写的。城市轨道交通的“基础设施”建设所涉及的土木建筑工程领域，包括了轨道结构工程、轨道交通的线路设计、地下铁道结构的设计与施工、高架铁道结构的设计与施工及轨道交通工程的环境评价等方面的知识。

随着我国城市轨道交通需求的迅速发展，越来越多的工程技术人员、建设管理人员、相关专业的大学生、研究生迫切希望有一本能较为系统地、综合地、全面地介绍与城市轨道交通相关的土木建筑工程方面的参考书，本书的写作动机即在于此。

本书作为《城市轨道交通系列丛书》之一，在编写过程中，结合了国内外有关城市轨道交通土建工程的最新进展，对城市轨道交通基础设施建设涉及的轨道结构、线路标准、地下工程及高架工程等进行了系统的阐述。全书共分 5 章：第一章系统地介绍了钢轨、轨枕、道床、道岔等组成轨道结构的设备；以及为保证车辆安全、快捷、平稳地运行，轨道结构必须保持的几何线形；本章同时还对城市轨道交通中普遍采用的无缝线路作了简要的介绍。第二章是选线设计的基本知识，在城市中选定轨道交通线路走向应该考虑的问题，以及在城市中建设轨道交通线路所必须遵循的设计标准。第三章介绍了设计地下铁道车站所涉及的专业门类，设计中必须考虑的问题，以及在城市地下修建车站和区间隧道施工中所经常遇见的问题。第四章则介绍了城市高架轨道交通的土建结构，高架桥梁、立柱的设计与施工。第五章讨论了城市轨道交通带来的振动、噪声污染以及可以采取的对策。

本书是在作者多年从事城市轨道交通土建结构和施工的教学、研究及实践基础上撰写的。本书的编著人员分工如下：第一章由谭复兴教授撰稿；第二章、第五章由叶霞飞副教授与赵惠祥副教授撰稿；第三章由丁春林硕士与周顺华教授撰稿；第四章由胡框章教授撰稿。全书经赵惠祥副教授、谭复兴教授及叶霞飞副教授编辑审阅定稿。

限于作者水平和时间紧迫，本书疏漏和错误之处在所难免，敬请读者能将意见反馈回来，以便今后修订和完善。书中引用了国内外有关城市轨道交通专家、学者的研究成果，并获得他们热情的指导，在此一并表示衷心的感谢。

作　者

1999 年

目　录

第一章　轨道结构工程

世界上第一条铁路诞生于19世纪初。1825年英国在达林顿（Darlington）到斯托克顿（Stockton）间修建了第一条公用铁路，迄今已有174年历史。当时的牵引动力为蒸汽机车，而轨道结构和现代的已很相仿。

轨道是由钢轨、轨枕、连接零件、道床、道岔和其他附属设备等组成的构筑物。组成轨道部件材料的力学性质差异极大，通过科学而可靠的方式把它们组合在一起，用以导向列车的运行、承受高速行驶列车的荷载并把荷载传递给支撑轨道结构的基础。

城市轨道交通的轨道结构由于线路一般穿过居民区（地下、地面或高架），还要另外考虑以下一些问题：

（1）为保护城市环境，对噪声控制要求较高，除了车辆结构采取减振措施，必要时修筑声屏障外，轨道结构也要采取减振措施。

（2）轨道交通行车密度大，运营时间长，留给轨道维修作业的时间很短，因而一般采用较强的轨道部件。新建轨道交通系统时，对浅埋隧道和高架结构，一般采用无碴道床等少维修轨道结构。

（3）轨道交通车辆一般采用电力牵引，以走行轨作为供电回路。为减小因漏泄电流（或称迷流）而造成周围金属设施的腐蚀，要求钢轨与轨下基础有较高的绝缘性能。

（4）受原有街道和建筑物所限，城市轨道交通曲线区段占很大比重，曲线半径一般比常规铁路小得多。曲线最小半径一般在100 m左右，有的为50 m甚至更小。在小半径曲线地段，应采用耐磨钢轨。钢轨铺设前应进行预弯，运营时钢轨应进行涂油以减少磨耗。

城市轨道交通的轨道结构工程主要包括轨道结构的基本设备、轨道交通线路的几何形位及无缝线路等内容。

第一节　轨道结构设备

一、钢　轨

钢轨的类型习惯上以每米大致质量数来表示。目前我国铁路的钢轨类型主要有 43、50、60、75 kg/m 等型式。质量愈大，表示断面强度等性能指标愈高。在我国城市轨道交通的线路中，早期的北京地铁使用了 50 kg/m 钢轨，90 年代新建的上海、广州地铁都采用了较重的 60 kg/m 钢轨，以期延长维修周期。轨道交通的停车线、站场线等非运营线路则采用较轻的 50 kg/m 钢轨，甚至可以采用 43 kg/m 的钢轨。

我国生产的钢轨长度，一般有 12.5 m 和 25 m 两种。

1. 钢轨的功能

钢轨与轨道交通车辆的车轮直接接触，是轨道结构的主要部件。它具有以下几个方面的功能：

(1) 钢轨必须为车轮提供连续、平顺和阻力最小的滚动表面，以引导轨道交通车辆前进。对车辆来说，要求钢轨有一个光滑的滚动表面，以获得较小的滚动阻力，但对动车来说，则要求钢轨顶面粗糙，使车轮与钢轨之间产生足够的摩擦力来牵引列车前进。为了解决这一矛盾，钢轨在维持光滑表面的同时，必要时可用向轨面撒沙的方法提高动车动轮与钢轨之间的粘着力。

(2) 钢轨的工作条件十分复杂。它承受来自车轮的垂直、横向水平和纵向水平等力，此外还要受到温度变化及其他因素的影响，因而使钢轨产生了拉、压、弯曲应力，接触应力和局部应力等等，并产生相应的压缩、伸长、弯曲、扭转、压溃、磨耗等的变形，为此钢轨要有足够的强度和韧性来承受弯曲和接触等应力，要有足够的刚度来抵抗弯曲和扭转等变形，要有足够的硬度来抵抗磨耗。此外，为了减轻车辆对钢轨的动力冲击作用，防止轨道交通车辆走行部分及钢轨的磨损，要求钢轨具有必要的弹性。所以硬度与韧性及刚度与弹性之间是矛盾的，必须加以正确的处理。

(3) 此外钢轨还要兼供轨道电路之用。

2. 钢轨的断面

钢轨断面的形状应符合力学的要求，并适应车轮轮踏面形状，以改善轮轨的接触条件，还要考虑安装接头夹板和减少断面形状发生突变处的局部应力等要求。

通常可以把钢轨视为弹性地基上的连续梁，作用于其上的力主要为垂直力，其结果是使钢轨挠曲，而抵抗挠曲的最佳断面为工字型，所以从铁路诞生之日起，钢轨就由轨头、轨腰和轨底 3 部分组成，其基本断面形状就是工字型。我国的钢轨标准 断面如图 1-1 所示，其余部分的尺寸及特征见表 1-1。图 1-2 是香港有轨电车的钢轨。

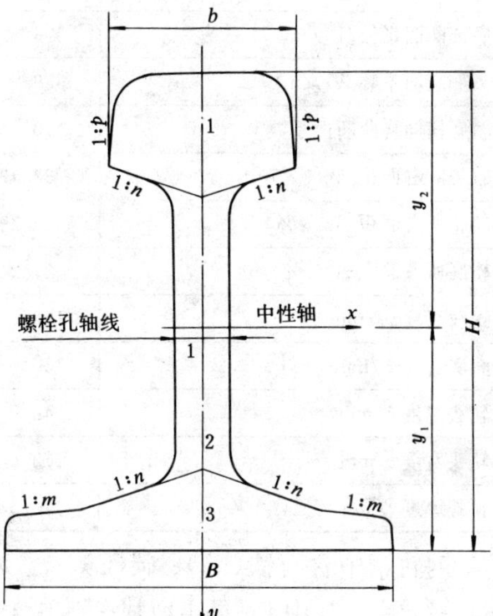

图 1-1　钢轨断面

3. 钢轨材质及机械性能

钢轨的材质是指钢轨的化学成分及其组织。它们是钢轨质量的第一个特征。严格控制钢轨钢的化学成分及其组织是保证钢轨质量的主要途径之一。

表 1-1　钢轨断面尺寸及特性

项　　目	类　　型　/(kg/m)		
	60	50	43
每米质量 m/kg	60.64	51.514	44.653
断面面积 F/cm^2	77.45	65.8	57
重心距轨底面的距离 y_1/mm	81	71	69
对水平轴的惯性矩 J_x/cm^4	3 217	2 037	1 489
对竖直轴的惯性矩 J_y/cm^4	524	377	260
底部断面系数 W_1/cm^3	396	287	217
头部断面系数 W_2/cm^3	339	251	208
轨底横向挠曲断面系数 W_y/cm^3	70	57	46
轨头所占面积 A_h/(%)	37.47	38.68	42.83
轨腰所占面积 A_W/(%)	25.29	23.77	21.31
轨底所占面积 A_b/(%)	37.24	37.55	35.86
钢轨高度 H/mm	176	152	140
轨底宽度 B/mm	150	132	111
轨头高度 h/mm	48.5	42	42
轨头宽度 b/mm	73	70	70
轨腰厚度 t/mm	16.5	15.5	14.5

钢轨钢中含有铁(Fe)、碳(C)、锰(Mn)、硅(Si)、磷(P)、硫(S)等元素。其中Fe是主要成分，其次是碳，含量虽小，但对钢的性能影响极大。碳是钢轨抗拉强度和硬度主要来源，一般含量为0.65%，当含量增加，其抗拉强度和硬度迅速增加，脆性也随之增加。锰可以提高钢的强度和韧性，含量超过1.2%者称中锰钢，其硬度更大，抗磨性能很高，目前我国使用的道岔，辙岔部分都是采用了锰含量较高的钢种。

机械性能是钢轨质量的第二特征。它包括强度极限 σ_b、屈服极限 σ_s、疲劳极限 σ_r、伸长率(或称延伸率)δ_s、断面收缩率 Ψ，冲击韧

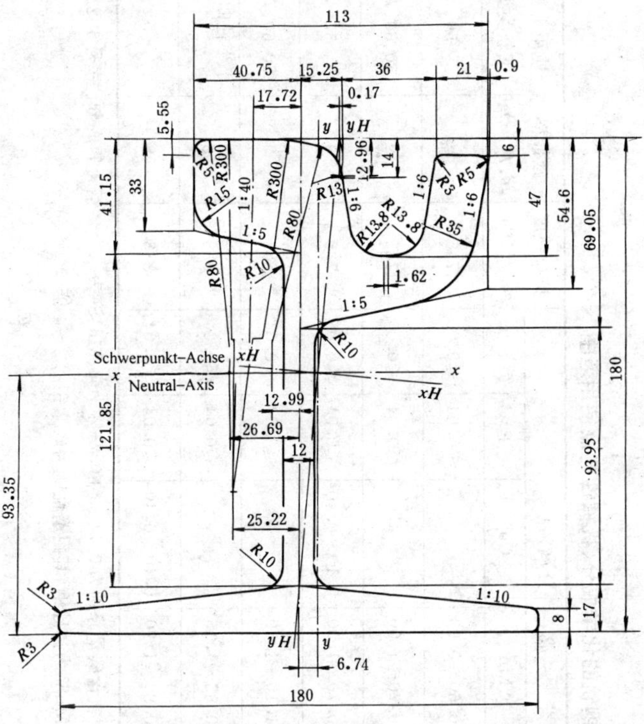

图 1-2　香港有轨电车钢轨

性(落锤试验)σ_h 及硬度等指标。这些指标对钢轨的承载能力、磨耗、压溃、断裂和其他伤损有很大的影响。我国钢轨材质的化学成分、钢轨的机械性能见表 1-2。

采用热处理方法可使普通碳素钢轨的强度和韧性都得到大幅度的提高。铺设无缝线路曲线地段宜采用全长淬火钢轨，即用普通碳素轨，通过轨顶面全长感应淬火热处理法，以局部改进轨头部分钢的组织，从而提高强度和韧性。淬火要求达到以下的指标：抗拉强度 $\sigma_b \geqslant 1\ 176$ MPa；屈服强度 $\sigma_s \geqslant 802$ MPa；延伸率 $\delta_s \geqslant 12\%$；断面收缩率 $\Psi \geqslant 33\%$；顶面淬火深度 $h \geqslant 15$ mm；侧面淬火深度 $b > 10$ mm。

表 1-2　钢轨的化学成分、机械性能及使用范围

序号	钢　号	化　学　成　分/(%)						抗拉强度 σ_b /MPa	延伸率 δ_s /(%)	使用范围（钢轨类型）
		C	Si	Mn	Cu	P	S			
1	U71	0.64～0.77	0.13～0.28	0.60～0.90		≤0.04	≤0.05	785	10	50
2	U74	0.67～0.80	0.13～0.28	0.70～1.00		≤0.04	≤0.05	785	9	50、60、75
3	U71Cu	0.65～0.77	0.15～0.30	0.70～1.00	0.10～0.40	≤0.04	≤0.05	785	9	50
4	U71Mn	0.65～0.77	0.15～0.35	1.10～1.50		≤0.04	≤0.04	883	8	50、60、75
5	U71MnSi	0.65～0.75	0.85～1.15	0.85～1.15		≤0.04	≤0.04	883	8	小半径曲线 50
6	U71MnSiCu	0.65～0.77	0.70～1.10	0.80～1.20	0.10～0.40	≤0.04	≤0.04	883	8	50

注：表内钢号 U 表示钢轨的符号，71、74 表示钢轨含碳量分别为 0.71%和 0.74%。Cu、Mn、Si 表示合金钢轨的成分。序号 1、2 为普通碳素轨，3～6 为低合金轨，U71Mn 为中锰轨，U71MnSi 为高硅钢，其耐磨性能为碳素钢的 2～4 倍。

4. 钢轨接头

轨道上通常用定长钢轨连接成连续的轨线。在两根定长钢轨之间，用夹板连接，这种夹板称为钢轨接头。在城市轨道交通的轨道交通结构中，已大量采用无缝线路结构，钢轨接头数量大大减少，但是在无缝线路的缓冲区、轨道电路的绝缘区、有道岔的线路区段中，钢轨接头还是不能少的。钢轨接头的联结零件包括夹板、螺栓、螺母、弹簧垫圈等。

(1) 接头夹板

夹板的作用是夹紧钢轨。夹板以双头对称式（对称度在10%以内）为最常用。图1-3为我国目前标准钢轨用的斜坡支承型双头对称式夹板。这种夹板的优点在竖直荷载作用下，具有较大的抵抗弯曲和横向位移的能力。夹板上下两面的斜坡，能楔入轨腰空间，但不贴住轨腰。这样，当夹板稍有磨耗，以致联结松弛时，仍可重新旋紧螺栓，保持接头联结的牢固。每根夹板上有6个螺栓孔，圆形与长圆形孔相间布置，圆形螺栓孔的直径，较螺栓直径略大，长圆形螺栓孔的长径较螺栓头下突出部分的长径略大。依靠钢轨圆形螺栓孔直径与螺栓直径之差，以及夹板圆形螺栓孔直径与螺栓直径之差，就可以得到所需要预留的轨缝（图1-4所示）。

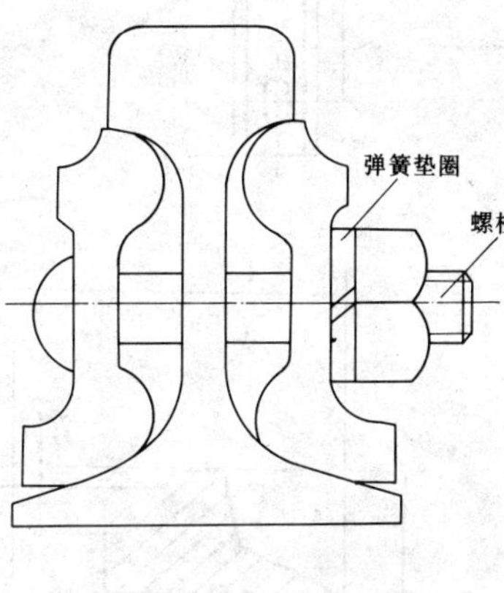

图1-3 斜坡支承型双头对称式夹板

(2) 接头螺栓、螺母及垫圈

接头螺栓与螺母用来夹紧钢轨。螺栓需要有一定的直径，螺栓直径愈大，紧固力愈强。但加大螺栓直径势必加大钢轨及夹板上的螺栓孔直径，这将削弱轨端与夹板的强度，因此宜用高强度

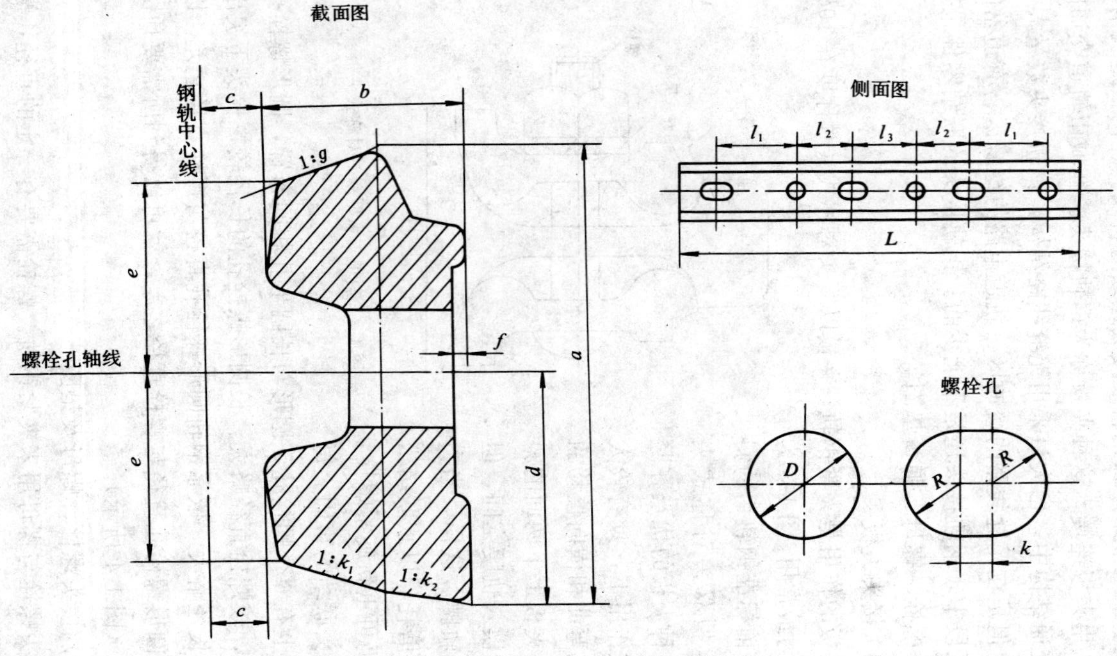

图 1-4　钢轨夹板的形状与尺寸

的碳素钢制成，并加以热处理，以提高螺栓的紧固力和耐磨、耐腐蚀的性能。

在普通的有缝线路上。为防止螺栓松动，要加弹簧垫圈（单圈），有圆形和矩形两种。在无缝线路伸缩区的钢轨接头加设高强度平垫圈。

为了让钢轨热胀冷缩，在钢轨接头处预留轨缝。预留轨缝值必须符合下列要求，即到冬天轨温下降到T_{min}时两根钢轨的缩短量与预留轨缝之和不能超过构造轨缝，以免螺栓受力；在夏天轨温上升到T_{max}时，两根钢轨的伸长量之和只能小于或等于所预留的轨缝值，否则因轨缝顶严造成轨道鼓曲，危及行车安全。

钢轨接头的分类有以下几种：

① 按接头联结型式相对于轨枕的位置，可分为悬空式和承垫式两种；线路上采用的大部分是悬空式的接头，承垫式只是在绝缘接头处使用。

② 按两股钢轨接头相互位置分为相对式和相错式两种，我国广泛采用相对式接头。相错式接头的缺点是车轮轮流冲击两股钢轨，不仅增加了对钢轨的冲击次数，还会使轨道交通车辆左右摇摆，行车不稳，也不利于机械化铺设。

(3) 按接头联结的用途及工作性能来分，有普通接头、异形接头、传电接头、绝缘接头、尖轨接头、冻结接头等。

普通接头是线路上用得最多的接头。

异形接头用于联结两种不同断面的钢轨。

传电接头用于自动闭塞区段及电力牵引地段，供传导轨道电路电流或作为牵引电流的回路之用。轨间传导联结装置用左右两根5 mm的镀锌铁丝组成。

绝缘接头用于自动闭塞区段闭塞分区两端的钢轨接头上，以隔断电流，防止漏电。绝缘的方法是在夹板与钢轨、螺栓之间、螺孔四周及轨端之间用绝缘材料加以隔离构成。绝缘材料采用高强度尼龙绝缘层，它可承受 900 N·m 的螺栓拧矩，轨缝几乎没有变化。图 1-5 为高强度尼龙绝缘接头。

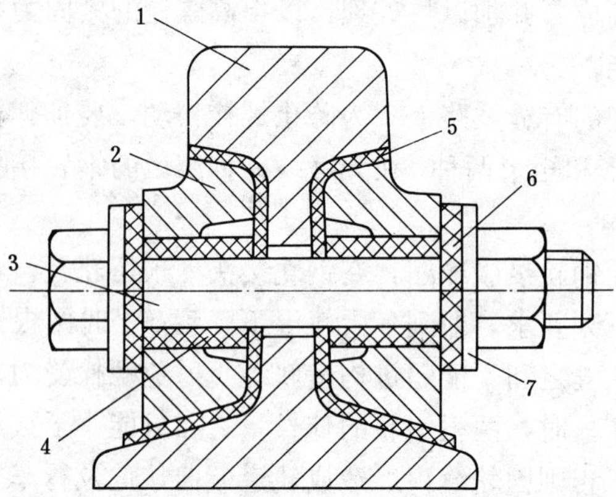

图 1-5　高强度尼龙绝缘接头

1—钢轨；2—接头夹板；3—螺栓；4—绝缘套管；

5—槽型绝缘板；6—高强度绝缘垫圈；7—钢垫圈。

冻结接头是采用高强度的胶粘剂将夹板与钢轨胶结，再用高强度螺栓拧紧，其剪切荷载可达 1 800 kN，起到了冻结钢轨的作用。它用于无碴桥上有温度调节器的钢梁温度跨度范围内，钢梁横梁顶上及道口处。近来也有用于道岔的接头上。

焊接接头是用焊接方法把钢轨连接起来，广泛用于无缝线路上。

钢轨接头是轨道结构的薄弱的环节。接头虽能保证必要的几何形位，但却在一定程度上破坏了它的连续性。主要表现在：轨缝、台阶、折角等 3 个方面（见图 1-6）。钢轨连续性破坏以后，接头部分受到了很大的冲击力作用。

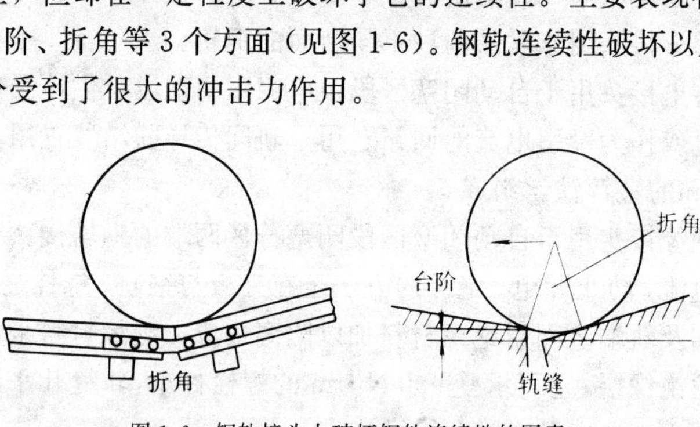

图 1-6　钢轨接头上破坏钢轨连续性的因素

图 1-7 为英国铁路总局（BRB）对车轮通过钢轨接头，钢轨受力情况实测的典型结果。图中，车轮越过接头后¼～½ ms 时间内，出现了第 1 个力的峰值。它具有瞬时冲击的特点，所以称为高频瞬时冲击力 P_1。车轮越过接头约 7 ms 后，出现力的第二个峰值 P_2。这个力是低频的。在 P_1 和 P_2 力的共同作用下，接头区钢轨的破坏主要表现为轨头的打塌和剥离，鞍型磨耗、螺孔裂纹、夹板弯曲等等。此外，由于道床的沉陷、坍塌和板结等等，不仅可引起低接头，还会因道床板结，刚性增加而加剧了轮轨间的动力作用。

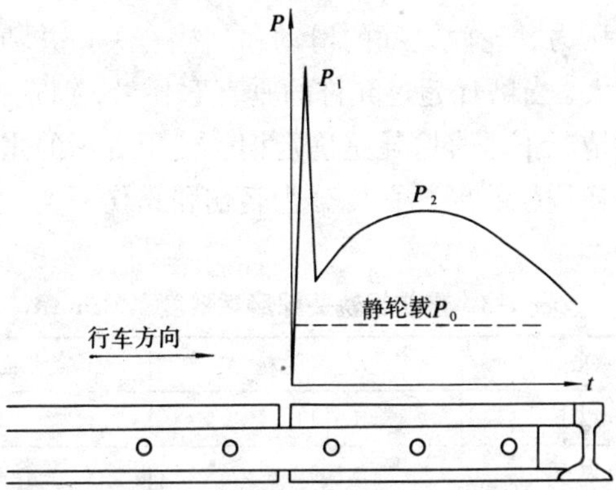

图 1-7　钢轨接头受力特点

5. 钢轨的伤损

钢轨在使用过程中常常因发生裂纹、折断和磨耗等伤损而不到其使用期限就需更换，因此钢轨的伤损是轨道交通线路上的一个突出问题，严重影响行车的安全。现介绍几种常见的伤损。

（1）轨腰螺栓孔裂纹。轨腰钻孔以后，其强度被削弱，螺栓孔周围发生较高的局部应力，在列车冲击荷载的作用下，螺孔裂纹开始形成和发展。

（2）轨头核伤是最危险的钢轨伤损。它起源于轨头内部小的横向裂纹。在列车荷载的重复作用下，细小的横向裂纹扩展而成核伤，直至核伤的四周钢材不足以抵抗荷载，使钢轨在毫无预兆的情况下猝然折断。

(3) 轨头剥离。轨头剥离常发生在轨头与轮缘的内圆角接触处的圆角上，是一种破裂掉块的缺陷。防止剥离则必须改善轮轨的接触条件，改进钢的材质，提高接触疲劳强度，并加强轨道的养护维修，提高线路质量。

(4) 钢轨磨耗。钢轨磨耗主要有垂直磨耗、侧面磨耗和波形磨耗等。

① 垂直磨耗

不论在直线或曲线上都存在这种形式的磨耗。它与作用在钢轨上的垂直压力、轮轨之间的滑动和摩擦有关，并随着通过质量的增加而增大。当磨耗超过允许的垂直磨耗量，钢轨就必须更换。所以在正常情况下垂直磨耗是确定钢轨使用寿命的重要依据。我国把钢轨磨耗按轨头磨耗程度分为轻伤和重伤两类(见表1-3、表1-4)。

表1-3 重伤钢轨头部磨耗限度 mm

钢轨类型/(kg/m)	垂直磨耗	侧面磨耗
60～75以下	11	19
50～60以下	10	17
43～50以下	9	15

表1-4 轻伤钢轨头部磨耗限度 mm

钢轨类型/(kg/m)	总磨耗		垂直磨耗		侧面磨耗	
	正线到发线	其他到发线	正线到发线	其他到发线	正线到发线	其他到发线
60～75以下	16	18	9	10	14	16
50～60以下	14	16	8	9	12	14
43～50以下	12	14	7	8	10	12

② 侧面磨耗

侧面磨耗发生在曲线的外股钢轨上。钢轨侧磨的严重性在钢轨伤损中居突出位置。从摩擦学的角度来看，侧磨属于塑性变形磨损、粘着磨损和疲劳磨损的综合磨损。伴随曲线外轨侧磨的同时，在曲线内轨上出现轨头压溃、轨头压偏，宽度增加等等现象。

表中除列有垂直磨耗允许限度之外，还有侧面磨耗和总磨耗的允许限度。总磨耗按侧面磨耗的半数加垂直磨耗计算。三者共同作为轨头磨耗的指标。

钢轨侧磨来自于轨道交通车辆方面的原因是轮对因受转向架的束缚不能自由地居于径向位置，通过曲线时对外股钢轨产生了较大的轮缘力(或称导向力)和冲角。来自于轨道方面的原因是外轨超高、轨距、曲线的圆顺度及轨底坡等轨道的几何形状。

减少侧磨的措施有：采用径向转向架；采用耐磨轨(高硅轨、淬火轨等)；合理设置超高、轨距和轨底坡；加强曲线的养护维修，保持良好的圆顺度和方向；曲线润滑等等。

曲线润滑是在曲线外轨侧面涂以润滑剂。润滑效果的好坏取决于润滑方法和润滑剂的类型。我国目前采用的润滑方法有两种：一种是在动车上装置润滑器或在车尾装置润滑器，另一种是地面自动润滑装置。润滑剂的种类也有两种：一种是润滑油；另一种是润滑脂。

③ 波形磨耗

钢轨波形磨耗是指钢轨顶面或侧面上呈波浪形的不均匀磨损或塑性变形。波形磨耗依据其波长可分为两大类：波长在 30～80 mm、波深 0.1～0.5 mm、光亮的波峰和黑暗的波谷规则地排列在轨面上的波形磨耗称短波磨耗，又称波纹磨耗；波长 150～600 mm 及以上、波深 0.5～5 mm、波浪界线分明但不规则、不均匀、波峰和波谷有均匀的光泽的波形磨耗为长波磨耗。

车辆在有波形磨耗的钢轨上行驶，不但对轨道结构产生很大的附加动力荷载，而且会产生尖啸声，有人形象地称这种钢轨为噪声钢轨。加拿大温哥华的空中列车通车没多久就产生了这种钢轨病害，随通过列车的增加，病害愈演愈烈，在采取了很多措施后，病害才得以缓解。

波形磨耗形成的原因十分复杂。解释它的成因的理论不下数十种。归纳起来大致可以分为两类:第一类称为非动力成因理论，主要是从钢材性能、残余应力、不均匀磨损腐蚀、不均匀塑流、接触疲劳及轮轨几何形状匹配等方面去研究成因;第二类是动力类成因理论，主要从轮轨接触共振、轮轨垂向振动、轮对横向振动、扭振及弯曲振动等理论去研究成因。最近几年来的研究表明，轮轨系统振动理论比较能够解释波形磨耗的发生和发展。

防止和减缓波形磨耗的措施有以下几方面:提高轨道的弹性和阻尼，减少轨道交通车辆垂向振动对轨道影响，这对延缓波形磨耗发展速率是有利的;控制牵引的摩擦系数，有利于减缓波形磨耗的发展;提高钢轨材质强度及耐磨性能;钢轨打磨，国外经过30余年的实践，打磨已发展成为多功能的现代化养护维修的技术，钢轨打磨后的使用寿命可延长50%～100%。

二、轨　　枕

轨枕是轨下基础的部件之一。它的功能是支承钢轨，保持轨距和方向，并将钢轨对它的各向压力传递到道床上。因此，轨枕必须具有坚固性、弹性和耐久性。

轨枕依其构造及铺设方法分为横向轨枕、纵向轨枕、短轨枕和宽轨枕等。横向轨枕与钢轨垂直间隔铺设;纵向轨枕沿钢轨方向铺设;短轨枕是在左右两股钢轨下分开铺设的轨枕，常用于混凝土整体道床上。宽轨枕底面积比横向轨枕大，减小了对道床的压力和道床的永久变性。

轨枕按其使用部位可分为用于区间线路的普通轨枕，用于道岔上的岔枕及用于无碴桥上的桥枕。

轨枕按其材料可分为木枕、混凝土轨枕及钢枕等。钢枕在我国很少采用。

1. 木枕

木枕又称枕木，是铁路上最早采用而且到目前为止依然被采用的一种轨枕。主要的优点是弹性好，易加工，运输、铺设、养护维修方便,绝缘性能好。但其缺点是易于腐朽和机械磨损,使用寿命短,且木材资源缺乏,价格比较昂贵,所以木枕已逐渐被混凝土轨枕所代替。表 1-5 为普通木枕、岔枕尺寸。

表 1-5 普通木枕、岔枕尺寸 cm

类别	类型	长度	厚度	底宽	顶宽
普通木枕	Ⅰ	250	16	22	16
	Ⅱ	250	14.5	20	15
岔　　枕		260～485	16	24	18

2. 预应力混凝土轨枕

预应力混凝土轨枕,简称 PC(Prestressed Concrete) 轨枕,已得到各国的广泛采用。按照其制造方法的不同可分先张法和后张法 PC 枕。配筋材料可以是高强度钢丝,也可以是钢筋。

(1) 混凝土轨枕类型

混凝土轨枕按结构型式可分为整体式与组合式两种（如图 1-8 所示）。整体式轨枕整体性强，稳定性好，制作简便，是目前广泛使用的一种类型。组合式轨枕由两个钢筋混凝土块使用一根钢杆连接而成。其整体性不如前者，但钢杆承受正负弯矩的能力比较强。这种轨枕使用的国家不多。法国巴黎的 RER 中使用的 RS 型组合式轨枕获得了很大成功。图 1-9 是经改进的 J-2 型 PC 轨枕。

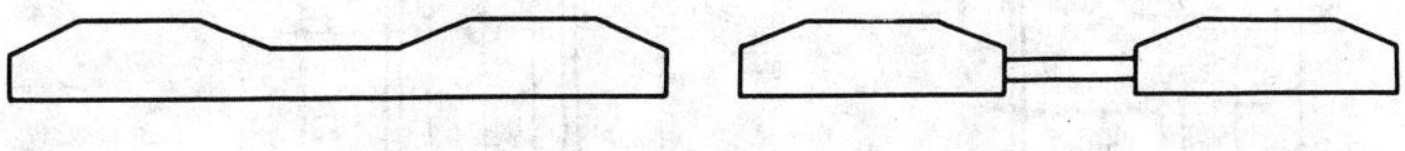

(a) 整体式　　(b) 组合式

图 1-8 混凝土轨枕

(2) 混凝土轨枕的截面形状及尺寸

① 轨枕长度

我国使用的混凝土轨枕长度为 2.5 m,目前有增大的趋势,已出现 2.6、2.7 m 的轨枕。我国大量铺设的混凝土轨枕，在中间

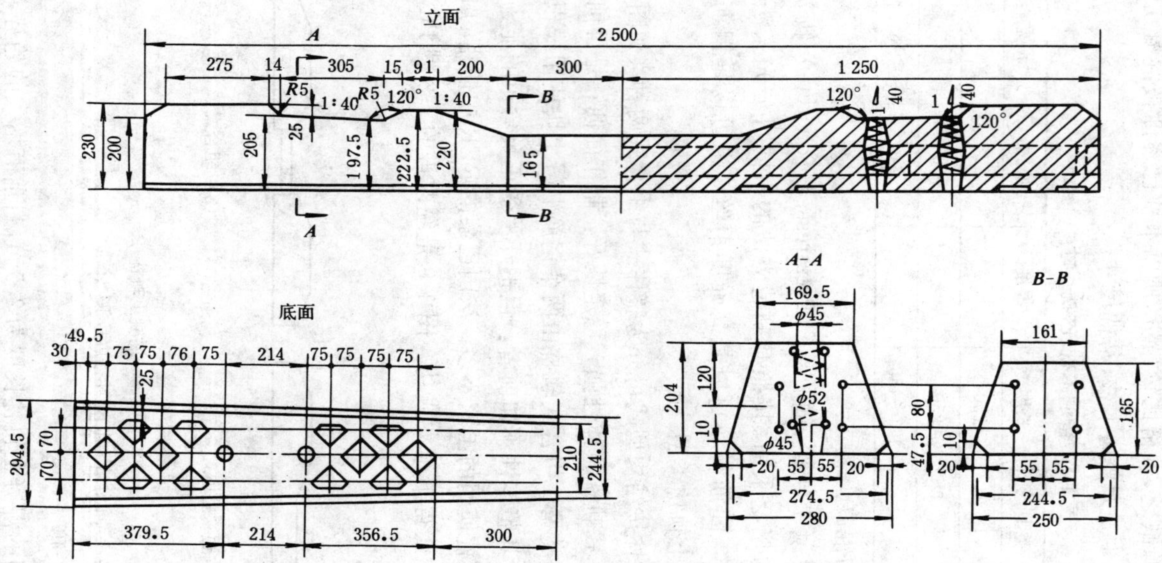

图 1-9　经改进的 J-2 型 PC 轨枕

60 cm长度上，将道床掏空，目的是为了减少轨枕中间断面的负弯矩。新设计的混凝土轨枕，使用中已没有这项限制。

② 轨枕截面的形状及尺寸

截面形状为梯形，上窄下宽。梯形截面可以节省混凝土用量，减少自重，也便于脱模。

轨枕顶面宽度应考虑轨下衬垫宽度，轨枕承压面积，中间扣件尺寸及截面边坡等因素加以确定。

轨枕支承钢轨的部位称承轨台。我国生产的 PC 轨枕承轨台采用有挡肩并带轨底坡的形式。

轨枕底面在其纵向呈两端为梯形，中间为矩形的形状，底面上一般还做成各种花纹和凹槽，以增加轨枕与道床间的摩擦阻力，提高轨枕在道床上的横向阻力。

PC 轨枕的厚度在其长度上是不一致的，轨下部分厚一些，中间部分薄一些。这是因为 PC 轨枕采用直线配筋，且各截面上的配筋均相同，所以配筋的重心线在轨下部分在截面形心之下，而在中间部分则在截面形心之上，这样对混凝土施加的预压应力形成了有利的偏心矩，在轨下截面产生了负弯矩，在中间截面产生的正弯矩，正好与荷载作用下的弯矩相反，提高了预应力的效果，防止裂缝的形成和扩展。

3. 轨枕间距

轨枕间距是设计有碴轨道结构的重要参数之一。有碴轨道的轨枕在线路中一般是均匀铺设，在钢轨接头处，轨枕要适当加密。每千米最多铺轨枕根数如表 1-6 所示。

表 1-6　每千米最多铺轨枕根数

轨枕类型	Ⅱ型混凝土枕	Ⅲ型混凝土枕	木　枕
每千米最多铺轨枕根数	1 840	1 760	1 920

三、扣　　件

钢轨与轨枕的联结是通过中间联结零件实现的，这种联结零件称为扣件。其作用是将钢轨固定在轨枕上，保持轨距和阻止钢轨相对于轨枕的纵、横向移动。扣件必须具有足够的强度、耐久性和一定的弹性，以有效地保持钢轨与轨枕的可靠联结。此外，扣件结构还应简单，便于安装及拆卸。

1. 木枕扣件

木枕扣件按其扣紧的方式来分有混合式和分开式两种。

(1) 混合式扣件

混合式扣紧方式是我国铁路木枕轨道上使用最广泛的一种扣紧方式。它除用道钉将钢轨及垫板与木枕一起扣紧外，另用道钉将垫板与木枕单独扣紧。

目前使用的道钉有普通道钉和螺纹道钉两种。普通道钉采用 3 号热轧方钢制成，使其具有一定的韧性。其长度为 165 mm。螺纹道钉用 3 号钢制成。一般多用在分开式扣件和道岔扣件上。

垫板为在钢轨与木枕间插入的钢板，它可将钢轨传来的压力传递给较大的木枕支承面上，减小对木枕的压强，从而有效地防止轨底切入木枕的支承面而引起的机械磨损，延长使用寿命。同时，还可使钢轨两侧道钉共同起抵抗横向力的作用，确保轨距稳定和防止钢轨向外侧倾斜。道钉扣件的缺点是扣压力不足，也易于松动，故需采用下面的分开式扣件。

(2) 分开式扣件

分开式扣件用 4 枚螺纹道钉联结木枕与垫板，两枚底脚螺栓通过轨卡将钢轨扣紧在垫板上。因轨卡、道钉和底脚螺栓在平面上构成“K”型，故又称 K 型扣件。

K 型扣件常用于受力比较复杂的地段，如道岔、无缝线路伸缩区，尤其适用在桥上的无缝线路。它可用各种松紧搭配的方案，提供不同的扣件阻力，达到既能保证桥上的无缝线路有足够的防止钢轨爬行的纵向阻力，又能最大限度地减少梁轨之间的相互作用力的目的。

2. PC 轨枕与无碴轨道道床扣件

PC 轨枕和无碴轨道道床使用的扣件较木枕的扣件复杂。由于PC轨枕和无碴轨道道床的弹性小于木枕，所以扣件还必须提供足够的弹性。为此，它除了具有一定的扣压力外，还应提供必需的弹性和调整轨面标高及轨距的调整量。

(1) 扣件类型

目前用于我国PC轨枕上的扣件有70型扣板式扣件、67型拱形弹片式扣件和弹条Ⅰ型扣件。另外我国目前正在研制和试铺弹条Ⅱ型扣件、潘特罗扣件及带铁垫板的分开式弹性扣件。

在无碴轨道道床的地段，需要用调高垫片来调整轨面标高并具有较大调高量。这种扣件有弹条Ⅰ型调高扣件、弹片Ⅰ型调高扣件及T-Y型弹条扣件。

① 弹条Ⅰ型扣件

图1-10为弹条Ⅰ型扣件。它由弹条、螺纹道钉、轨距挡板、挡板座及弹性橡胶垫板等组成。

弹条是用来弹性地扣压钢轨，应具有足够的扣压力。弹条由直径为13 mm的60Si2Mn或55SiMn热轧弹簧圆钢制成。轨距挡板用来调整轨距和传递钢轨承受的横向水平力。60 kg/m钢轨用10和6两个号码的轨距挡板，可调整4 mm轨距。

挡板座用来支撑轨距挡板，保持和调整轨距并传递轨距挡板的横向水平力至轨枕的挡肩上。它应具有足够的强度。此外，还应具有一定的绝缘性能防止漏电。用于60 kg/m钢轨只有2-4挡板座一种。

将左右两股钢轨内外两侧不同编号的挡板和挡板座相互配合，可以调整一定量的轨距，对于60 kg/m钢轨，可调整轨距－4～＋8 mm；对于50 kg/m钢轨则为－8～＋16 mm。

橡胶垫板是缓冲轮轨间的振动冲击作用和提供垂直弹性的主要零件。用于60 kg/m钢轨的橡胶垫板宽度、长度和高度分别为148、185、10 mm，用于50 kg/m钢轨的橡胶垫板则分别为130、185、10 mm。垫板的弹性靠压缩变形而获得。为了增加压缩变形量，通常在垫板的正反面开设凹槽。橡胶的材质可为丁苯、顺丁或天然橡胶。

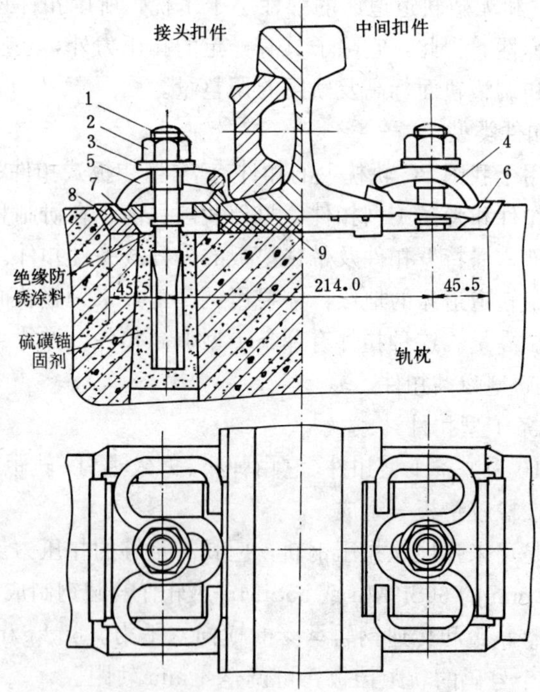

图 1-10　弹条 I 型扣件

1—螺纹道钉；2—螺母；3—平垫圈；4、5—弹条；

6、7—轨距挡板；8—挡板座；9—弹性橡胶垫板。

螺纹道钉用硫磺水泥浆锚固在 PC 轨枕预留的孔中。这是我国独创的一种工艺流程。螺纹道钉的抗拔力可达 588 kN 以上，耐久性也很好。

② 扣板式扣件

扣板式扣件由螺纹道钉、螺母、平垫圈、弹簧垫圈、扣板、铁座、橡胶垫板（绝缘缓冲垫板）、垫片及衬垫等零件组成（见图 1-11）。

扣板式扣件与弹条 I 型扣件的不同之处在于扣板是刚性的，所以又称为刚性扣件。这种扣板因弹性较差，故只适用于50 kg/m 及以下的钢轨。

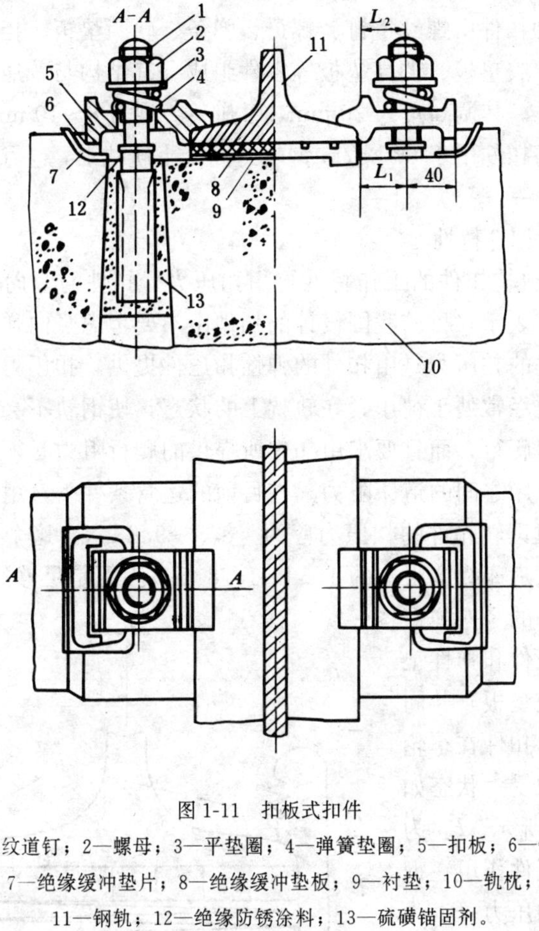

图 1-11　扣板式扣件

1—螺纹道钉；2—螺母；3—平垫圈；4—弹簧垫圈；5—扣板；6—铁座；7—绝缘缓冲垫片；8—绝缘缓冲垫板；9—衬垫；10—轨枕；11—钢轨；12—绝缘防锈涂料；13—硫磺锚固剂。

③ 潘特罗（Pandrol）扣件

这种扣件是无螺栓无挡肩的弹性扣件。它用预埋在 PC 轨枕中的铸铁挡肩承受横向水平力，保持轨距，用弹条作扣压件扣压钢轨，并用尼龙块作绝缘件。这种扣件在 1963 年在英国铁路上使用，效果良好，已有许多国家推广使用。我国正在结合新试铺的 TK Ⅲ 型轨枕上试用，用在超长无缝线路和无缝道岔上，效果也比较好。

④ 弹条Ⅰ型调高扣件

这种扣件由螺纹道钉、螺母、弹条、轨距垫板、挡板座、平垫圈、橡胶垫板、调高垫板等零件组成。其结构与普通弹条Ⅰ型扣件一样。其调高量为 20 mm（而弹条Ⅰ型为 8～10 mm）。弹条Ⅰ型调高扣件用于 60 kg/m 钢轨的混凝土轨枕上，也可用于整体道床上。

(2) 扣件特性

PC 轨枕扣件的工作特性可用扣压力、扣件的竖向弹性和横向弹性来表示（目前我国设计的扣件中主要考虑竖向弹性）。

扣件的扣压力是由扣件的弹性扣压件提供。扣压力的大小必须使钢轨经常处于被压紧在轨枕上的状态，使钢轨不会在轨枕上产生纵向爬行，而且要求由扣件所提供的爬行阻力必须大于轨枕底面与道床之间的道床阻力。在目前的运营条件下，用于无缝线路的每组钢轨扣件的扣压力应为＝8.8～9.8 kN。这个数值约为半根轨枕道床纵向阻力的 1.59～1.78 倍，因而是足够的。

扣件的竖向弹性是由扣压件和弹性垫层（橡胶垫板）共同提供的。扣件在车轮作用下的受力状态如图 1-12 所示。P_C 为一组扣压件作用在钢轨上的扣压力；P_W 为在车轮下作用在每组扣件上的钢轨压力；P_P 为弹性垫层对轨底的反力；K_C 为一组扣压件的垂直刚度；K_P 为弹性垫层的垂直刚度。由于扣压件和弹性垫层在荷载作用下的变形量相等，因而可以把两者视为两个并

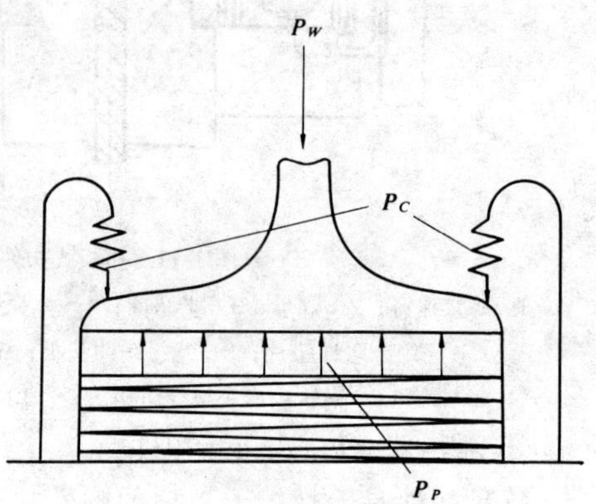

图 1-12　扣件在车轮作用下的受力状态

联弹簧，由此得扣件的总刚度 K 等于：

$$K = K_C + K_P \tag{1-1}$$

扣件的总刚度必须满足垂直弹性的要求，除此以外，还必须考虑 K_P 与 K_C 的对应关系，即两者的比值。一般来说，扣压件的刚度小，弹性垫层刚度大。两者的比值应有一个合理的范围，以免出现荷载作用下钢轨、扣件与垫层不密贴的现象或扣压力变化太大，影响扣件工作可靠性，从而加速各部分的损坏。研究结果表明，K_P/K_C 的比值应不小于 2～2.75，并应尽可能接近于 7～11，相应的初始扣压力的损失值 ΔP_C 为 4.9～7.35 kN。

四、道　　床

道床铺设在路基之上，轨枕之下，一般分为道碴道床和无碴道床两种。

1. 道碴道床

(1) 道碴道床的功能

道碴道床主要有以下功能：

① 将轨道交通车辆的荷载通过钢轨、轨枕并经过道床的扩散作用，散布于路基面上，起着保护路基的作用。

② 提供抵抗轨排纵横向位移的阻力，保持轨道的正确几何形位，这对无缝线路尤为重要。

③ 由于道床材料的可透水性和道床便于排水的特点，提供了良好的排水性能。这对减轻轨道的冻害和提高路基的承载能力非常重要。

④ 道床具有一定的弹性和阻尼，起到了缓冲和减振的作用。

⑤ 便于轨道养护维修作业。轨道不平顺可以通过捣固枕下道碴加以找平，轨道方向错乱可以通过拨道予以纠正。

(2) 道碴道床的材料

用作道床的材料，应满足上述功能的要求。具体来说，它必须质地坚韧，吸水度低，排水性能好，耐冻性强，不易风化，不易压碎、捣碎和磨碎，不易被风吹动和被水冲走。

表 1-7　碎石道碴的机械物理性能

编号	名　称	表达参数	一级道碴	二级道碴	评级方法	备　注
1	抗磨耗 抗冲击	洛杉机磨耗 LAA/(%) 标准集料冲击韧度 IP 石料耐磨硬度系数 $K_{干磨}$	LAA<27 IP>95 $K_{干磨}$>18	27≤LAA<32 80<IP≤95 17<$K_{干磨}$≤18	若3个系数的指标分属两个等级，则以两个指标所在的等级为准；若3个指标分属一、二等级和不合格，则划为二级	道碴的最终等级以1、2、3项性能中最低等级为准，且一级、二级道碴均应满足4、5、6项性能要求
2	抗压碎	标准集料压碎率 CA/(%) 道碴集料压碎率 CB/(%)	CA<9 CB<18	9≤CA<14 18≤CB<22	若两个系数的指标不在同一等级，以低的等级为准	
3	渗水性	渗透系数 Pm/(10^{-8}cm/s) 石粉试模件抗压强度 σ/MPa 石粉流限 LL/(%) 石粉塑限 PL/(%)	Pm>4.5 σ<0.4 LL>20 PL>11	3<Pm≤4.5 0.4≤σ<0.55 16<LL≤20 9<PL≤11	在4个系数的指标中，以其中两个指标最高的等级为准；若两个指标最高的等级不在同一别级，则以其中较低等级为准	
4	抗大气腐蚀破坏	硫酸钠溶液浸泡损失率/(%)	<10			
5	稳定性	密度/(g/cm³) 容重/(g/cm³)	>2.55 >2.50			
6	软弱颗粒	饱水单轴抗压强度/MPa	≤20		软弱颗粒含量小于10%(质量比)	

可以用作道床材料的有碎石、熔炉矿渣，筛选卵石，有50%以上卵石含量的天然砂卵石以及粗砂和中砂等。有些国家也有采用石棉作为道床材料。一般来说，应以就地取材为原则。在我国新建和改建的线路上首选的道床材料是碎石道碴。我国的道床多采用双层道床，上面是面碴层，下面是底碴。碎石道碴按表1-7的规定分为一级和二级道碴。全部符合表中规定的指标则为一级道碴，否则为二级道碴。

(3) 道碴道床的断面

道床断面如图1-13所示，一般用道床厚度、顶面宽度及道床边坡等3个参数表示其特征。

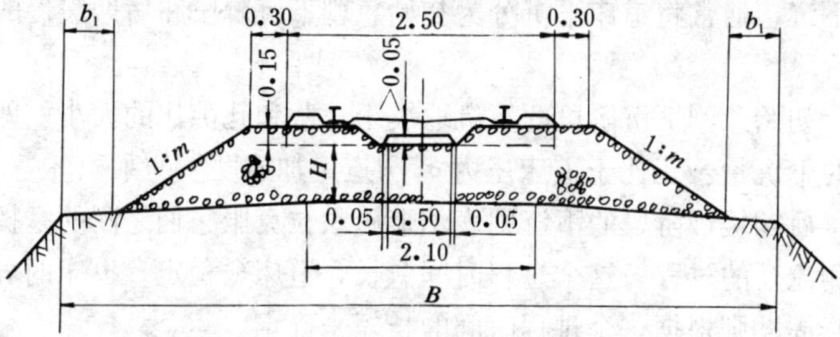

(单位：m)

图1-13 道碴道床的断面

道床厚度应根据作用在道床顶面上的轨枕压力在道床内部的传递特性及路基的承载能力来决定。道床内部的竖向压应力按随离轨枕底面的深度成反比。当道床的厚度足以使传递到路基上的压应力基本均匀，并不超过它的容许值，不发生永久变形，便可满足要求。

道床厚度系指直线上或曲线内轨中轴下轨底道碴处于压实状态时的厚度。我国正线铁路轨道的道床厚度（枕底以下算起）为25～50 cm。此值指的是双层道床厚度。

道床顶面宽主要决定于轨枕长度，其在轨枕两端伸出的部分称为道床肩宽。道床应有适当的宽度，使肩部石碴经常处于稳定状态，阻止石碴受到列车振动作用而从轨枕下挤出，以保持道床紧密状态和足够的横向阻力。我国的道床肩宽，在非无缝线路上定为 20～30 cm；在无缝线路上定为 40～45 cm。为了提高横向阻力，还可根据需要将道床肩堆高 15 cm。

自道床顶面引向路基顶面的斜坡称为道床边坡，其坡度大小对保证道床的坚固稳定，有十分重要的意义。从力学意义上来说，道床边坡的稳定性取决于道碴材料的内摩擦角与粘聚力，也与道床肩宽有一定的联系。理论计算及实践结果表明，道碴材料的内摩擦角和粘聚力愈大，边坡的稳定性就愈大。

（4）道碴道床的变形

道床的下沉是永久变形及其积累的结果。在轨道上测得的道床下沉，通常将道床下沉分为初始急剧下沉阶段和后期缓慢的积累阶段。

初始急剧下沉阶段的下沉取决于荷载和孔隙比的大小。即道床的下沉量 y 正比于道床压力 σ_b 与道床加速度 $\ddot{y}$ 的乘积。

后期缓慢阶段的下沉则表示道碴颗粒克服它们之间的摩擦向两侧流动的过程。这个过程时间愈长，道床愈稳定。道床的养护维修周期则根据这个过程时间的长短来确定。

道床的下沉，特别是不均匀的下沉是轨道结构破坏的主要形式之一。轨道结构各部分在轨道交通车辆运行时会发生不同程度的振动。道床因振动而产生急剧的下沉。所以有的国家为了控制轨道振动对道床带来的破坏，对钢轨和道碴的振动加速度值进行了限制：当列车次数较多，钢轨和道碴的振动加速度的极限值分别规定为 200 g 和 15 g；当列车次数较小时，钢轨和道碴的振动加速度分别规定为 400 g 和 25 g。其中 25 g 是考虑不使道碴从道床中塌落下来破坏道床的限度。

（5）道碴道床的脏污

道床的脏污是影响道床正常工作的重要因素。形成道床脏污的原因很多，有来自于外界的脏污物的侵入，也有来自于道碴颗粒因重复荷载、振动、摩擦和磨耗等原因形成的碎粒以及来自于底碴的颗粒和路基的泥浆上升至面碴中。上述脏污物质侵入面碴中，轻则堵塞孔隙形成道床积水，重则形成翻浆冒泥或道床板结。在这种情况下，道床便失去了弹性和降低了稳定性，严重地影响了道床的正常工作。因此，当道床中的脏污率（按质量计）达到一定程度时，便必须部分或全部进行清筛和更换道碴。我国规定碎石或筛选卵石道碴的脏污率达到35%时，则应全部清筛和更换道碴。

2. 城市轨道交通中使用的无碴轨道结构

自从地下铁道问世一百多年以来，它的构造形式就是有碴轨道的轨道结构，如巴黎、伦敦等城市的轨道交通。但在应用中，人们逐渐发现了有碴轨道并不适合于城市轨道交通的特点与要求，特别在地下和高架的线路中。其原因有以下几点：

① 由于城市轨道交通行车密度大，运营时间长，留给轨道维修作业的时间很短，因而一般采用较强的轨道部件。新建轨道交通系统时，对浅埋隧道和高架结构，一般采用混凝土整体道床等少维修轨道结构，发展了可调范围较大的弹性扣件。

② 为保护环境，对噪声和振动控制较严。除了车辆结构采取减振措施，必要时修筑声屏障外，轨道结构也要采取减振措施，如在整体道床的基础上出现了浮置板等结构形式。

③ 轨道交通一般采用电力牵引，以走行轨作为供电回路。为减小因漏泄电流（或称迷流）而造成周围地下金属设施的腐蚀，要求钢轨与轨下基础有较高的绝缘性能。

④ 由于受原有街道和建筑物所限，城市轻轨交通曲线区段占很大比重。曲线半径一般比常规铁路小得多。曲线最小半径一般在100 m左右，有的为50 m甚至更小，采用无碴道床可以较好地解决曲线半径、缓和曲线线型、超高设置以及钢轨磨耗的问题。

（1）城市轨道交通的轨道结构

城市轨道交通的轨道结构可分有碴（有碎石道床）和无碴（无碎石道床）两种。有碴轨道结构同前述。其优点是施工简单，防噪声性能也较好。但因轨道建筑高度高，从而增大地铁隧道开挖断面，同时轨道维修工作量也较大，一般在新建轨道交通中采用不多，无碴轨道结构形式较多。但采用最普遍的为整体道床。无碴轨道与基床的连接型式主要有 3 种（如图 1-14）所示。

① 整体灌筑式

整体灌筑式是就地连续灌筑混凝土基床或纵向承轨台，简称 PACT 型轨道。国外一些国家修建铁路隧道时常采用这种型式，香港的地铁和新建的轻轨交通也采用了这种型式。这种型式结构简单，减震性能也较好，但施工时需采用刚度较大的模架，施工较为复杂。

② 轨枕式

即把预制好的混凝土枕与混凝土道床浇筑成一整体。早在 50 年代，前苏联铁路隧道整体道床就采用了这种型式，新加坡的轻轨交通和上海地铁也采用的这种型式。其最大优点是可采用轨排施工，施工进度快。施工精度也容易保证。

③ 支承块式

把预制的钢筋混凝土支承块与混凝土道床浇筑成一体。这是世界上许多国家铁路整体道床大量采用的型式。我国铁路隧道广为应用，北京和天津地铁也均采用这种型式。这种型式整体性及减振性能较差，施工较整体灌筑式简单而比轨枕式复杂，成本较低。施工精度较易保证。

为了进一步减小噪声和振动，近年来轻轨交通还发展了其他一些轨道结构型式。

（2）城市轨道交通的另类轨道结构

① 弹性支承轨道结构

这是另一种无碴轨道结构，图 1-15 为这种轨道结构的示意图。双块式轨枕的轨枕块支承在泡沫橡胶上，用橡胶套把泡沫橡胶套在轨枕上，再用水泥砂浆把轨枕连同橡胶套与基底混凝土粘牢。这种结构已在美国的华盛顿、巴尔的摩、亚特兰大、费城等城市的地下隧道中采用。这种轨道的支承刚度约为 10 kN/m，具有很好的噪声和振动衰减特性。

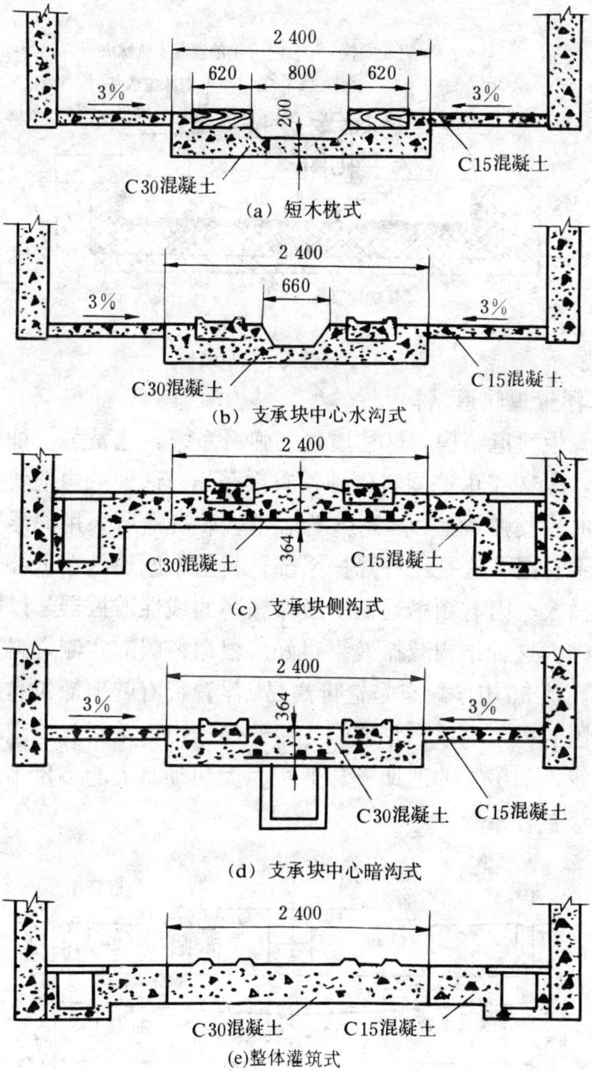

图 1-14　整体道床轨道结构的类型

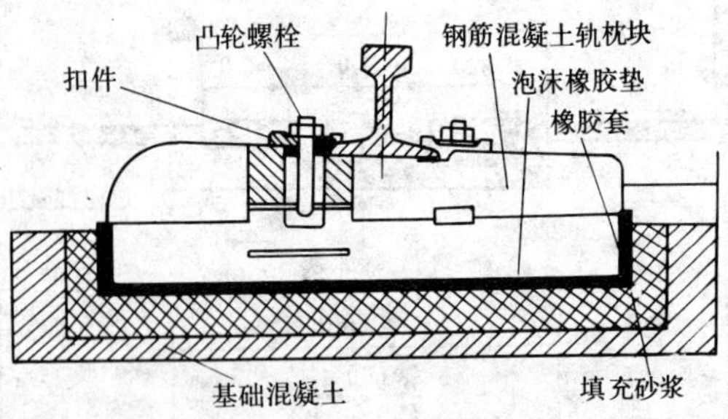

图 1-15　弹性支承轨道结构

② 浮置板轨道结构

浮置板轨道结构，又称质量—弹簧系统，这是另一种无碴轨道结构，1965 年由德国科隆地铁首次采用。这种结构把轨枕板置于可调的橡胶弹簧上。图 1-16 为香港轻轨交通所采用的浮置板轨道结构示意图。这是一种隔振系统，其基本原理是在上部建筑和基础间插入一固有频率远低于激振频率的线性谐振器，以防振动透入基础。这种结构减振效果很好。根据德国的实测资料，阻尼效应可高达 30 dB，缺点是造价高昂。浮置板有就地灌筑和预制两种。美国的巴尔的摩、华盛顿、纽约等城市均采用就地灌筑的浮置板系统，而美国的波斯顿、亚特兰大和加拿大的多伦多则采用预制的浮置板系统。

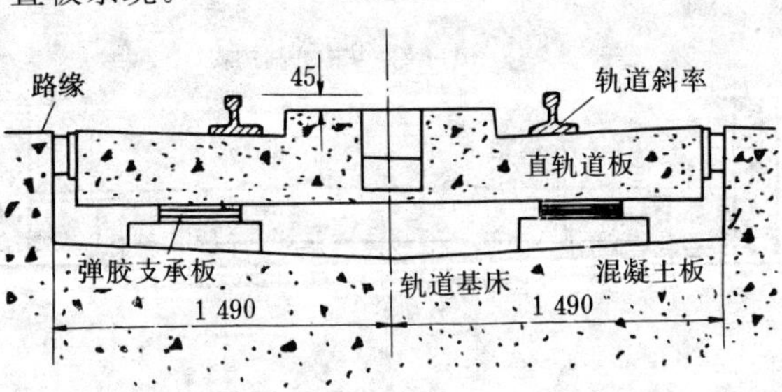

图 1-16　浮置板结构示意图

③ 轨道垫层

在有碴轨道下铺设弹性垫层，用以减小基础的振动。第一批道碴垫于70年代初铺设，其减振效果与浮置轨道板相当，阻尼效应可高达30 dB。据报道，在道岔辙叉下方的道碴垫可大大减小基础的冲击波，以致离隧道边墙仅2.7 m的住户也免受噪声和振动的困扰。但这种道碴垫造价高，易受道碴边棱损伤。可在弹性垫层表面镶以钢板或采用特制的编织物保护层以提高道碴垫层的耐久性。

(3) 高架桥上的轨道结构

高架桥上的轨道结构同样可分有碴轨道和无碴轨道两类。早期的城市轨道交通线路使用较多的是有碴轨道，如巴黎地铁7号、6号线。目前仍有不少新建轻轨交通系统采用这种结构。1985年建成运营的长14.5 km的马尼拉轻轨交通系统（全部为高架结构）便是这种结构，采用双块式钢筋混凝土轨枕。新加坡轻轨交通系统高架桥上也是这种结构，采用木枕。更早一些，如芝加哥“Loop”老式高架线路，直接将木枕固定在钢梁上。

高架桥上的无碴轨道结构是通过扣件直接把钢轨与混凝土桥面联结起来（见图1-17）。应用较广泛的是在混凝土梁上二次浇注混凝土纵向承轨台，承轨台每隔两个扣件节点断开。与有碴轨道

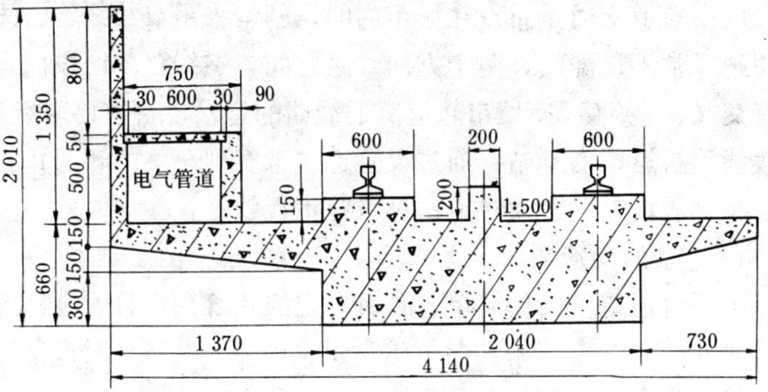

图1-17 高架桥的轨道结构

相比，无碴轨道结构可减小桥梁恒载，降低梁的建筑高度和造价，同时可大大减小轨道维修工作量。其缺点是，二次混凝土浇注施工复杂，施工精度要求很高，承轨台表面抹平费时费工。

由于不能象有碴轨道那样进行起道和拨道作业，要求扣件具有一定的调整钢轨高低和左右位置的能力。此外，这种结构还要解决好减小振动和噪声，防止迷流腐蚀和铺设无缝线路的问题。

当温度变化或桥梁承受车辆荷载产生挠曲时。桥面与铺设于其上的焊接长钢轨因相对位移而产生附加的温度伸缩力和挠曲力。这些作用力与桥跨大小、无缝钢轨锁定温度、温度变化度、钢轨断面、扣件阻力和车辆荷载等因素有关。高架桥上铺设无缝线路时，除对焊接长钢轨进行强度、稳定性检算外，还要对桥梁墩台进行强度和稳定性检算。

五、道　　岔

车辆由一条线路转向或越过另一条线路时的设备称为道岔。道岔有线路连接、线路交叉及线路连接与交叉等3种基本形式。线路连接设备有普通单开道岔、单式对称道岔及三开道岔等形式；线路交叉设备有直角交叉及菱形交叉等形式；线路连接与交叉设备有交分道岔及各种交叉渡线等形式。应用这些设备，可以把不同位置和方向的轨道相互连接起来。

城市轨道交通是布设在城市内的，基本采用双线线路。线路中间站通常不设配线，两个方向线路之间，在线路中区段内也很少有交叉、连接存在。城市轨道交通线路的道岔设备主要用于：设有渡线和折返线的车站，通过设置道岔来实现车辆的转线；在车场、车辆段内，股道通过道岔逐级与走行线连接。

1. 道岔的构造

单开普通道岔结构简单，具有一定的代表性，且占全部道岔总数的95%以上。了解和掌握这种道岔的基本特征，对道岔的铺设、养护等方面，有着十分重要的指导意义。

单开普通道岔由引导列车的轮对沿原线行进或转入另一条线

路运行的转辙部分，为使轮对能顺利地通过两线钢轨的连接点而形成的辙叉部分，使转辙部分和辙叉连接的连接部分以及岔枕和连接零件等组成(如图 1-18 所示)。以下就单开普通道岔的结构进行分析介绍。

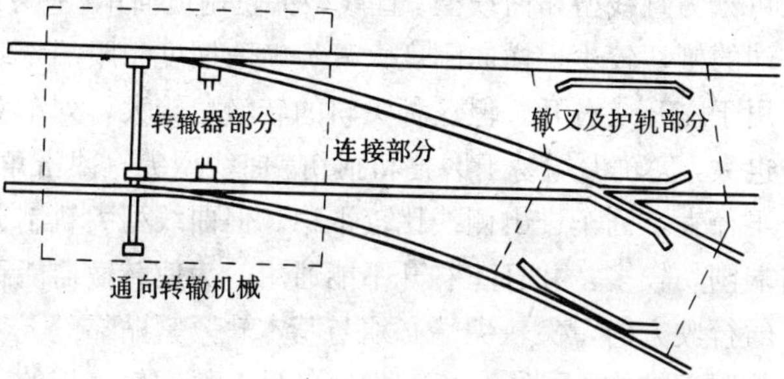

图 1-18　单开道岔的组成

(1) 转辙部分

单开道岔的转辙器由两根基本轨、两根尖轨、各种联结零件和道岔转辙机构组成，如图 1-19 所示。

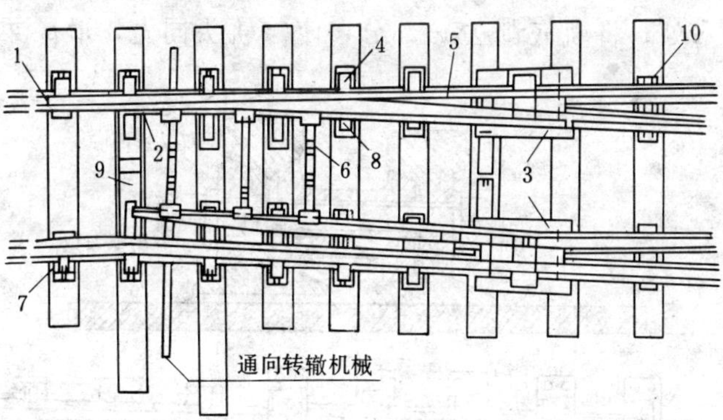

图 1-19　单开道岔的转辙器

1—基本轨；2—尖轨；3—跟部结构；4—轨撑；5—顶铁；6—连接杆；7—辙前垫板；8—滑床板；9—通长垫板；10—辙后顺坡垫板。

基本轨用12.5 m或25 m标准断面的普通钢轨制成，主股为直线，侧股按转辙器各部分的轨距在工厂事先弯折成规定的折线。基本轨除承受车轮的垂直压力外，还与尖轨共同承受车轮的横向水平力。

尖轨是转辙器的主要部分，车辆进出道岔由它引导。尖轨在平面上可分为直线型和曲线型。直线型尖轨制造简单，便于更换，尖轨前端的刨切较少，横向刚度大，尖轨的摆度和跟端轮缘槽较小，可用于左开或右开。但这种尖轨的转辙角较大，列车对尖轨的撞击也大，尖轨尖端易于磨耗和损伤。曲线型尖轨冲击角较小，导曲线半径大，列车进出侧线比较平稳。但曲线型尖轨制造较复杂，前端刨切较多，并且左右开不能通用。为使转辙器能正确引导列车的行驶方向，尖轨尖端必须与基本轨紧紧贴靠。

尖轨跟部结构（见图1-20），尖轨与导曲线钢轨连接的一端称尖轨跟端。尖轨跟端的结构形式有采用间隔铁鱼尾板式和弹性可弯跟端式。间隔铁鱼尾板式跟端结构由尖轨跟端大垫板、间隔铁、跟端夹板、跟端轨撑、防爬卡铁及联结螺栓等组成。间隔铁鱼尾板式跟端结构，零件较少，结构简单，尖轨扳动灵活。但稳定性较弹性可弯式差，容易出现病害。弹性可弯式尖轨在跟端前2～3根枕木处，将轨底削去一部分，使与轨头同宽，形成柔性部

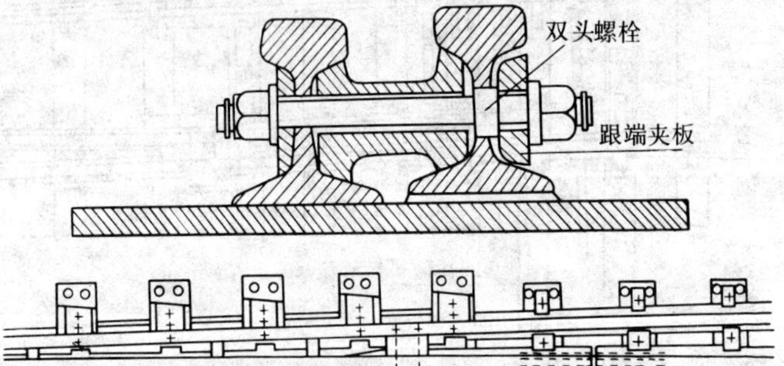

图1-20　尖轨跟部结构

位，使尖轨具有能从一个位置扳动到另一个位置的足够的弹性。

为保证尖轨具有承受车轮压力的足够强度，规定在尖轨顶宽 50 mm 以上部分才能完全受力。尖轨各个断面的高度都有具体规定。

尖轨尖端非作用边与基本轨作用边之间的拉开距离叫作道岔的尖轨动程，规定在距尖轨尖端 380 mm 的第一连接杆中心处量取。

最常用的道岔转换设备的种类有机械式和电动式。道岔转换设备必须具备转换（改变道岔开向）、锁闭（锁闭道岔，在转辙杆中心处尖轨与基本轨之间，不允许有 4 mm 以上的间隙）和显示（显示道岔的正位或反位）等 3 种功能。

（2）辙叉及护轨

辙叉是使车轮从一股钢轨越过另一股钢轨的设备，它设置于道岔侧线钢轨与道岔主线钢轨相交处。辙叉由心轨、翼轨、护轨及联结零件组成。按平面型式分，辙叉有直线辙叉和曲线辙叉两类；按构造分，又有固定式辙叉和可动式辙叉两类。在单开道岔上以直线式固定辙叉最为常用。

整铸辙叉是用高锰钢浇铸的整体辙叉（图 1-21）。高锰钢是一种含锰、碳元素较高的合金钢（含锰约 12.5%、碳 1.2%），具有较高的强度和良好的冲击韧性，经热处理后，在冲击荷载作用下，

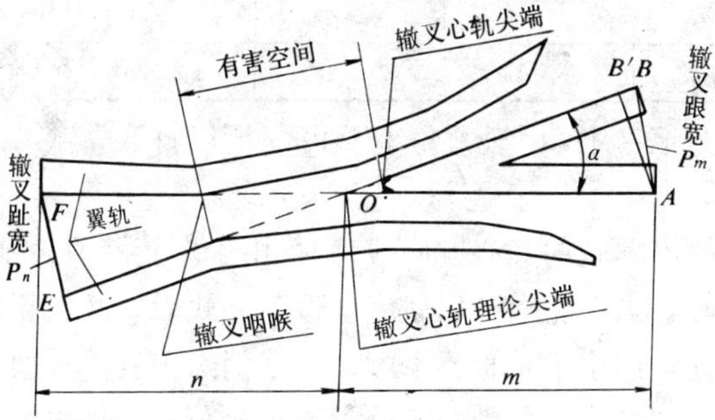

图 1-21　辙叉部分结构

会很快产生硬化，使表面具有良好的耐磨性。这种辙叉还具有使用寿命长，养护维修方便的优点。

叉心两侧作用边之间的夹角叫辙叉角。辙叉心轨两个工作边的延长线的交点称为辙叉理论中心（理论尖端）。由于制造工艺的原因，实际上的叉心尖端有 6～10 mm 的宽度，此处称为心轨的实际尖端。

翼轨与心轨形成必要的轮缘槽，使车轮轮缘能顺利通过。两翼轨工作边相距最近处称辙叉咽喉。从辙叉咽喉至心轨实际尖端之间的轨线中断的距离叫作“有害空间”（见图 1-21）。道岔号数越大，辙叉角越小，这个有害空间就越大。车轮通过有害空间时，叉心容易受到撞击。为保证车轮安全通过有害空间，在辙叉两侧相对位置的基本轨内侧设置了护轨，借以引导车轮的行驶方向。

道岔号数以辙叉号数来表示。辙叉号数的计算方法如下（参见图 1-21）：

$$N = \cot\alpha = \frac{OB'}{AB'} \tag{1-2}$$

辙叉角的计算方法为：

$$\alpha = \arctan\frac{1}{N} \tag{1-3}$$

我国道岔号数与辙叉角的对应值见表 1-8。

表 1-8　道岔号数与辙叉角的关系

道岔号数	6	7	9	12
辙叉角	9°27′14″	8°07′48″	6°20′25″	4°45′49″

在单开道岔中，因辙叉角小于 90°，所以将这类辙叉又称之为锐角辙叉。

当车轮沿翼轨向叉心方向滚动时，由于车轮踏面是锥形的，车轮逐渐下降，当车轮离开翼轨完全滚到心轨后，又恢复到原来的高度，因此，产生了垂直不平顺。为了消除垂直不平顺，并防止心轨在其尖端断面过分削弱部分承受车轮荷载，采用了提高翼轨顶面和降低心轨前端顶面的做法，将翼轨顶面做成 1∶20 的横坡。

使翼轨和心轨顶面之间保持必要的相对高差。

对高锰钢整铸辙叉，规定叉心顶宽为 35 mm 及其以上部分承受全部车轮压力，而在 20 mm 及以下断面则完全不受压力，因此，将翼轨顶面从辙叉咽喉到叉心顶宽 35 mm 一段以堆焊法加高。为防止车轮撞击心轨尖端，应使该处叉心顶面低于翼轨顶面 33 mm 以上。

护轨设于辙叉的两侧，用以控制车轮的轮缘，使之进入设定的轮缘槽内，防止与叉心碰撞。护轨可用普通钢轨或特种断面的护轨钢轨制作。护轨的防护范围，应包括辙叉咽喉至叉心顶宽 50 mm的一段长度，并要求有适当的余量，在平面图中，它由中间平直段、两端缓冲和开口段组成。

可动辙叉是指辙叉个别部件可以移动，以保证列车过岔时轨线的连续，消除了固定辙叉上存在的有害空间，并可取消护轨，同时辙叉在纵断面上的几何不平顺也可以大大减少，从而显著地降低了辙叉部位的轮轨相互作用力，提高运行的平稳性，延长辙叉的使用寿命。但在轨道交通线路中没有使用。

(3) 连接部分

连接转辙器和辙叉的轨道称为道岔的连接部分，它包括直股连接线和曲股连接线（如图 1-22 所示）。直股连接线与区间直线线路的构造基本相同，曲股连接线又称导曲线，目前线路上铺设的道岔导曲线均为圆曲线，当尖轨为曲线型时，尖轨本身就是导曲线的一部分。导曲线由于长度及界限的限制，一般不设超高和轨

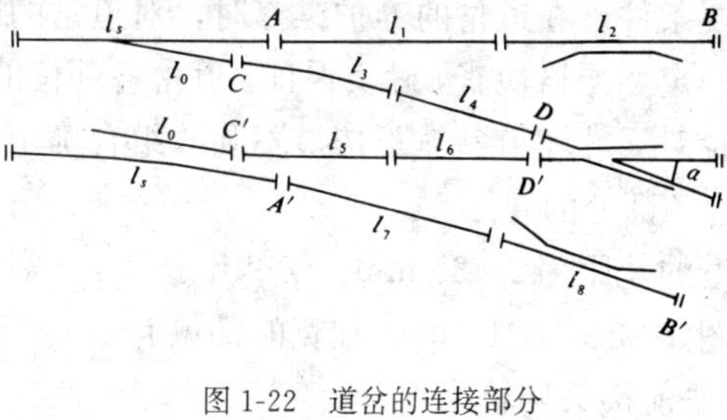

图 1-22　道岔的连接部分

底坡。为防止导曲线钢轨在动荷载作用下的外倾和轨距扩张，可设置一定数量的轨撑或轨距拉杆。也可以在导曲线范围内设置一定数量的防爬器及防爬木撑，以减小钢轨的爬行。

连接部分一般配置 8 根钢轨，直股连接线 4 根，曲股连接线 4 根。配轨时要考虑轨道电路绝缘接头的位置和满足接头相对的要求，并尽量采用 12.5 m 或 25 m 长的标准钢轨。连接部分使用的短轨，一般不短于 6.25 m，在困难的情况下，不短于 4.5 m。标准道岔的配轨尺寸如表 1-9 所示。

表 1-9　标准道岔的配轨尺寸　mm

N	9	12	N	9	12
l_1	5 324	11 791	l_5	6 838	12 500
l_2	11 000	12 500	l_6	9 500	9 385
l_3	6 894	12 500	l_7	5 216	11 708
l_4	9 500	9 426	l_8	11 000	12 500

(4) 岔　枕

在我国铁路上，岔枕以使用木枕为主，近年来已设计和铺设了混凝土岔枕。随着运量和列车速度的提高，正线上道岔宜采用混凝土岔枕。

木岔枕断面和普通木枕基本相同，长度分为 12 级，其中最短的为 2.60 m，最长的为 4.80 m，级差为 0.20 m。而钢筋混凝土岔枕最长者为 4.90 m，级差为 0.10 m。

2. 道岔的几何形位

道岔各部分几何尺寸的正确与否，是保证机车车辆安全、平稳通过的必要条件。在道岔的养护维修时，对道岔的轨距、某些特定的尺寸一定要严格检查，确实保证。道岔各部位的几何尺寸，是根据车辆轮对尺寸和道岔轨距按最不利的组合确定的。

(1) 道岔各部分的轨距

直线轨道的轨距为 1 435 mm。在单开道岔上，需要考虑对轨距加宽（见图 1-23 及表 1-10），加宽的部位有：

① 基本轨前接头处轨距 S_1；

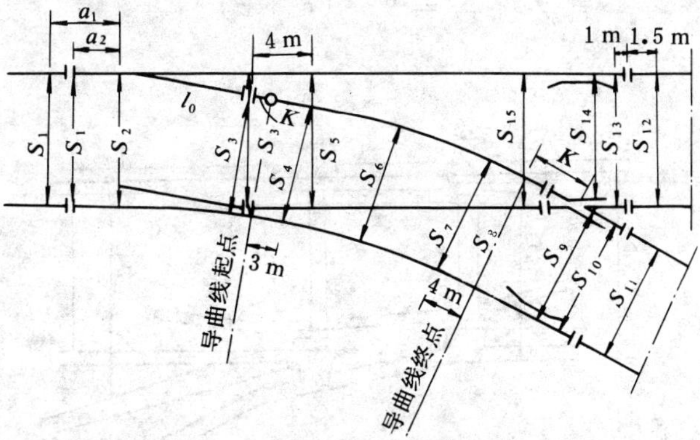

图 1-23　单开道岔各部分的轨距

② 尖轨尖端轨距 S_0；

③ 尖轨跟端直股及侧股轨距 S_h；

④ 导曲线中部轨距 S_c；

⑤ 导曲线终点轨距 S 。

表 1-10　道岔的轨距尺寸　　mm

N	9	12	N	9	12
S_1	1 435	1 435	S_h	1 439	1 439
S_0	1 450	1 445	S_c	1 450	1 445

道岔各部分的轨距加宽，应有适当的递减距离，以保证行车的平稳性。尖轨尖端的轨距加宽，应按不大于 6‰的递减率向尖轨外方递减。S_0 与 S_h 的差数，应在尖轨范围内均匀递减。导曲线中部轨距加宽的递减距离，至导曲线起点为 3 m，至导曲线终点为 4 m。尖轨跟端直股轨距的递减距离为 1.5 m。

(2) 辙叉及护轨部分的间隔尺寸

道岔辙叉及护轨部分需要确定的间隔尺寸主要是辙叉咽喉轮缘槽 t_1、查照间隔 D_1 及 D_2、护轨轮缘槽 t_g、翼轨轮缘槽 t_w 和辙叉有害空间 t_h 。

① 辙叉咽喉轮缘槽 t_1

辙叉咽喉轮缘槽如图 1-24 所示，其计算公式为：

$$t_1 = S - (T + d) \tag{1-4}$$

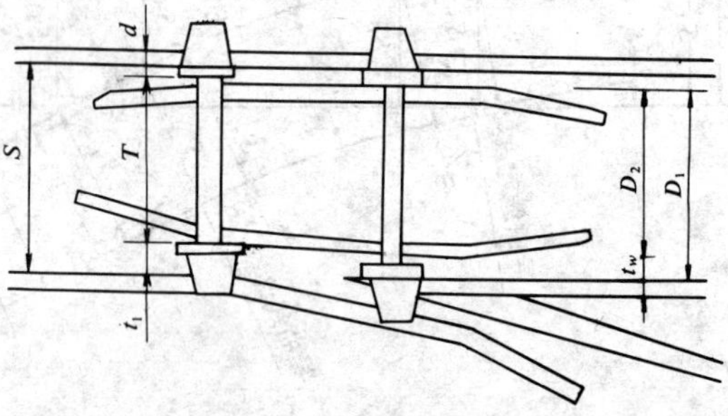

图 1-24　咽喉轮缘槽及查照间隔

为保证车轮顺利通过辙叉咽喉，应保证在最不利的条件下，即最小轮对一侧车轮轮缘紧贴基本轨时，另一侧车轮轮缘不撞击翼轨。这时最不利的组合为：

$$t_1 \geqslant S_{max} - (T + d)_{max} \tag{1-5}$$

考虑到道岔轨距 1 435 mm 允许最大正误差为 3 mm，车辆最小轮对车轴弯曲后，内侧距（1 350 mm）减小 2 mm，则

$$t_1 \geqslant (1\,435 + 3) - (1\,350 - 2) - 22 = 68 \text{ mm}$$

② 查照间隔 D_1 和 D_2

由图 1-24 可知护轨作用边至心轨作用边的查照间隔 D_1 为：

$$D_1 = T + d \tag{1-6}$$

此间隔应保证车轮轮对在最不利的条件下，最大轮对一侧轮缘受护轨的引导，而另一侧轮缘不撞击辙叉心，即应有：

$$D_1 \geqslant (T + d)_{max}$$

考虑到车轴弯曲使轮背内侧距增大 2 mm，代入具体数值后得：

$$D_1 \geqslant (1\,356 + 2) + 33 = 1\,391 \text{ mm}$$

D_1 只能有正误差，容许范围为 1 391～1 394 mm。

由图 1-24 可知护轨作用边至翼轨作用边的查照间隔 D_2 为：

$$D_2 = T \tag{1-7}$$

为保证最小车轮通过时不被楔住，必须有：

$$D_2 \leqslant T_{nin}$$

取 T 较机车轮更小的车辆轮为计算依据，并考虑车轴上弯后对轮对内侧距的减小值 2 mm，则：

$$D_2 = 1\ 350 - 2 = 1\ 348\ \text{mm}$$

D_2 只能有负误差，容许范围为 1 346～1 348 mm。

第二节　独轨铁路的轨道结构

独轨铁路是一种中、小运量的轨道交通系统，一般认为独轨铁路每高峰小时运输乘客少于 1 万人次。日本是对独轨铁路情有独钟的国家，东京、大阪的独轨铁路都在城市轨道交通中发挥着重要的作用。除日本外，其他国家修建独轨铁路主要用于游乐场，如美国佛罗里达、洛杉矶的迪斯尼乐园。

独轨铁路特别适合在大坡道和小半径曲线区段发挥作用；其最小半径（R_{min}）和线路最大坡度（i_{max}）如表 1-11 所示。日本跨坐式独轨铁路的线路中心距，直线段 3.7 m，曲线段适当加宽。圆曲线最小长度不小于 20 m。

表 1-11　独轨铁路的最小半径和最大坡度

跨坐式独轨铁路			悬挂式独轨铁路		
运营线路	R_{min} /m	60	运营线路	R_{min} /m	30
	i_{max} /(%)	6		i_{max} /(%)	6
其他线路	R_{min} /m	30	其他线路	R_{min} /m	30
	i_{max} /(%)	10		i_{max} /(%)	12

一、独轨铁路的类型

早在 1824 年，英国就出现了第一条独轨运输线路，用马牵引车辆。1888 年法国人在爱尔兰铺设了 15 km，由蒸汽机车牵引的

图 1-25　跨坐式独轨铁路

图 1-26　悬挂式独轨铁路

跨坐式独轨铁路，开始了独轨铁路实用化阶段。1893 年德国人发明了悬挂式独轨铁路。

独轨铁路基本上分为跨坐式（见图 1-25）和悬挂式（见图 1-26）两种类型。

跨坐式独轨铁路的车体重心在轨道梁的上方，运行时车体跨坐在轨道梁上；悬挂式独轨铁路的车体重心在轨道梁的下方，运

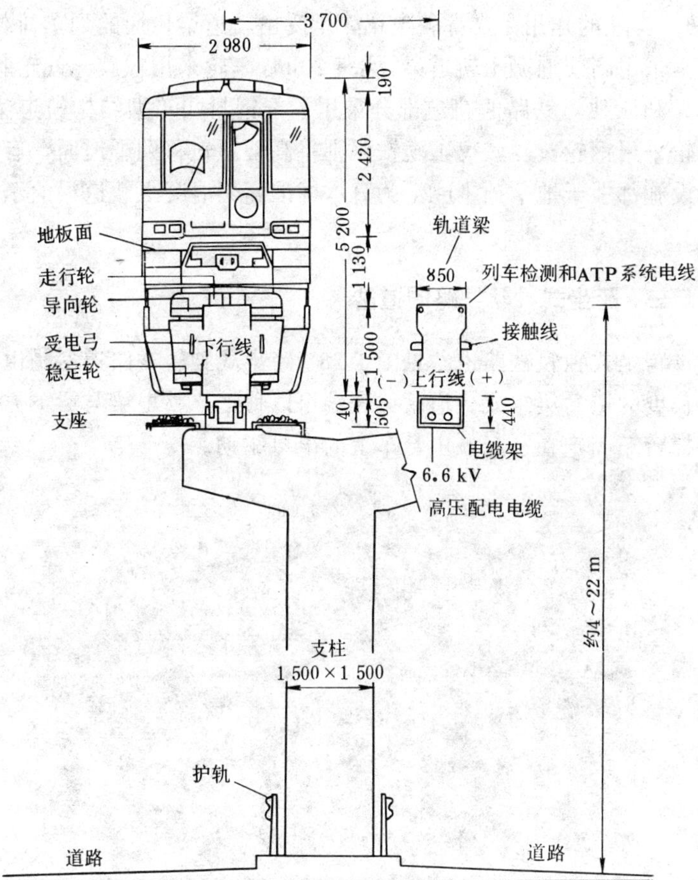

图 1-27　跨坐式独轨铁路的轨道结构

行时，转向架悬挂着车体沿轨道梁运行。

二、跨坐式独轨铁路的轨道结构

独轨铁路的轨道由轨道梁、支柱和基础构成。轨道梁的作用是引导独轨列车运行，直接承受车轮传来的巨大压力，并将力通过立柱传递到基础上。轨道梁的上表面是车辆走行轮的行驶路面，两个侧面是水平导向轮的导轨，也是水平稳定轮的支撑（见图1-27）。支柱的作用是支撑轨道梁，承受由轨道梁传递的列车荷载。日本采用高架混凝土轨道梁，梁跨20 m，车轮采用橡胶充气轮胎；澳大利亚独轨铁路的轨道部分采用了全钢封闭箱型结构轨道梁，车轮采用钢轮；夏威夷独轨铁路则将高架独轨移到了地面，有关的设施都埋于地下。图1-27为日本标准高架混凝土轨道梁的示意图。

三、跨坐式独轨铁路的道岔

跨坐式独轨铁路道岔见图1-28。跨坐式独轨铁路道岔是由一定长度的道岔梁组成。道岔梁一端可以移动，整根梁与梁下方的支撑台车固定在一起，由台车上的电机驱动。

图1-28　出入车库的独轨列车通过道岔

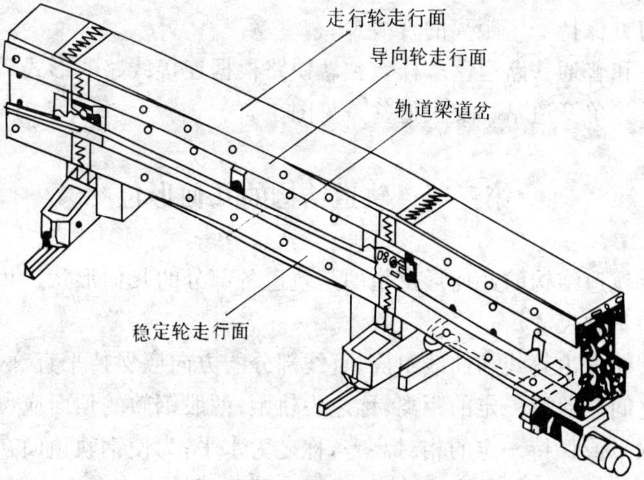

图 1-29　柔性铰接型轨道梁道岔

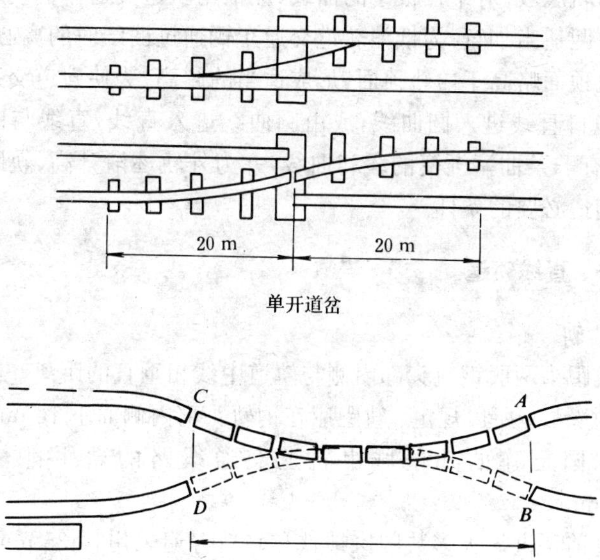

图 1-30　跨坐式独轨道岔的类型

道岔梁可分为两类：一类是柔性铰接型（见图 1-29），可使道岔梁连续弯成曲线；另一类为简易铰接型，转辙时道岔梁在转辙点前方保持一定距离的直线。

和普通铁路道岔一样，独轨铁路根据连接线路的形式，道岔可分为单开道岔、交叉道岔（见图 1-30）。

第三节　轨道结构的几何形位

轨道结构的几何形位指的是轨道各部分的几何形状、相对位置和基本尺寸。

轨道由直线和曲线组成。直线部分的方向应保持平直，两股钢轨之间应保持一定的距离，称之为轨距；两股钢轨的顶面应位于同一水平或保持一定的相对高差，称之为水平；为使钢轨顶面在有锥形踏面的车轮荷载作用下受力均匀，两股钢轨均应向内倾斜铺设，称之为轨底坡。对半径很小的曲线，应根据轨道交通车辆能顺利通过将轨距适当加宽；为抵消轨道交通车辆通过曲线时的离心力，应使外轨顶面略高于内轨顶面，形成适当的超高；为使轨道交通车辆平稳地自直线进入圆曲线，或由圆曲线进入直线，直线与圆曲线间，应有一条曲率渐变的缓和曲线，并为外轨逐渐升高、轨距逐渐加宽创造必要的条件。

一、直线轨道

1. 轨　距

轨距为两股钢轨头部内侧与轨道中线相垂直的距离。因为轨底坡的缘故，所以规定，轨距应在钢轨头部内侧面下 16 mm 处量取。我国已建的几条城市轨道交通线路的轨距都是采用 1 435 mm。

目前，世界大多数国家地铁和轻轨普遍采用1 435 mm轨距，也称为标准轨距。在运量较小的轻轨和新型有轨电车线路中，也有采用1 067 mm、1 000 mm和762 mm轨距。轨距小于1 435 mm

者统称为窄轨距。

轨距用道尺或轨检车进行测量。前者测得的是静态的轨距，后者则可以测得列车通过时轨距的动态变化。

为使轨道交通车辆能顺利通过轨道，轨道的轨距必须略大于轮对宽度，有一定的游间。当轮对的一个车轮轮缘与钢轨贴紧时，另一车轮轮缘与钢轨之间的游间 δ 为（见图 1-31）：

$$\delta = S - q \tag{1-8}$$

式中 S 为轨距，mm；q 为轮对宽度，mm。

计算时，没有把轮对宽度由于车轴挠曲而产生的变化量（±2 mm）及轨距在列车通过时可能发生的弹性扩大(一般为2 mm)考虑在内。

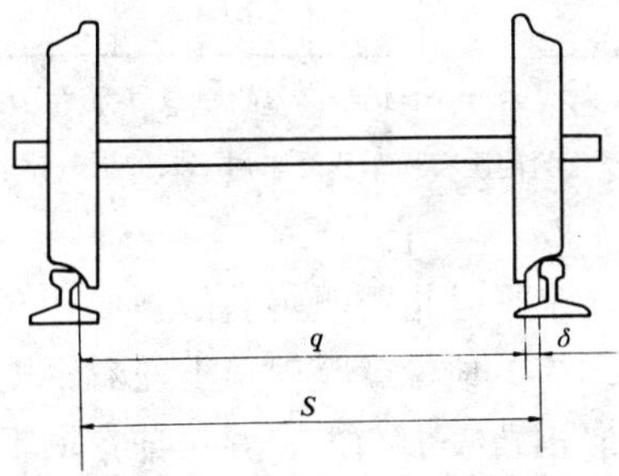

图 1-31　轮对宽度、轨距和游间

游间不能过大，否则会使车辆行驶时的蛇行运动的幅度加大，横向加速度、轮缘对钢轨的冲角及作用于钢轨上横向力也随之而增加。行车速度愈高，这种影响愈严重。所以，为了提高行车的平稳性和减少轮轨之间的动力作用，应对游间加以限制。目前，英国已把原来的标准轨距从1 435 mm减小为1 433 mm，德国减小为1 432 mm。我国目前的轨道几何尺寸容许误差见表 1-12。

表 1-12　轨道几何尺寸容许误差　mm

项目	作业验收			经常保养			临时补修			说明
	$V \geqslant 90$ km/h	$V < 90$ km/h	其他	$V \geqslant 90$ km/h	$V < 90$ km/h	其他	$V \geqslant 90$ km/h	$V < 90$ km/h	其他	
	正线	正线及到发线	站线	正线	正线及到发线	站线	正线	正线及到发线	站线	
轨　距	±4	±4	±4	+7 −4	+7 −4	+7 −4	+10 −4	+10 −4	+10 −4	最大轨距含误差不得大于 1 460 mm

续上表

<table>
<tr><th rowspan="3">项目</th><th colspan="3">作业验收</th><th colspan="3">经常保养</th><th colspan="3">临时补修</th><th rowspan="3">说　明</th></tr>
<tr><th>V ≥90 km/h</th><th>V <90 km/h</th><th rowspan="2">其他
站线</th><th>V ≥90 km/h</th><th>V <90 km/h</th><th rowspan="2">其他
站线</th><th>V ≥90 km/h</th><th>V <90 km/h</th><th rowspan="2">其他
站线</th></tr>
<tr><th>正线</th><th>正线及到发线</th><th>正线</th><th>正线及到发线</th><th>正线</th><th>正线及到发线</th></tr>
<tr><td>水　平</td><td>4</td><td>5</td><td>6</td><td>7</td><td>8</td><td>9</td><td>10</td><td>11</td><td>12</td><td></td></tr>
<tr><td>三角坑</td><td>4</td><td>5</td><td>6</td><td>7</td><td>8</td><td>9</td><td>10</td><td>11</td><td>12</td><td></td></tr>
<tr><td>轨　向</td><td>4</td><td>5</td><td>6</td><td>7</td><td>8</td><td>9</td><td>10</td><td>11</td><td>12</td><td></td></tr>
<tr><td>高　低</td><td>4</td><td>5</td><td>6</td><td>7</td><td>8</td><td>9</td><td>10</td><td>11</td><td>12</td><td>用 10 m 弦量得的最大矢度</td></tr>
</table>

注：表中有关轨距误差的规定与过去（+6 mm，−2 mm）的规定有所不同；它是按作业的性质和列车速度采用不同的误差标准，使得这种误差标准更趋经济合理。

2. 水　平

水平是指两股钢轨的顶面，在直线地段应保持在同一水平面上。简单地说就是轨道上左右钢轨的水平。保持水平的目的是使两股钢轨受力均匀，并保证车辆平稳行驶。

水平也可用道尺或轨检车进行测量。其误差的规定见表 1-12。

实践中，有两种性质不同的钢轨水平误差，对行车的危害程度也不一样。第一种水平误差是在一段相当长的距离内，一股钢轨的轨顶较另一股为高，只是水平误差保持容许范围值内，反倒可使列车贴着一股钢轨而平稳地行驶。另一种称三角坑或称轨道扭曲。它是指在一段不太长的距离内，先是左股钢轨高，后是右股钢轨高，如图 1-32 所示。

表 1-12 中规定了在延长 6.25 m 范围内水平误差变化量。在超高顺坡地段的水平变化率（含超高）最大不得大于 3‰。轨道上存在三角坑会出现车轮不能全部正常压紧钢轨的现象，在最不利的情况下甚至可以爬上钢轨，引起脱轨事故。

3. 前后高低

轨道的纵向平顺情况称前后高低。其容许误差见表 1-12 的规

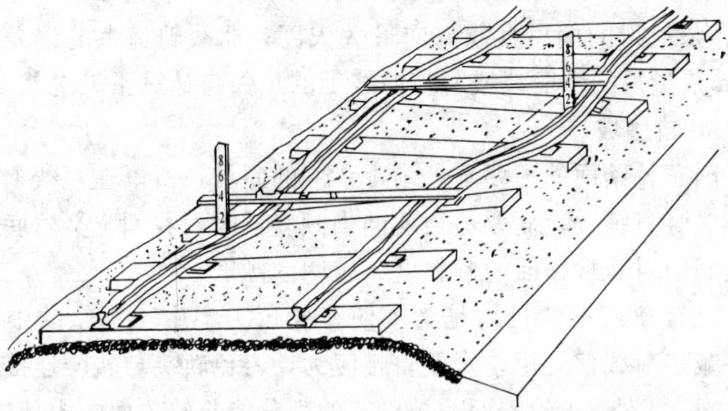

图 1-32　线路上三角坑的夸大示意图

定。

轨道的前后高低亦即轨面不平顺是由以下两种原因产生的。第一种是经过一段时间列车运行后，因道床的累积变形、路基不均下沉、三角坑和弹性不均匀等等原因，使轨面出现高低不平。这种不平顺的长度较长，车轮沿不平顺的全长滚动。另一种是因钢轨的波形磨耗、接头焊缝、打塌及轨面擦伤等原因形成的轨面不平顺。当车轮通过这种不平顺时，车轮不触及不平顺的底部。

控制纵向不平顺的大小，对降低轮轨间的动力作用，减小对轨道的破坏是十分重要的。

4. 方　向

方向又称轨向，指的是轨道中线位置应与它的设计位置一致。但在轨道交通车辆运行过程中，往往可使直线轨道不直，曲线轨道不圆顺。直线轨道由长度大约在 10～20 m 左右的波浪形“曲线”组成。曲线轨道不圆顺则表现在缓和曲线和圆曲线上的曲率发生变化，成为有很多不同曲率半径圆弧组成的复曲线，形成严重的方向不平顺。

轨道方向不良，对行车的安全和平稳具有特别重要的意义。在无缝线路地段，若轨道方向不良，则到了高温季节，在一定条件下，还会引起胀轨跑道，严重威胁行车安全。

表 1-12 中列出轨道方向的允许误差。直线轨道上的误差是用 10 m 弦量得的偏离直线方向最大矢度；曲线轨道上的误差是用 20 m 弦量得的圆曲线或缓和曲线上的正矢与计算正矢之差。

5. 轨底坡

因车轮踏面的主要部分为 1∶20 的斜坡，所以在直线上，钢轨不应竖直铺设，而要适当地向内倾斜，因而我们定义轨底坡为钢轨底面对轨枕顶面的倾斜度（也叫内倾度）。

设置轨底坡的目的是为了使车轮压力集中于钢轨的中轴线上，减小荷载偏心矩，降低轨腰应力，避免轨头与轨腰连接处发生纵裂。此外，车轮踏面的 1∶20 的部分能与轨顶面的中部接触，增加了轮轨间的接触面积，减小了接触应力和由此产生的塑性变形。在任何情况下，轨底坡不应大于 1∶12 或小于 1∶60，其调整范围见表 1-13。

表 1-13　内股钢轨轨底坡调整范围

外轨超高/mm	轨枕面最大斜度	当铁垫板或承台的倾斜度为		
		0	1∶20	1∶40
0～75	1∶20	1∶20	0	1∶40
80～125	1∶12	1∶12	1∶30	1∶17

6. 轨道不平顺的随机特性

前面我们说明了轨道几何形位的基本要素。这些基本要素实际上是在不断地变化的；变化的结果在轨道上形成了各种型式的不平顺。归纳起来有轨道垂向（高低）不平顺，轨道水平不平顺，轨道方向（轨向）不平顺和轨距不平顺等四种主要型式。它们都不是由一项或几项简谐函数或其他确定性函数所能描述的。不论在有缝线路（除了钢轨接头）上还是无缝线路上，轨道不平顺是里程的随机函数，其波幅（不平顺度）和波长（不平顺的长度）都是随机变量。了解和运用这些随机变量的变化规律，便可研究轮轨间的相互作用，并预测和分析轨道交通车辆与轨道系统的各种动力响应。这是轨道交通车辆和轨道的设计、养护及评估质量的重要理论分析手段。在国外，对轨道不平顺谱密度的研究取得了成熟的研究效果，并在此基础上制定了相应的标准谱密度。在我国仅有局部的轨道结构有不平顺的谱密度。因此，根据我国的轨道结构情况制定出相应的轨道不平顺谱密度实属必要。

二、曲线轨道

1. 车辆通过曲线轨道的内接方式

轨道交通车辆在曲线轨道上行驶，轮对和轨道可以有 3 种内接方式（见图 1-33）。

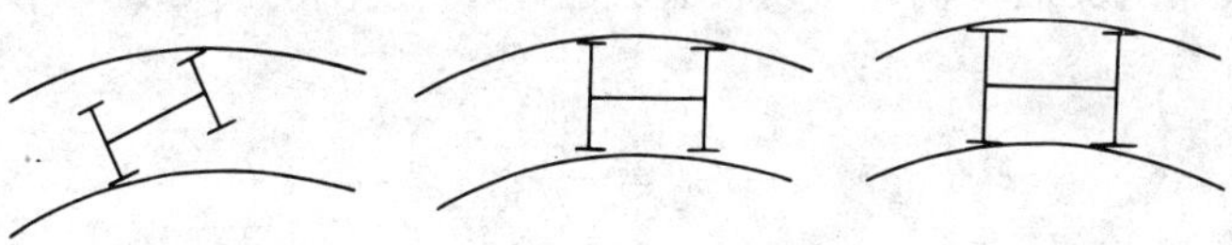

(a) 斜接通过　（b）自由接通过　（c）楔接通过

图 1-33　车辆通过曲线轨道的内接方式

（1）斜接通过：轨道交通车辆的车架或转向架最前位的外轮轮缘与外轨轨距线接触，最后位的内轮轮缘与内轨轨距线接触。

（2）自由接通过：轨道交通车辆车架或转向架外侧最前位和最后位的外轮轮缘同时与外轨轨距线接触，其他各轮轮缘无接触地在轨道上自由行驶。这种情况又称之为转向架最大外移位置。

（3）楔接通过：轨道交通车辆车架或转向架外侧最前位与最后位的轮缘同时与外轨轨线接触，内侧中间车轮（轴为奇数时）或靠近中间的两车轮（轴为偶数时）轮缘与内轨轨线接触。

显然，当轨道交通车辆以斜接通过时，因游间太大，会引起过大的蛇行运动；以楔接通过时，又会增加行车阻力和加剧轮轨磨耗，故两者都不可取。自由接是轨道交通车辆通过曲线的最有利的方式。

2. 曲线轨道轨距加宽

为使轨道交通车辆能顺利通过曲线，在半径很小的曲线轨道上，轨距要适当加宽。加宽轨距系将曲线轨道的内轨向曲线中心方向移动，并在缓和曲线长度范围内完成，曲线外轨位置保持不变。我国曲线轨距加宽标准见表1-14。

表1-14 曲线轨距加宽标准

曲线半径/m	轨距加宽/mm
$R \geqslant 350$	0
$350 > R \geqslant 300$	5
$R < 300$	15

3. 曲线轨道外轨超高

轨道交通车辆在曲线轨道上运行时，产生的离心力 J 可按下式计算：

$$J = \frac{mv^2}{R} \tag{1-9}$$

式中 m 为车辆的质量，kg；v 为行车速度，m/s，但习惯上用符号 V 表示并用 km/h 作为单位，故 v 和 V 的换算关系为 $V = 3.6v$；R 为曲线半径，m。用 V 以取代 v，则上式可变为：

$$J = \frac{mV^2}{12.96R} \tag{1-10}$$

为了平衡这个离心力，需在曲线轨道上设置外轨超高，即把曲线外轨适当抬高，借助车辆的重力的水平分力以平衡离心力，从而达到内外两股钢轨受力均匀、垂直磨耗均等，使旅客不因离心加速度的存在而感到不舒适，以及提高线路横向稳定性，保证行车安全。

为简化计算，采用图1-34所示的图式。在这一简化图式中，假定所有的力均作用车辆的平面体内，重力作用在车体的重心上，并略去了左右两侧弹簧的伸长和压缩，车辆对轨道的偏心，以及风力和牵引力的作用等等，因而具有一定的近似性。

把 J 和 G 各分解为与轨顶线平行和垂直的两个分力。为使两股钢轨上所受的压力相等，应有 $J\cos\gamma = G\sin\gamma$。由于 γ 角甚小，在 $S_1 = 1\ 500$ mm、$h = 150$ mm 的情况下，$\gamma = 5°43'$，因此取

$\cos\gamma = 1, \sin\gamma = \tan\gamma = \frac{h}{S_1}$，由此得：

$$J = G\frac{h}{S_1} = \frac{mgh}{S_1}$$

$$= \frac{9.8\,mh}{S_1}$$

从上式可得外轨超高 h 的表达式：

$$h = \frac{JS_1}{9.8\,m}$$

将式(1-10)的 J 代入上式得：

$$h = \frac{S_1V^2}{127R} \quad (1\text{-}11)$$

取 S_1 =1 500 mm，则：

$$h = 11.8\frac{V^2}{R} \quad (1\text{-}12)$$

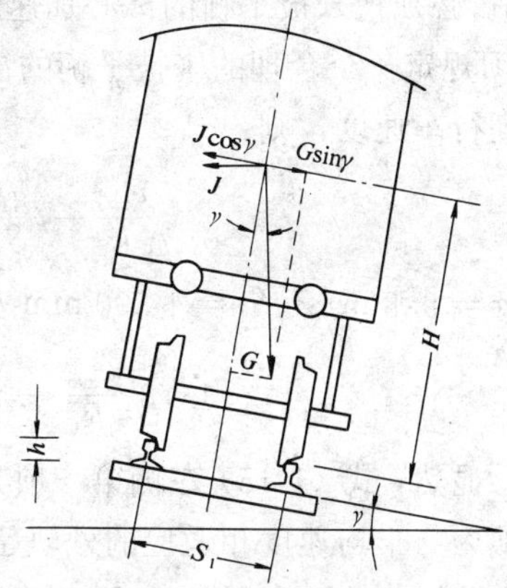

图 1-34　外轨超高计算示意图

G—车辆重力（N）；h—外轨超高（mm）；γ—轨顶线与水平线夹角（°）；S_1—两股钢轨中心线间距离(mm)；H—车辆重心在轨顶线以上的高度（mm）。

由式(1-12)可见，对一定半径的曲线来说，超高与列车速度的平方成正比。在轨道交通线路上，区间内车辆的运营速度可以用实测的方法来测定，也可以用平均速度来取代。

4. 未被平衡的横向加速度、欠超高和余超高

未被平衡的横向加速度的发生是由于设置的超高与实际的运行速度不相适应。当列车的速度大于平均速度时，由于外轨超高的不足而产生未被平衡的离心加速度，同时使外轨加载，内轨减载。未被平衡的离心加速度为：

$$\alpha = \frac{v^2}{R} - \frac{gh}{S_1} \quad (1\text{-}13)$$

式中　$\frac{v^2}{R}$ 为因离心力产生的离心加速度；$\frac{gh}{S_1}$ 为由于外轨超高的存在而产生的重力加速度的向心加速度分量。

为了保证最高速度的旅客列车运行的平稳和安全以及旅客的舒适，必须把未被平衡的离心加速度控制在一个合适的范围内，即必须规定一个合理的未被平衡的离心加速度容许值 α_0。令 V_{max} 为最高行车速度，则：

$$\frac{v_{max}^2}{R}-\frac{gh}{S_1}\leqslant \alpha_0 \tag{1-14}$$

将 $g=9.8\ m/s^2$、$S_1=1\,500\ mm$ 及 $v_{max}=V_{max}/3.6$ 代入上式得：

$$11.8\frac{V_{max}^2}{R}-h\leqslant 153\alpha_0 \tag{1-15}$$

显然，式(1-15)左侧第一项为与 V_{max} 相适应的外轨超高，第二项为与平均速度相适应的外轨超高，两者分别记为 h_{max} 与 h_0，两者之差记为 Δh。在 $V_{max}>V_0$ 的情况下，该值为正值，称之为欠超高，以 Δh_a 表示。

当列车的速度小于平均速度，则情况正与上述相反。因超高过大而产生未被平衡的向心加速度和与此相应的余超高，即在 $V_{min}<V_0$ 的情况下，式(1-15)可以改写成为下式：

$$11.8\frac{V_{min}^2}{R}-h\leqslant 153\alpha_0 \tag{1-16}$$

此时的超高差 Δh 为负值，称之为余超高或过超高，以 Δh_a 表示。欠超高的值均应满足如下的要求：

$$\Delta h_a\leqslant 153\alpha_0 \tag{1-17}$$

我国经过多次未被平衡加速度与舒适度关系的试验，规定 α_0 值在一般情况取 0.4～0.5 m/s^2，特殊情况下取 0.6 m/s^2。据此可算得 Δh_a 值为：

在一般情况下 $\Delta h_a=61\sim 76.5\ mm$

在特殊情况下 $\Delta h_a=91.8\ mm$

我国铁路规定：未被平衡的欠超高一般不应大于 75 mm，特殊情况下不得大于 90 mm。

5. 曲线轨道最大外轨超高的规定

最大外轨超高是指在曲线轨道上行驶的车辆在离心力、向心力、重力及风力的共同作用下不使其向外倾覆（或向内倾覆）的最大超高值。当这些力的合力 R 通过轨距中点 O 点时，车辆处于绝对稳定的状态。在欠超高的情况下，合力 R 要向外侧偏离 O 点一定距离 e，如图 1-35 所示。车辆在曲线轨道上抵抗向外侧倾覆的稳定程度，取决于偏心距 e 值的大小。为了衡量其稳定程度，通常由稳定系数 n 表示，并定为两股钢轨中线间距离的一半 $\left(\frac{S_1}{2}\right)$ 与 e 的比值：

$$n = \frac{S_1}{2e} \tag{1-18}$$

当 $e = 0, n = \infty$ 时，车辆处于绝对稳定状态；当 $e = \frac{S_1}{2}, n = 1$ 时，车辆处于临界稳定状态；当 $e > \frac{S_1}{2}, n < 1$ 时，车辆丧失稳定而倾覆；当 $e < \frac{S_1}{2}, n > 1$ 时，车辆处于稳定状态，n 愈大，车辆愈稳定。

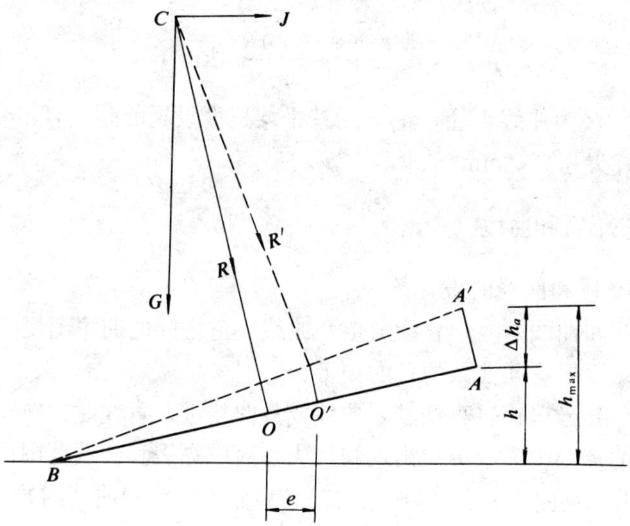

图 1-35　车辆在欠超高情况下的受力

列车在曲线轨道上行驶，或者临时停车，n 应取何值方能保证列车稳定。根据长期的实践认为，n 不应小于 3。我国铁路规定，最大外轨超高为 150 mm，由式（1-18）可算得 $n=3.4>3$，保证了车辆的稳定。若列车在曲线轨道上临时停车，则包括外轨允许水平差在内，余超高可达 154 mm，此时列车处在最不利情况时的 n 值为：

$$n=\frac{S_1^2}{2H\Delta h_a}=\frac{1.5^2}{2\times 2.22\times 0.154}=3.3>3$$

因此仍能保证有足够的稳定系数。

6. 曲线轨道上最高行车速度

任何一段曲线轨道，当按一定的平均速度设置超高后，除了行车速度有较大的变化外，一般是固定不变的。在已设超高的条件下，通过该段曲线的最高容许速度受欠超高的限制。因为 $\Delta h=153\alpha_0$，由式（1-15）可得：

$$11.8\,\frac{V_{\max}^2}{R}=h+\Delta h_a$$

$$V_{\max}=\sqrt{\frac{(h+\Delta h_a)R}{11.8}}\ (\mathrm{km/h}) \tag{1-19}$$

式中　R 为曲线半径，m；h 为按平均速度设置的超高，mm；Δh_a 为容许欠超高，mm。

三、缓和曲线

1. 缓和曲线的设置条件

缓和曲线是介于直线轨道和曲线轨道之间的曲率渐变的连接曲线。设置缓和曲线的目的如下：

（1）当车辆自直线进入曲线或从曲线进入直线时，在车辆上产生的离心力不应突然出现和消失，而应在缓和曲线范围内逐渐地增加（见图 1-36），以保证行车平稳而不在缓和曲线的始、终点产生振动冲击。

（2）曲线设置的外轨超高在缓和曲线范围内逐渐递增，使因超高而产生的车辆重力的向心力分量与离心力相适应，如图 1-37

所示。

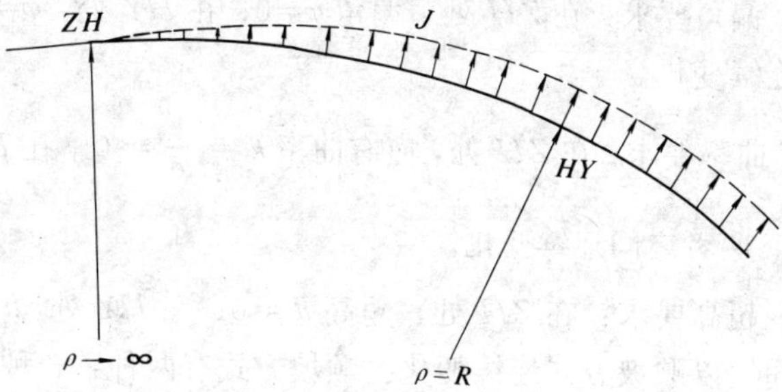

图 1-36　在曲线轨道上车辆离心力的变化

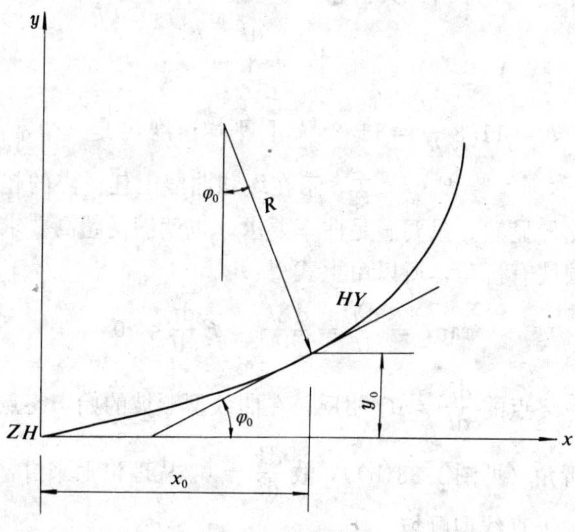

图 1-37　缓和曲线坐标系

(3) 曲线上的轨距加宽也在缓和曲线范围完成。

2. 缓和曲线的几何形位要求

线路上的缓和曲线必须满足如下的几何形位的要求。

(1) 坐标要求：在缓和曲线始点（ZH）处，横坐标 $x=0$，纵坐标 $y=0$；在缓和曲线终点（HY）处，$x=x_0$，$y=y_0$。两者之间连续变化，如图 1-37 所示。

(2) 偏角要求：在 ZH 处，偏角 $\varphi=0$；在 HY 处，$\varphi=\varphi_0$。两者之间连续变化。

(3) 曲率要求：在 ZH 处，应有曲率 $k=\dfrac{1}{\rho}=0$；在 HY 处，$k=\dfrac{1}{R}$。两者之间连续变化。

(4) 超高要求：在 ZH 处，超高 $h=0$；在 HY 处，$h=h_0$。两者之间应以顺坡方式连续变化。顺坡方式有两种：一种是直线性顺坡，如图 1-38(a) 所示；另一种是曲线型顺坡，如图1-38(b) 所示。直线形顺坡的特点是在 ZH 和 HY 处均有一个折角 γ，列车通过时会产生冲击。其折角为：

$$\tan\gamma=\frac{\mathrm{d}h}{\mathrm{d}l}$$

由于 $h=11.8\dfrac{v_0^2}{R}=11.8v_0^2k$，且平均速度 v_0 是一个常值，令 $E=11.8v_0^2$，则 $h=E\cdot k$。这表示在缓和曲线上任一点的超高与曲率成正比。显然，只要满足曲率要求，也就满足超高要求。既然直线型顺坡有折角，所以由上式得：

$$\tan\gamma=\frac{\mathrm{d}h}{\mathrm{d}l}=\frac{\mathrm{d}Ek}{\mathrm{d}l}=E\frac{\mathrm{d}k}{\mathrm{d}l}\neq0$$

即在始、终点的 $\dfrac{\mathrm{d}k}{\mathrm{d}l}\neq0$。相反，在曲线型顺坡的始，终点处由于不存在折角（见图 1-38(b)），故 $\dfrac{\mathrm{d}k}{\mathrm{d}l}=0$。从理论上来讲，曲线型顺坡应优于直线型顺坡。

(5) $\dfrac{\mathrm{d}k}{\mathrm{d}l}$ 的变化率 $\dfrac{\mathrm{d}^2k}{\mathrm{d}l^2}$ 的要求：列车在缓和曲线上行驶时，车轴与水平面倾斜成一角度 φ，如图 1-39 所示。随着超高 h 的增大，φ 角亦不断增大，使车体逐渐倾转。为使车体倾转对钢轨的作用不突然产生或消失，应在缓和曲线始、终点处，使车轴的角加速度 $\dfrac{\mathrm{d}^2\varphi}{\mathrm{d}t^2}=0$。两者之间连续变化。

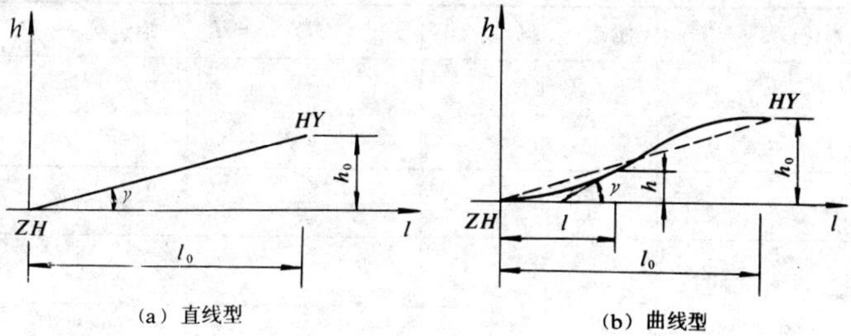

图 1-38　顺坡变化曲线

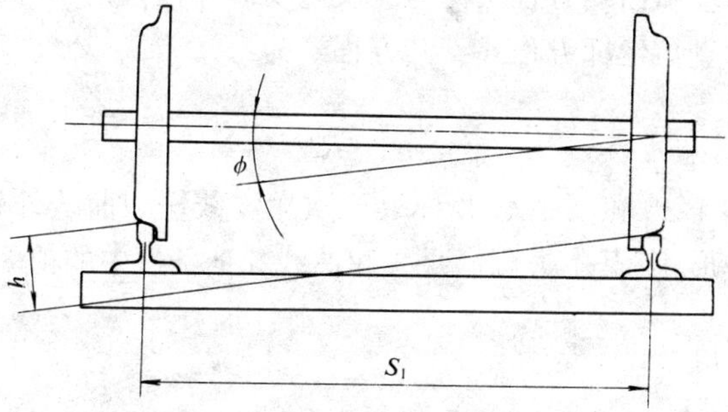

图 1-39　车体在缓和曲线上的倾转

因 φ 很少，则有 $\varphi = \sin\varphi = \dfrac{h}{S_1}$, $h = E \cdot k$, 所以可得：

$$\frac{\mathrm{d}^2\varphi}{\mathrm{d}t^2} = \frac{E}{S_1}\frac{\mathrm{d}^2k}{\mathrm{d}t^2}$$

又因 $v = \dfrac{\mathrm{d}l}{\mathrm{d}t}$，代入上式可得：

$$\frac{\mathrm{d}^2\varphi}{\mathrm{d}t^2} = \frac{Ev^2}{S_1}\frac{\mathrm{d}^2k}{\mathrm{d}l^2}$$

因为要求缓和曲线始、终点处 $\dfrac{\mathrm{d}^2\varphi}{\mathrm{d}t^2} = 0$，故而 $\dfrac{\mathrm{d}^2k}{\mathrm{d}l^2} = 0$。两者之间连续变化。

综上所述，对缓和曲线的形位要求，可归纳为表 1-15 所示的条件。

表 1-15 缓和曲线线形条件

符 号	始点（ZH）$l=0$	终点（HY）$l=l_0$	始点至终点变化
y	0	y_0	
φ	0	φ_0	
k	0	$\frac{1}{R}$	连续
$\frac{dk}{dl}$	0	0	变化
$\frac{d^2k}{dl^2}$	0	0	

3. 常用缓和曲线

常用缓和曲线方程又称为三次抛物线方程，是一种放射螺旋线的近似直角坐标方程式。其方程式为：

$$y=\frac{x^3}{6Rl_0} \tag{1-20}$$

如图 1-38 和图 1-40 所示，三次抛物线缓和曲线外轨超高顺坡成直线形，其基本方程满足缓和曲线 5 个条件中的前 3 个条件，即：

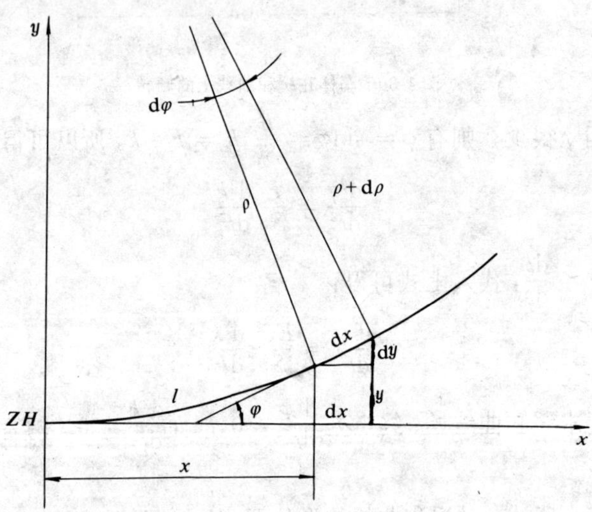

图 1-40 缓和曲线计算图

$l=0$ 时，　$y=0$，　$\varphi=0$，　$k=0$；

$l=l_0$ 时，　$y_0=\dfrac{l_0^2}{6R}$，　$\varphi_0=\dfrac{l_0}{2R}$，　$k=k_0=1/R$；

$0<l<l_0$ 时，　$y=\dfrac{x^3}{6Rl_0}$，　$\varphi=\dfrac{x^2}{2Rl_0}$，　$0<k<\dfrac{1}{R}$。

三次抛物线缓和曲线优点是铺设和养护维修比较容易，缓和曲线长度比较短。但其缺点是因直线形超高顺坡（不满足5个条件中的后两个），始、终点存在折角，影响行车的平稳性。

4. 缓和曲线长度

缓和曲线长度的确定受许多因素的影响，其中最主要的是保证行车安全和旅客舒适两个条件。

(1) 按安全条件确定缓和曲线长度

机车车辆行驶在缓和曲线上，若不计轨道弹性和车辆弹簧的作用，则转向架上的车轮可能形成如图1-41所示的3点支承。

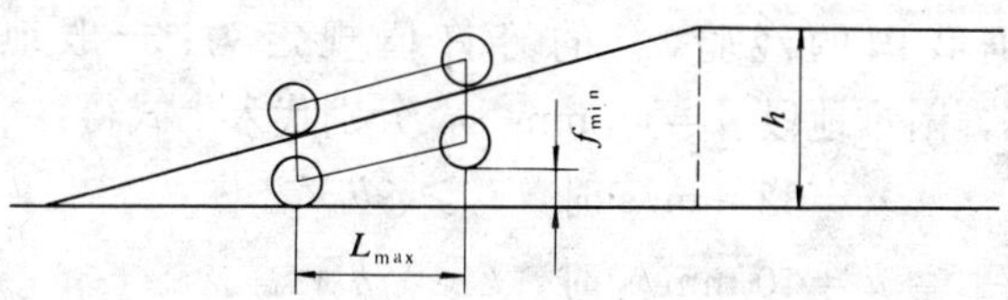

图1-41　转向架上4个车轮在轨道上可能形成的3点支承

为了保证安全，应使车轮轮缘不爬越内轨顶面。设外轨超高顺坡坡度为 i，最大固定轴距为 l_{max}，则车轮踏面离开内轨顶面的高度为 il_{max}。当悬空的高度大于轮缘最小高度 f_{min} 时，车轮就有脱轨的危险。因此必须保证：

$$il_{max}\leqslant f_{min}$$

$$i\leqslant\frac{f_{min}}{l_{max}} \tag{1-21}$$

对于直线形超高顺坡的缓和曲线，其长度 l_0 应为：

$$l_0\geqslant\frac{h_0}{i} \tag{1-22}$$

式中 h_0 为圆曲线外轨超高。根据我国的经验，要保证不脱轨，其坡度不宜大于 2 ‰。

(2) 按舒适条件确定缓和曲线长度

车轮在外轨上的升高速度 μ（或称超高时变率）由下式计算：

$$\mu = \frac{h_0}{t} = \frac{h_0 v_{\max}}{l_0}$$

因为 $V_{\max} = 3.6\ v_{\max}$，代入上式得：

$$\mu = \frac{h_0 V_{\max}}{3.6 l_0} \tag{1-23}$$

式中：h_0 为圆曲线外轨超高,mm;$V_{\max}$ 为通过曲线的最高行车速度,km/h;l_0 为缓和曲线长度,m。

对于直线型超高顺坡缓和曲线的长度，按旅客舒适要求，则由式（1-23）得：

$$l_0 = \frac{h_0}{3.6\mu} V_{\max} \tag{1-24}$$

根据我国的经验，μ 的容许值规定为：一般地段 μ = 32 mm/s，困难地段 μ =40 mm/s，分别代入上式得：

$$\mu = 32\ \text{mm/s 时，} l_0 \geqslant 9 h_0 V_{\max}$$

$$\mu = 40\ \text{mm/s 时，} l_0 \geqslant 7 h_0 V_{\max}$$

式中 h_0 为圆曲线外轨超高，m。因此，在目前我国铁路常以（1-22）式和（1-24）式来算出的值选取其中较大者为依据。为了铺设和维修养护方便起见，将计算结果取 10 m 的整倍数。若既有线上原设置的缓和曲线长度比计算结果大，则采用原来的长度；若原长度不足则以计算结果予以延长。

四、缩短轨

在我国铁路上，左右两股钢轨采用对接式，因此曲线和直线一样，两股钢轨的接头必须左右对齐，但在曲线上，外股轨线比内股线长，如果用同样长度的钢轨，内股钢轨接头必将超前于外股钢轨接头。为了使曲线上钢轨也形成对接接头，需在内股轨线上铺入适量的厂制缩短轨，使内外两股钢轨接头形成对接，在线路上，其容许的相错量不应大于40 mm加所采用的缩短轨缩短量的一半。我国规定的缩短轨的适用范围如表1-16所示。

表1-16　缩短轨适用范围　　mm

曲线半径/m	缩短轨缩短量			
	25 m钢轨		12.5 m钢轨	
4 000～1 000	40	80	40	—
800～500	80	160	40	80
450～250	160	—	80	120
200	—	—	120	—

注：每一处曲线应选用同一种表列缩短量较小的缩短轨。

在曲线上使用了缩短轨后，曲线尾剩余的接头相错量，宜利用钢轨长度偏差量在曲线内调整消除。必要时插入一根相应缩短量的缩短轨，不得用轨缝调整的办法消除接头的相错量。

五、曲线轨道方向整正

1. 曲线轨道的计划正矢

曲线轨道在列车的动力作用下，特别是横向水平力的作用，可产生变形，其中最为常见的变形形式是曲线轨道方向的变化，结果轨道不能保持原设计的圆顺度。为了确保行车的平稳与安全，有必要进行定期的检查，及时把曲线轨道整正到原来的设计位置，保持曲线的圆顺度。曲线正矢误差规定值见表1-17。

表1-17　曲线正矢误差规定值　　mm

曲线半径/m	缓和曲线各点正矢与计划正矢差		圆曲线正矢连续差		圆曲线正矢最大最小值差	
	正线及到发线	其他线	正线及到发线	其他线	正线及到发线	其他线
250及以下	7	8	14	16	21	24
251～350	6	7	12	14	18	21
351～450	5	6	10	12	15	18
451～650	4	5	8	10	12	15
651以上	3	4	6	8	9	12

直接量取圆曲线的半径是不可能的，铁路上最常用的方法是使用圆曲线的正矢来间接反映圆顺度。圆曲线的半径与正矢由图1-42 所示的关系求得：

$$f_c = \frac{L^2}{8R} \tag{1-25}$$

式中　L 为测量正矢用的弦长，一般为 20 m。代入式（1-25），得圆曲线正矢的另一类表达式为

$$f_c = \frac{20 \times 20}{8R} \times 1\ 000 = \frac{50\ 000}{R} \tag{1-26}$$

式中　f_c 为圆曲线正矢，mm；R 为圆曲线半径，m。

在同一半径圆曲线上，各点正矢（圆曲线始点和终点除外）应相等。根据线路设备台账中曲线的半径，用式（1-26）可以计算该曲线的正矢，称为该曲线的计划正矢。

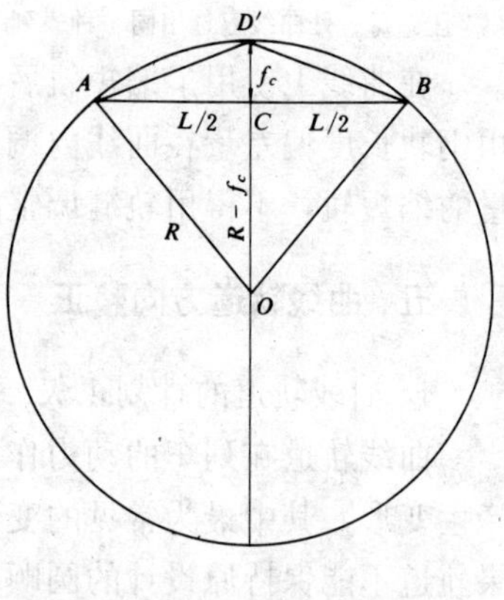

图 1-42　圆曲线的半径与正矢

圆曲线的始点和终点，因与缓和曲线连接，称为 HY 或 YH 点，故在这两点上的正矢与 f_c 不同。HY、YH 点和缓和曲线上的计划正矢可以采用后面介绍的方法计算。

2. 曲线轨道的实测正矢

在该圆曲线轨道上，以外股轨线为基准线，每 10 m 设一个测点，用一根不易变形的 20 m 长的弦线，两端紧贴外股钢轨内侧轨顶面下 16 mm 处，在其中点准确量出弦线与该点间的距离，称为实测正矢。理论上说，如果该圆曲线轨道是圆顺的，除始点和终点外，各实测正矢都是相等的而且等于计划正矢。

如果该圆曲线轨道不圆顺，则各实测正矢不相等且不等于计划正矢。当实测正矢与计划正矢的差值超过表 1-17 所列的数值，

该圆曲线应及时整正。

3. 缓和曲线的计划正矢

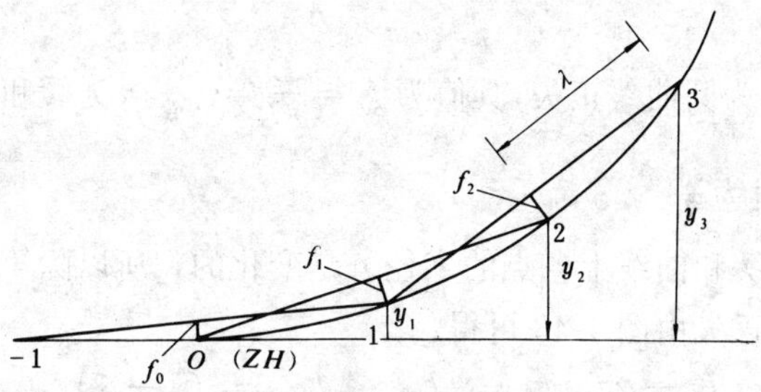

图 1-43　缓和曲线计划正矢计算图

图 1-43 所示为缓和曲线始点附近的一段，O 为缓和曲线的始点 ZH，0、1、2、…为正矢测点，其正矢分别为 f_0、f_1、f_2、…。以 λ 表示测点间的距离，即测量正矢用的弦长 L 的半数，$L=2\lambda$。y_1、y_2、y_3、… 为各测点的切线支距。对常用缓和曲线，切线支距 y 可用下式求取：

$$y=\frac{l^3}{6Rl_0}$$

式中　l 为测点至缓和曲线始点的曲线长度。由于测点间距为 λ，可近似地认为 $l=\sum\lambda$，由此可得各点的切线支距为：

$$y_1=\frac{\lambda^3}{6Rl_0}$$

$$y_2=\frac{(2\lambda)^3}{6Rl_0}=8y_1$$

由于缓和曲线终点处切线的总折角 φ_0 很小，可以认为 f_1、f_2 位于 y_1、y_2 的延长线上，由此得：

$$f_1=\frac{1}{2}y_2-y_1 \qquad (1\text{-}27)$$

将上述 y_1 值代入得：

$$f_1 = \frac{\lambda^3}{2Rl_0} = \frac{\dfrac{\lambda^2}{2R}}{\dfrac{l_0}{\lambda}} = \frac{f_c}{n} \tag{1-28}$$

式中　f_c 为圆曲线正矢，其值为 $f_c = \frac{L^2}{8R} = \frac{\lambda^2}{2R}$；$n$ 为缓和曲线的分段数，其值为 $\frac{l_0}{\lambda}$。

因为缓和曲线上各点的半径 ρ 是变化的，所以除第 1 点外的其他各点正矢由图 1-43 可得：

$$f_2 = 2f_1, f_3 = 3f_1, \cdots, f_{n-1} = (n-1)f_1$$

因此，可将缓和曲线始点后第 1 点的正矢 f_1 称为"缓和曲线的正矢递增率"，用 f_s 表示：

$$f_s = f_1 = \frac{f_c}{n} \tag{1-29}$$

由此可得：

$$f_2 = 2f_s, f_3 = 3f_s, \cdots, f_{n-1} = (n-1)f_s \tag{1-30}$$

缓和曲线始点处的正矢由图 1-43 得：

$$f_0 = \frac{1}{2}y_1 = \frac{f_1}{6}$$

因为 $f_1 = f_s$，所以：

$$f_0 = \frac{f_s}{6} \tag{1-31}$$

缓和曲线终点处的正矢为：

$$f_n = f_c - \frac{f_s}{6} \tag{1-32}$$

这是因为终点 HY 右侧为圆曲线（正矢等于 f_c），左侧为缓和曲线（正矢小于 f_c，且按比例递减），所以，该点的正矢应较圆曲线正矢减少缓和曲线正矢递增率的 1/6。由此可见，常用缓和曲线正矢按直线比例递增，只要按式(1-29) 求得 f_s 后，便可算得其他各点的正矢。

4. 拨量的计算

要对已经错乱的曲线进行全面拨正，恢复曲线的圆顺度，必须计算出每一个测点上的拨量，图 1-44 中实线表示曲线拨动前的错乱位置，虚线表示拨后的正确位置。nn'' 称 n 点的渐伸线，以 E_n 表示，它与水平切线垂直；同样 $n'n''$ 称为 n' 点的渐伸线，以 E_n' 表示，也与水平切线相垂直。两渐伸线长度之差，即为 n 点的拨量，它等于 $e_n = E_n - E_n'$。e_n 为正时，则表示曲线向外侧拨，反之，则表示向内侧拨。

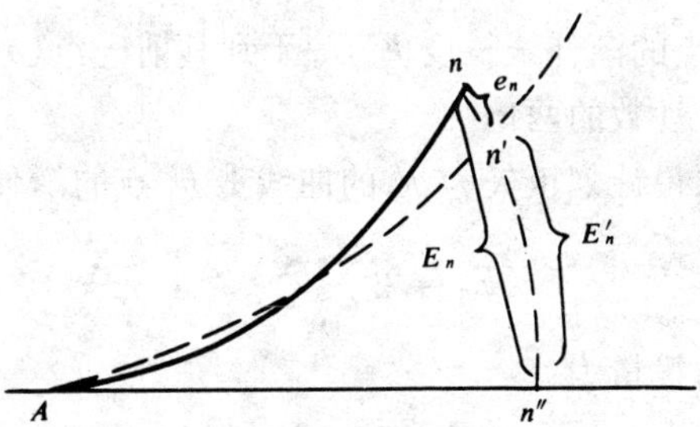

图 1-44　曲线在拨动前后的位置

曲线上各测点的渐伸线长度的计算方法如下：

在图 1-45 中，0、1、2、…、n 点分别表示曲线上各个测点，相应

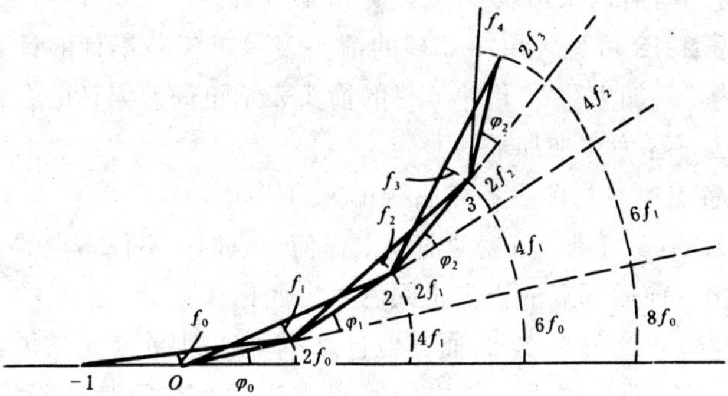

图 1-45　渐伸线长度计算

的正矢为 f_0、f_1、f_2、…、f_n，相应的渐伸线长度为 E_0、E_1、E_2、…、E_n，则：

$$E_1 = 2f_0$$

$$E_2 = 4f_0 + 2f_1 = 2(2f_0 + f_1)$$

$$E_3 = 6f_0 + 4f_1 + 2f_2 = 2(3f_0 + 2f_1 + f_2)$$

……

$$E_n = 2[nf_0 + (n-1)f_1 + (n-2)f_2 + \cdots + f_{n-1}]$$

$$= 2\sum_0^{n-1}\sum_0^{n-1} f \tag{1-33}$$

这就是说，n 点的渐伸线长度 E_n，等于到其前一点 $(n-1)$ 为止的正矢累计的合计数的两倍。

同样可求得计划正矢为 f' 的曲线上 n' 点的渐伸线长度为：

$$E'_n = 2\sum_0^{n-1}\sum_0^{n-1} f'$$

由此得 n 点的拨量为：

$$e_n = E_n - E'_n = 2\sum_0^{n-1}\sum_0^{n-1}(f - f')$$

$$= 2\sum_0^{n-1}\sum_0^{n-1}\mathrm{d}f \tag{1-34}$$

式中　$\mathrm{d}f$ 为各测点的实测正矢与计划正矢之差，称“正矢差”。拨量 e_n 的计算，可以采用表 1-18 的方法来进行。

从表 1-18 可见，用第 5 栏的箭头表示正矢差累计的计算方法，称为“斜加平写”；用第 6 栏的箭头表示正矢差累计的合计的计算方法，称为“平加下写”。

5. 各点拨量对前后各点曲线正矢的影响

由图 1-46 可见，当拨动曲线上任何一点时，不仅本点的正矢发生变化，前后邻点的正矢也跟着发生变化。

如果 n 点向外拨动 e_n，而其他各点不动时，则 n 点正矢增加 e_n 的同时，前后邻点的正矢将由于 n 点的拨动而相应减少 $e_n/2$。同理，如果 $(n-1)$ 点及 $(n+1)$ 点分别向外拨动 e_{n-1} 和 e_{n+1} 时，则 n

表 1-18　拨量计算表

测点	实测正矢 f	计划正矢 f'	正矢差 $\mathrm{d}f$	正矢差累计 $\sum_{0}^{n-1}\mathrm{d}f$	正矢差累计的合计 $\sum_{0}^{n-1}\sum_{0}^{n-1}\mathrm{d}f$	全拨量 $e_n = 2\sum_{0}^{n-1}\sum_{0}^{n-1}\mathrm{d}f$
0	f_0	f'_0	$\mathrm{d}f_0$	$\mathrm{d}f_0$	0	0
1	f_1	f'_1	$\mathrm{d}f_1$	$\mathrm{d}f_0+\mathrm{d}f_1$	$\mathrm{d}f_0$	$2\mathrm{d}f_0$
2	f_2	f'_2	$\mathrm{d}f_2$	$\mathrm{d}f_0+\mathrm{d}f_1+\mathrm{d}f_2$	$2\mathrm{d}f_0+\mathrm{d}f_1$	$2(2\mathrm{d}f_0+\mathrm{d}f_1)$
3	f_3	f'_3	$\mathrm{d}f_3$	$\mathrm{d}f_0+\mathrm{d}f_1+\mathrm{d}f_2+\mathrm{d}f_3$	$3\mathrm{d}f_0+2\mathrm{d}f_1+\mathrm{d}f_2$	$2(3\mathrm{d}f_0+2\mathrm{d}f_1+\mathrm{d}f_2)$
…	…	…	…	…	…	…
n	f_n	f'_n	$\mathrm{d}f_n$	$\mathrm{d}f_0+\mathrm{d}f_1+\cdots+\mathrm{d}f_n$	$n\mathrm{d}f_0+(n-1)\mathrm{d}f_1+\cdots+\mathrm{d}f_{n-1}$	$2[n\mathrm{d}f_0+(n-1)\mathrm{d}f_1+\cdots+\mathrm{d}f_{n-1}]$

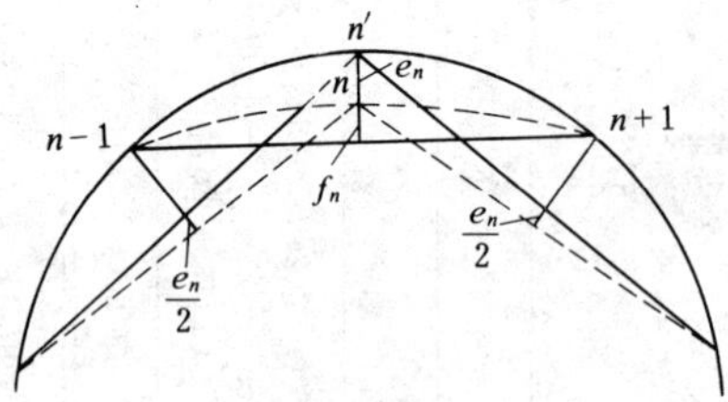

图 1-46　拨量对各点的影响

点的正矢也将相应减少$\frac{e_{n-1}+e_{n+1}}{2}$。因此，当曲线上各测点均有拨量时，各测点的拨后正矢用下式计算：

$$f'_n = f_n + e_n - \frac{e_{n-1}+e_{n+1}}{2} \tag{1-35}$$

式中　f'_n 为 n 点拨正后的正矢；f_n 为 n 点拨正前的正矢；e_n 为 n 点的拨量，向外侧为正，内侧为负；e_{n-1}、e_{n+1} 为 n 点前后邻点的拨量。

6. 计算拨量的限制条件

(1) 保证曲线整正前后两端的切线方向不变

因为曲线两端切线的交角 I，等于曲线上所有测点连成的折线间折角 φ 的总和，即 $I=\sum\varphi_i$，又因为两相邻折线间折角 φ_i 为(见图 1-45)：

$$\varphi_i \approx \sin\varphi_i = \frac{2f_i}{\lambda}$$

式中　λ 为相邻测点间距离，于是得：

$$I = \sum\varphi_i = \frac{2}{\lambda}\sum f_i$$

上式指出，曲线两端直线的交角可用整个曲线上各测点正矢的总和乘以一个常数来表示。因此，保证曲线两端切线方向不变的条件是：实测正矢的总和必须等于计划正矢的总和，即 $\sum f = \sum f'$，或者 $\sum(f-f')=0$，$\sum\mathrm{d}f=0$。

(2) 保证曲线整正前后始、终点的位置不变

$\sum\mathrm{d}f=0$ 这一限制条件，只能保证曲线两端的切线方向不变，

如果要保证始、终点位置不变，还必须进一步使曲线终点的拨量为零，即应使 $\sum\sum \mathrm{d}f = 0$。

(3) 保证曲线上某一控制点（如小桥、道口等）因受具体条件限制而不能拨动时的拨量等于零，即应使该点的 $\sum\sum \mathrm{d}f = 0$。

7. 曲线整正的步骤与方法

① 以曲线轨道外轨轨距线为基准线，每 10 m 设一测点，并依次编号，然后用 20 m 长弦依次量取各点的实测正矢 f。

② 根据曲线资料计算圆曲线计划正矢 f_c，缓和曲线的正矢递增率 f_s，从而确定各测点的计划正矢 f'。

③ 计算各测点的正矢差 $\mathrm{d}f = f - f'$。

④ 计算各测点的正矢差累计 $\sum \mathrm{d}f$。如果曲线终点的 $\sum \mathrm{d}f \neq 0$，应对计划正矢 f' 作适当修正，使 $\sum \mathrm{d}f = 0$ 这一条件能得到满足。

⑤ 计算各测点的正矢差累计的合计 $\sum\sum \mathrm{d}f$。如果曲线终点 $\sum\sum \mathrm{d}f \neq 0$，应选取一对或几对点号，对计划正矢作进一步修正，使 $\sum\sum \mathrm{d}f = 0$ 这一条件得到满足。

⑥ 计算各点拨量 $e_n = 2\sum_{0}^{n-1}\sum_{0}^{n-1} \mathrm{d}f$，$e_n$ 为正值时向曲线外侧拨动，负值时向内侧拨动。

⑦ 应用式 1-35 检查各点的拨动正矢，验证整个计算过程是否正确无误。

⑧ 在每一测点的曲线外侧设置曲线标桩，根据计算所得各点拨量仔细拨道。拨道时，应根据各段轨道的拨动方向，预先把轨缝调整好，使拨正后的轨缝符合规定标准。

第四节　无缝线路

一、概　述

钢轨接头是轨道结构中薄弱的环节。列车通过钢轨接头时会产生很大的冲击力，对轨道结构产生很大的破坏作用，轨道交通车辆的振动加剧，导致使用寿命缩短，修理费用增大。养护钢轨接头区所需的费用，约占养护费用的35%。直到无缝线路问世，才使得大量减少钢轨接头成为可能。

无缝线路是指将钢轨焊接起来的线路，所以又称为焊接长钢轨线路。焊接长钢轨因温度变化会引起伸缩，按处理此种伸缩的方法不同，无缝线路分温度应力式和放散应力式两种。

温度应力式无缝线路的钢轨由一根焊接长轨条及其两端2～4根标准轨组成，并采用普通钢轨接头的形式，如图1-47所示。无缝线路铺设后，焊接长轨条因受扣件及道床纵向阻力的抵抗，两端自由伸缩受到一定的限制，中间自由伸缩受到完全的限制，因而在钢轨内产生温度力，其值随轨温变化而异。这种无缝线路结构简单，铺设养护比较方便，故得到广泛的采用。但因钢轨承受很高的温度力，因此必须满足强度及稳定性方面设计的要求。

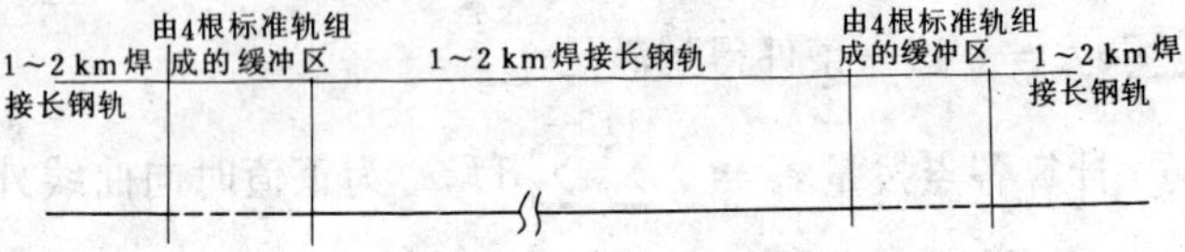

图1-47　温度应力式无缝线路示意图

放散温度应力式无缝线路又分为自动放散和定期放散两种。前者是在焊接长轨条两端设置钢轨伸缩调节器（如尖轨接头）来自动释放钢轨内的温度应力，如图1-48所示。这种形式的无缝线

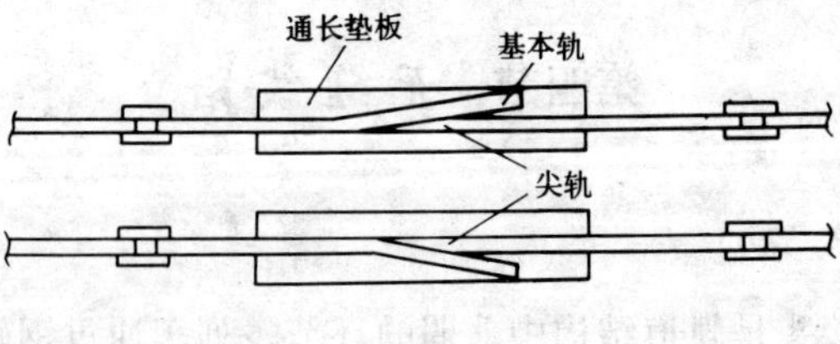

图1-48　尖轨接头

路主要用在桥梁（尤其是大桥）上。后者是把钢轨内部的温度应力每年调整放散 1～2 次。放散时，松开焊接长轨条的全部扣件，使它自由伸缩，放散内部的温度应力，在一定的轨温条件下把扣件全部扣紧。

按焊接长轨条的长度不同而有普通无缝线路和超长无缝线路之分。前者的焊接钢轨的长度一般为 1～2 km 左右，超长无缝线路为焊接长轨条贯通区间，并与车站道岔焊接，取消了缓冲区，彻底实现了线路的无缝化，从而全面提高了线路的平顺性，也为列车运行条件的平稳与舒适提供了良好的条件。在发展超长无缝线路时，必须解决无缝线路与锰钢辙叉的绝缘联接及焊接的技术难题。

我国钢轨焊接技术最早是采用电弧焊，后来采用铝热焊、气压焊、电接触焊等焊接方法。其中以电接触焊接的长钢轨，质量好，效率高。

长轨条的焊接方法一般是在焊轨厂将钢轨焊接成一定长度（250 m）的长钢轨，然后运往工地，用铝热焊接或小型气压焊接成设计长度的长轨条；目前出现了用移动焊接列车在线路上焊接长轨条，就地焊接就地铺设。

二、温度力

当钢轨因温度变化 Δt ℃而自由伸缩时，其伸缩量为：

$$\Delta l = \alpha \cdot l \cdot \Delta t \tag{1-36}$$

式中：α 为钢轨的线膨胀系数，取值 11.8×10^{-6}，1/℃；l 为钢轨长度，m；Δt 为轨温变化幅度（或称轨温差），℃。

如果钢轨因受阻力不能随轨温变化而自由伸缩时，则将在钢轨内部产生温度应力。由虎克定律可得温度应力为：

$$\sigma_t = E \cdot \varepsilon_t = E \cdot \frac{\Delta l}{l} = \frac{E \cdot \alpha \cdot \Delta t \cdot l}{l} = E \cdot \alpha \cdot \Delta t \tag{1-37}$$

式中　E 为钢的弹性模量，$E = 2.1\times10^5$ MPa；ε_t 为钢轨的温度应变；其他符号意义同前。将 E，α 之值代入式（1-37），则：

$$\sigma_t = 2.1 \times 10^5 \times 11.8 \times 10^{-6} \times \Delta t = 2.48\Delta t \text{ (MPa)}$$

一根钢轨中的温度力为：

$$P_t = \sigma_t \cdot F = 248\Delta t \cdot F \text{ (N)} \tag{1-38}$$

式中　F 为钢轨的断面积，cm^2。

表 1-19 为钢轨轨温变化时钢轨内部的温度力值。由式 1-37 可知，钢轨内部的温度应力仅与轨温变化幅度有关，而与钢轨的长度无关。

表 1-19　轨温变化 1℃ 时钢轨内部的温度力值

钢轨类型/(kg/m)	断面积/cm^2	轨温变化 1℃ 时钢轨温度应力/kN
50	65.8	16.3
60	77.45	19.2

三、锁定轨温及轨温变化幅度

在无缝线路的设计、铺设及养护维修过程中，涉及到不同的轨温，它们具有各自的含义。轨温不同于气温。影响它的因素比较复杂。

根据大量观测，最高轨温 T_{max} 要比当地最高气温高 20℃，最低轨温 T_{min} 与当地的最低气温大致相同。中间轨温 T_{av} 指两者的代数平均值。表 1-20 为我国一些地区的最高、最低和中间轨温。

表 1-20　最高、最低和中间轨温　℃

地　区	最高轨温	最低轨温	中间轨温	地　区	最高轨温	最低轨温	中间轨温
北　京	62.6	−27.41	17.6	郑　州	63.0	−17.9	22.6
天　津	65.0	−22.9	21.1	台　北	58.6	−2.0	28.3
武　汉	63.1	−18.1	21.6	台　南	59.0	+2.0	30.5
西　安	65.2	−20.6	22.3	香　港	56.1	0.0	28.1
大　连	56.1	−21.1	17.5	深　圳	58.7	0.2	29.5
南　京	63.0	−14.0	24.5	杭　州	62.1	−10.5	25.8
上　海	60.3	−12.1	24.1	成　都	60.1	−5.9	27.1
重　庆	64.0	−2.5	30.8	广　州	58.7	−0.3	29.2
哈尔滨	59.1	−41.4	8.9				

锁定轨温 T_{sf} 是指在施工时，钢轨由扣件扣紧在轨枕上的轨温，并习惯地将它称为零应力轨温。但由于长轨条的锁定施工需要一定的时间，所以规定把长轨条始终端就位于轨枕承轨台上（或称落槽）时，轨温的平均值作为施工锁定轨温，同时要求始终端就位时的轨温必须在设计锁定轨温允许变动的范围内。

锁定轨温是无缝线路设计、铺设和养护的重要技术资料。合理确定锁定轨温是降低钢轨内部温度应力的关键。确定锁定轨温的原则如下：

① 中间轨温是确定锁定轨温的依据；

② 为了防止胀轨跑道，一般都设法减小无缝线路钢轨中的最高温度压力，适当增加最低温度拉力，譬如取铺设无缝线路地区的中间轨温 T_{av} 加 5℃ 作为当地的锁定轨温 T_{sf}，同时考虑从铺轨到把钢轨用扣件扣紧在轨枕上的时段内，轨温的变化，一般取 T_{sf} ±5℃ 作为设计锁定轨温范围。

在 T_{sf} 选定以后，便可计算轨温变化幅度及温度力。对于轨温 T、最高轨温 T_{max} 和最低轨温 T_{min} 时的轨温变化幅度及相应的温度力可计算如下：

$$\begin{aligned} \Delta t &= T - T_{sf} \\ \Delta t_{压max} &= T_{max} - T_{sf} \\ \Delta t_{拉max} &= T_{min} - T_{sf} \end{aligned} \qquad (1\text{-}39)$$

及

$$\begin{aligned} P_t &= 248\Delta t \cdot F \ (\mathrm{N}) \\ P_{t压max} &= 248\Delta t_{压max} \cdot F \ (\mathrm{N}) \\ P_{t拉min} &= 248\Delta t_{拉min} \cdot F \ (\mathrm{N}) \end{aligned} \qquad (1\text{-}40)$$

式中　$\Delta t_{压max}$ 为最大升温幅度，(℃)，为正值；$\Delta t_{拉min}$ 为最大降温幅度，(℃)，为负值；$P_{t压max}$ 为最大温度压力，N，为正值；$P_{t拉min}$ 为最大温度拉力，N，为负值；其余符号意义同前。

例如，上海地区的轨温为（见表 1-19）：$T_{max} = 60.3$℃；$T_{min} = -12.1$℃、$T_{av} = 24.1$℃。建议选定 $T_{sf} = (24 + 5)$℃，其变化范围为 (29 ± 5)℃，即 24 ～ 34℃，由此得：$\Delta t_{压max} = 36.3$℃；$\triangle t_{拉min}$

$= -46.1℃$。对于 60 kg/m 钢轨，其温度力为：$P_{t压max} = 697$ kN；$P_{t拉min} = -885$ kN。

四、无缝线路纵向阻力

无缝线路的纵向阻力包括接头阻力、道床阻力及扣件阻力。

1. 接头阻力

接头阻力 R_j 由长轨两端的钢轨夹板与钢轨间的摩擦阻力以及螺栓的抗剪力等组成。为了安全起见，一般仅考虑前者。摩擦阻力愈大，接头阻力愈大。摩擦阻力取决于接头夹板的螺栓孔数、螺栓的直径、强度及其拧紧程度。一副 6 孔接头夹板，当使用普通螺栓时，其接头阻力可达 240～270 kN；当使用高强度螺栓时，可达 400～600 kN。而要达到这个要求，接头夹板螺栓必须经常保持紧固状态。

螺栓拉力 P_b 与拧紧螺母的扭矩 T 有关，它们之间关系可用下面的经验公式表示：

$$T = K \cdot D \cdot P_b \tag{1-41}$$

式中　T 为扭力矩，N·m；D 为螺栓直径，mm；P_b 为螺栓拉力，kN；K 为扭矩系数，$K = 0.18 \sim 0.23$。表 1-21 是我国采用的接头阻力值。

表 1-21　不同扭矩的接头阻力值　　kN

接头条件	T/N·m								备　注
	300	400	500	600	700	800	900	1 000	
50 kg/m 钢轨 10.9 级 ϕ24 螺栓	150	200	250	300	370	430	490		
10.9 级 ϕ24 螺栓						490	510	570	适用于无缝线路

2. 扣件阻力

扣件阻力系指中间扣件及防爬设备抵抗钢轨沿着轨枕纵向移动的阻力。无缝线路的设计假定是：在温度力的作用下，不容许长钢轨沿轨枕面作移动，为此要求钢轨中间扣件阻力要大于道床纵向阻力。

3. 道床阻力

道床阻力分为纵向及横向两种。道床阻力是由轨枕的底面、侧面和端面与道床之间的摩阻力而产生的。道床纵向阻力阻止轨排在道床中作纵向位移。横向阻力阻止轨排在道床中作横向位移。前者对无缝线路轨道框架的纵向伸缩起限制作用，后者对无缝线路的稳定（防止涨轨、跑道）起保证作用。

在正常状态下，单根轨枕的道床纵向阻力 R_s 随着位移的增大而增加。当位移达到一定值后，枕木盒的道碴颗粒之间的啮合被破坏，因此即使位移再增加，阻力也不再增大。在正常轨道条件下，混凝土轨枕位移小于 2 mm 时，道床纵向阻力呈线性增长，位移超过上述临界值后，纵向阻力不再明显增加。道床纵向阻力值见表 1-22。道床纵向阻力还与道碴粒径、材质、道床断面、捣固质量及脏污程度有关。

表 1-22 道床纵向阻力值

轨道特征	单根轨枕的道床纵向阻力/N	一股轨枕下单位道床纵向阻力/（N/cm）	
		1 840 根轨枕/km	1 760 根轨枕/km
混凝土枕线路	10 000	91	87

五、温度力纵向分布规律

无缝线路内部的温度力，是由焊接长钢轨的自由伸缩受到限制而产生的，而限制长钢轨自由伸缩的因素是阻力。在无缝线路焊接长钢轨的两端，限制长钢轨自由伸缩的阻力是接头阻力，这是集中力，通常假定接头阻力 R_j 为常量。在无缝线路全长上，限制长钢轨自由伸缩的阻力是道床的纵向阻力，是一个均布力。当温度力 P_t 小于接头阻力 R_j 时，长钢轨不发生任何相对移动；仅当温度力大于接头阻力，钢轨方能开始伸缩。

温度力沿长轨条的纵向分布规律，常用温度力分布图来表示，温度力分布图的横坐标表示钢轨长度，纵坐标表示钢轨的温度力（向下为正，表示正压力，拉力为负），因为温度力 $P_t = 248\Delta t \cdot F$，而 F 为常数，所以纵坐标同时也表示轨温的变化幅度。图 1-49 称为无缝线路长钢轨的温度力-阻力平衡图，也称温度力分布图。图中 T_{sf} 表示锁定轨温，此时长钢轨中没有温度力。

钢轨内部温度力和其外部阻力随时保持平衡是温度力纵向分布的基本条件。一根焊接长轨条沿其纵向的温度力分布是不均匀的。

当轨温开始降低，钢轨欲收缩，但因受到两端接头阻力的抵抗而不能实现，结果在钢轨的全长范围内，产生一个均匀的温度力。当接头阻力 R_j 完全被克服时，钢轨内部的温度力 P_t 等于 R_j。此时的温度力分布如图 1-49 中 $ABB'A'A$ 所示。

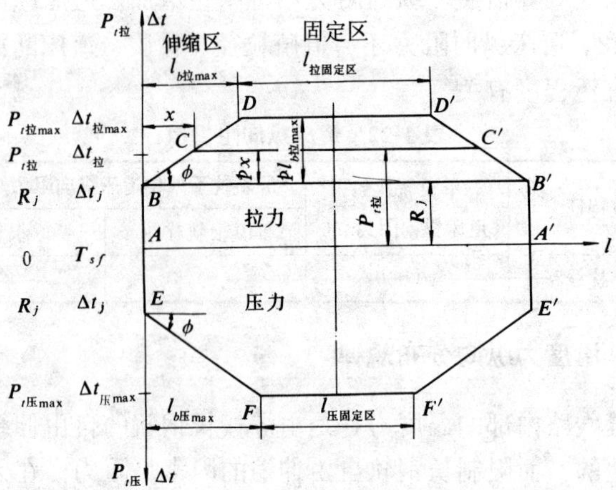

图 1-49　轨温升至 T_{max} 和 T_{min} 时的温度力图

当轨温继续降低，两端接头阻力对制止钢轨的收缩已无能为力，而必须由道床的纵向阻力来补充。显然，要使距轨 x 处的钢轨断面开始移动，应有 $P_t = R_j + px$，相应的轨温变化为：

$$\Delta t = \frac{R_j + Px}{248F} = \Delta t_j + \Delta t_x \qquad (1\text{-}42)$$

式中　Δt_x 为克服 x 长度范围内纵向阻力所需的轨温变化。此时温度力分布将如图 1-49 中的 $ABCC'B'A'A$ 所示。由式(1-42)可见，P_t 与轨温呈直线变化。因此随着轨温的继续降低，温度力分布图将沿着直线 BCD 延伸。这条直线的倾角正切为 $\tan\phi = p$。因为 ϕ 和道床纵向阻力 p 的大小有关，所以 $\tan\phi$ 也称为阻力梯度。

当轨温降低到当地最低轨温 $T_{\min}$ 时，轨温变化 $\Delta t_{拉\max} = T_{\min} - T_{sf}$，距轨端 $x = l_{b拉\max}$ 处的断面开始移动，并在该处出现最大温度拉力，其值为：

$$P_{t拉\max} = R_j + p l_{b拉\max} = 248F\Delta t_{拉\max} \tag{1-43}$$

此时，温度力分布图将如图 49 中的 $ABCDD'CC'B'A'A$ 所示。至此，焊接长钢轨降温过程的内部温度力变化已全部结束，D-D' 范围内的长钢轨始终无移动，因而是完全固定的。

以上是轨温从锁定轨温下降时所形成的温度力分布图。如果轨温从锁定轨温开始上升，依同理可形成图 1-49 中 $AEFF'E'A'A$ 所示的温度力分布图。

六、固定区与伸缩区

从无缝线路焊接长钢轨的温度力分布图可见，长钢轨中间部分温度力最大，等于 $P_{t拉(\max)}$ 或 $P_{t压\max}$，但没有丝毫伸缩。而两端部分的温度力，则从中间部分的 $P_{t拉\max}$ 或 $P_{t压\max}$ 开始，逐渐减少到两端的 R_j 为止，并出现不同程度的限制伸缩。为区分起见，中间部分称为焊接长钢轨的“固定区”，两端部分称为“伸缩区”（或称“呼吸区”），分别用 $l_{b拉\max}$ 和 $l_{b和\max}$ 表示。

在伸缩区与固定区交界处，阻力和温度力相等，由此得如下平衡式：

$$R_j + p l_{b拉\max} = P_{t拉\max} \tag{1-44}$$

式中　$l_{b拉\max}$ 为受拉伸缩区长度，以 mm 计，由此得

$$l_{b拉\max} = \frac{P_{t拉\max} - R_j}{p} \tag{1-45}$$

令 l 为焊接长钢轨长度，$l_{f拉}$ 为受拉固定区长度，则得

$$l_{f拉} = l - 2l_{b拉\max} \tag{1-46}$$

如轨温上升幅度 $\Delta t_{压\max}$ 和轨温降低幅度 $\Delta t_{拉\max}$ 不相等，$P_{t压\max}$

和 $P_{t拉\max}$ 也不相等。计算升温或降温时的伸缩区及固定区长度时，应根据不同的轨温升降幅度分别进行。降温时所采用的符号及计算公式与升温相同。

在无缝线路的养护维修工作中，伸缩区较固定区有更严格的要求。为安全起见，当布置防爬器时，在混凝土轨枕区段，一般取伸缩区长度为 50～75 m。

七、轨温反复变化的温度力分布图

图 1-49 所示的温度力分布图，只是说明轨温从锁定轨温开始上升或下降作单向变化时温度力与阻力之间的平衡关系。事实上，轨温是随着一年四季气温的不同，呈连续反复变化的，伸缩区内的温度力将会出现温度应力峰的现象如图 1-50 所示。如果锁定轨温定得过高或过低，最大温度拉力与最大温度压力之差增大，均

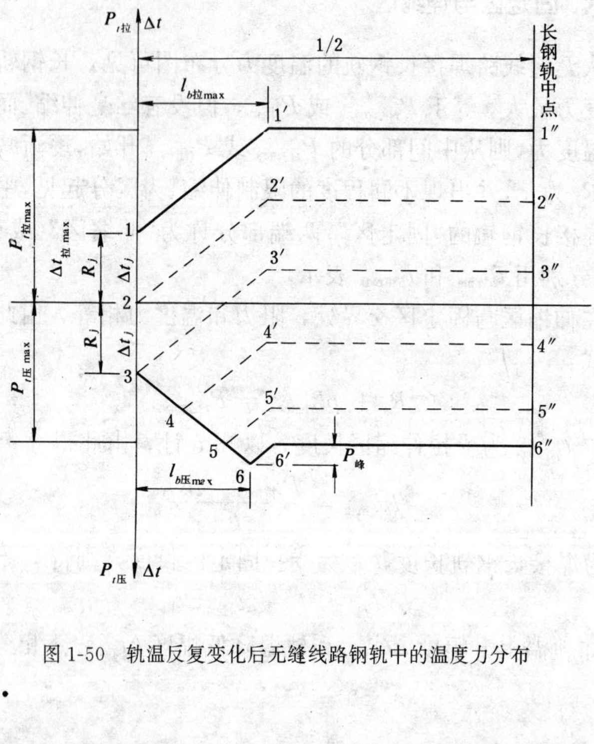

图 1-50　轨温反复变化后无缝线路钢轨中的温度力分布

将增加伸缩区上出现温度应力峰的峰值，对无缝线路的涨轨跑道和断轨造成潜在威胁。

八、强度与稳定性

为防止钢轨断裂，无缝线路的焊接长钢轨应有足够的强度。无缝线路强度计算的要求是，在轨道交通车辆的动力作用下，焊接长钢轨所受的动弯应力、温度拉（压）力及制动力的总和，不超过钢轨材料的许用应力。在高架线路上还应考虑由于梁的伸缩及挠曲而引起的附加伸缩力和挠曲力。应根据具体情况进行必要的验算。

无缝线路除满足强度要求外，更重要的是还必须满足稳定性的要求。

实践和理论表明，无缝线路在垂直面上丧失稳定（臌曲）的可能性是很小的。无缝线路的失稳往往在水平面上发生。无缝线路的臌曲首先在轨道的原始弯曲处开始。轨道的原始弯曲分弹性弯曲和塑性弯曲（死弯）两种。前者是在温度力和车辆横向力的作用下产生的，因而能在作用力消失后恢复原状。后者是在钢轨轧制、运输、焊接和铺设过程中形成的，是无法恢复的。当轨温不高，温度压力不大时，轨道的臌曲变形极小。随着轨温及温度压力的继续增大，轨道变形将随之逐渐增加，但不会引起突然破坏。但当钢轨内部的温度压力升高到某一临界值 P_c 时，如温度压力稍有增加或受外力干扰，轨道变形就会突然增大，最终导致完全破坏。我们称这种现象为无缝线路丧失稳定性，称轨道臌曲的渐变阶段为“涨轨”，突变阶段为“跑道”。无缝线路丧失稳定性后，将导致列车脱轨，其后果将是十分严重的。

理论和实践还证明，无缝线路的稳定性问题是一个力学平衡问题。平衡因素以温度压力和轨道原始弯曲为一方，而以轨道框架(焊接长钢轨通过扣件和混凝土轨枕组成的框架)刚度和道床横向阻力为另一方，前者为破坏线路稳定的因素，后者为保持线路稳定的因素。无缝线路稳定与否，就是前后两者消长变化的结果。

第二章　轨道交通线路设计

城市轨道交通线路的空间位置由线路平面和线路纵断面所决定。线路平面是线路中心线在水平面上的投影；线路纵断面是沿线路中心线展直后的路肩标高在铅垂面上的投影线。

城市轨道交通线路设计的任务是在规划路网和预可行性研究的基础上，对拟建的城市轨道交通线路走向及其平面和纵断面位置，通过不同的设计阶段，逐步由浅入深，进行研究与设计，达到最佳确定城市轨道交通线路在城市三维空间的准确位置。线路设计的基本要求是保证行车安全、平顺，并且使整个工程在技术上可行，经济上合理。

城市轨道交通线路设计，一般分 4 个阶段进行，即可行性研究阶段、总体设计阶段、初步设计阶段、施工设计阶段。

可行性研究阶段主要是通过线路多方案比选，完善线路走向、路由、敷设方式，基本确定车站、辅助线等的分布，提出设计指导思想、主要技术标准、线路平纵断面以及车站的大致位置等。

总体设计阶段是根据可行性研究报告及审批意见，通过方案比选，初步确定线路平面、车站的大体位置、辅助线的基本形式、不同敷设方式的过渡段位置，提出线路纵断面的初步标高位置等。

初步设计阶段是根据总体设计文件及审查意见，完成对线路设计原则、技术标准等的确定，基本上确定线路平面位置、车站位置以及进行右线纵断面设计。

施工设计阶段是根据初步设计文件及审查意见、以及有关专业对线路平纵断面提出的要求，对部分车站位置及个别曲线半径等进行微调，对线路平面及纵断面（包括左线）进行精确计算和详细设计，提供施工图纸说明文件。

本章主要介绍城市轨道交通线路走向选择、车站分布、线路平面设计、线路纵断面设计等的基本原则和一般方法。

与城间铁路比较，城市轨道交通线路设计有如下特点：

(1) 线路难以改建，线路设计要作长期的考虑。城市轨道交通线路一经建成运营，无论它在地下、地面还是在地面以上，线路位置的改变都十分困难。隧道与高架线路的改建困难不必多说，地面线路因建成后周围建筑、道路等的建设，其改建会引起很大的拆迁工程，并破坏多年来逐渐形成的环境协调。因此，城市轨道交通的设计年限较长，初期为建成通车后第 3 年；近期为建成通车后第 10 年；远期应符合城市总体规划规定的年限，且不少于建成通车后第 25 年。

(2) 线路允许的设计坡度较大。线路主要用于客运，列车质量较小，不受机车牵引力的限制，因此没有限制坡度概念。

(3) 线路一般为双线，一般车站处只有 2 股道，通常各条线路设有 1 个车辆段和 1 个停车场。城市轨道交通客运量大，必须采用分方向追踪运行；为节省用地，线路车站没有经常性的调车作业，一般车站不设到发线，车辆集中停放在车辆段和停车场。

(4) 运距短，站点密，停车频繁，中等运速。城市内客运的运距短，全部分布在整个城市区域内。为保证线路的客流吸引力，通常站距在 1～2 km。列车要起动加速到最高速度，再由最高速度制动使得它在狭义车站中心位置停下来，都需要一定的距离，其长度与最高速度成正比。短站距制约了列车的最大速度。目前国内外城市轨道交通系统实际上选用的车辆的最高运营速度都不超过 80 km/h，平均运速多为 30～45 km/h。

(5) 车站长度较短。城市客流可容忍的等待时间较短，要求发车间隔时间不能太长，一般不长于 15 min。由于线路各站点的吸引范围小，在这段时间里聚集的客流量有限，因而列车编组长度比城间列车短，通常为 4～8 节车厢。这样，供乘客上下车的站台长度就短了，通常在 150～200 m。

鉴于城市轨道交通的载重量小、车速中等、列车短、运距短、停站频繁等特点，故其设计标准与城间铁路有所不同，其差异程度与城市轨道交通类型及形式有关。例如，区间线路与站线的曲线半径及坡度要求不同；线路的横断面限界要求不同；地下隧道线路对排水、通风等要求与地面或高架线路也有显著差别。

城市轨道交通线路按其与地面的关系可分为地下线路、地面线路、高架线路；按其在运营中的作用可分为正线、辅助线和车场线。正线是指列车正常运行的线路，一般为双线。辅助线是为保证正常运营，合理调度列车而设置的线路，包括车辆段或停车场的出入线、车站配线（存车线、渡线、折返线）以及两条线路之间的联络线。车场线简称场线，是车辆段场区作业的全部线路，包括牵出线、车底（空车列）停留线、检修线及综合基地内各种作业线。

第一节 线路走向选择及车站分布

一、线路走向选择的基本原则

城市轨道交通的主要服务对象是城市居民的出行，所以沿客流方向布置是城市轨道交通选线的基本原则。从线路运营后能方便旅客、有效地利用土地，缩短建设工期，节约建设投资等方面考虑，市区线路绝大多数应铺设在城市街道地区主要道路下面。由于轨道交通一旦建成，如欲改造则十分困难，而且费用昂贵，所以线路的走向应该慎重考虑选定。线路走向选择应考虑以下基本原则：

(1) 按照路网规划和城市发展总体规划要求，线路基本走向应沿主要客流方向选择，并且要通过大客流集散点（如工业区、大型住宅区、商业文化中心、公交枢纽、火车站、码头、长途汽车站等），以便于乘客直达目的地，减少换乘。如上海地铁1号线一期工程将漕河泾（上海第二客站）、徐家汇、人民广场、铁路上海站等大客流集散点作为其必经的控制点，为解决上海市漕河泾、徐家汇、人民广场及铁路上海站地区之间的南北客流交通发挥了重要的作用。

(2) 选择线路走向要考虑地质条件、历史文物保护、地面建筑和地下建筑物等情况，在老城区线路宜选择地下线路。

(3) 地下线路基本走向应结合地形、地质及道路宽窄等条件，尽量选择在施工条件好的城市主干道上。同时进行施工方法的比选，合理选择线路基本位置，埋置方式及深度，减少施工过程中对现有房屋等建筑物的拆迁以及对城市交通的干扰。在郊区及次中心区有条件地段，可以选择地面线路或高架线路，以节省建设投资，降低运营费用。

(4) 地下线路通过建筑群区域的范围应限制在最低限度。线路在道路的十字路口拐弯时，通过十字路口拐角处往往会侵入现存的建筑用地。此时若以大半径曲线通过，虽然对运行速度、电能消耗、轨道养护、乘客舒适性等方面都有利，但会造成通过建筑群地带占用地面以下的区间增大，造成用地费用增加。同时因隧道的设置，地面建筑物重量将受限制，往往还会使基础托底加固等困难工程同时出现。

(5) 对于浅埋隧道线路、地面线路或高架线路，其位置通常是沿着较宽的城市干道布设，或是通过建筑物稀少的地区。这样可以减少线路穿越建筑群区域时，因避让桩基或拆迁房屋而增加的困难及费用，也为线路施工创造了良好的明挖条件，还为车站位置的选择增加了自由度。对于深埋隧道，其线路位置由车站位置决定，一般在两车站之间取短直方向。

(6) 当线路预定与远期规划线联络时，先期建设的线路应考虑与远期规划线路交叉点处的衔接。虽然暂时费用支出有所增加，但为未来路网中乘客的换乘方便创造了条件，这要比未来改建线路增设换乘设施要节省投资。

(7) 选择线路走向时还要考虑车辆段、停车场的位置以及连接两相邻地铁线路间的联络线。

二、车站分布

1. 影响车站分布的因素

城市轨道交通的车站分布应考虑以下影响因素：

(1) 大型客流集散点

大型客流集散点往往是城市的政治、经济活动中心，是城市的窗口地段。该地段不但客流量大，而且集中，对地面交通压力很大。城市轨道交通应在大型客流集散点设立车站，吸引这些客流，充分发挥自身的效能，对解决城市交通起到积极作用。如北京地铁公司客流调查资料表明，1983 年北京地铁 1 号线苹果园、古城路、前门、北京站等 4 个车站上下车人数占总上下车人数的 55.6%，4 个车站平均上下车人数为其他车站的 4.1 倍；1991 年上述 4 个车站加环线西直门站的进站人数占总进站人数的 40.4%，每站平均进站人数为其他各站人数的 4.7 倍，复兴门换乘站的上下车人数为其他各站平均上车人数的 5.4 倍。以上各站的位置都是处于北京市石景山工业区、前门商业区、北京火车站、天安门广场、西直门公共交通总站、地铁 1 号线与环线的换乘站等特大型及大型客流集散点。

(2) 城市规模大小

城市规模大小由城市建设城区和规划区域的面积和人口所决定。一般来说，城市区域面积越大，城市居民出行的乘距就越长。例如，莫斯科与列宁格勒市中心区地铁乘客的平均出行距离分别为 10.0 km 与 6.1 km；而同一城市在市区与郊区的乘客的平均出行距离也有差别，莫斯科与列宁格勒郊区的平均出行距离分别为 14.0 km 与 9.5 km。乘距长时，轨道交通应以长距离乘客为主要服务对象，车站分布宜稀一些，以提高轨道交通乘客的交通速度；反之，车站分布宜密一些。另一方面，城市人口越多，交通线路上客流量也就越大，旅客上下车人数也较多，所以在人口多的城市车站分布宜密一些；反之，车站分布宜稀一些。

(3) 城区人口密度

我国地域辽阔，分布在南北东西各地的城市人口密度差异很大，如北京市四个中心城区（东城、西城、崇文、宣武）人口密度，每平方公里为 2.8 万人（1991 年），上海市中心五个区（静安、卢湾、黄浦、虹口、南市）人口密度每平方公里超过 5 万人（1988

年)。人口密度大，同样吸引范围内，发生的交通客流量大，因此车站分布宜密一些。

(4) 线路长度

一条线路的长度，短则几 km，长则几十 km。不同的线路长度，车站的疏密宜有所不同，短线路宜多设站，长线路宜少设站。

(5) 城市地貌及建筑物布局

城市中的江、河、湖、山和铁路站场、仓库区等，人口密度低，甚至无人，轨道交通在穿越这些地区时可以不设站。但若有开发公园条件，则应在主出入口处考虑设站。

(6) 轨道交通路网及城市道路网状况

两条地铁线路交叉时，在其交叉点应设乘客换乘站。在与城市主干道交叉时，为了让乘坐城市其他交通工具的乘客方便乘轨道交通，也宜设车站。

(7) 乘客对站间距离的要求

在车站分布数量上，除大型客流集散点及火车站外，其他车站的设置，主要受乘客对站间距离的要求所支配。对于平均站间距离，世界上有两种趋向，一种是小站间距，平均为 1 km 左右；一种是大站间距，平均为 1.6 km 左右。香港地铁平均站间距为 1 050 m，其中港岛线仅 947 m；莫斯科地铁平均站间距为 1.7 km 左右。香港、莫斯科都是以公共交通为主要运输工具，地铁都有很好的运营业绩。

我国轨道交通在吸收世界轨道交通建设经验的基础上，在城市快速轨道交通工程项目建设标准（试行本）中提出“车站间距应参照城市道路布局和客流吸引范围而定。在市中心区宜为 1 km 左右，在市区外围宜为 2 km 左右”。而在地下铁道设计规范中又规定“车站间的距离应根据实际需要确定，在市区宜为 1 km 左右，在郊区不宜大于 2 km”。我国已建地铁平均站间距离如表2-1所示。

另外，利用停车—换乘（Park & Ride）来替换城市轨道交通两端的步行或公交集散方式，实际上可以提高到、离站速度，因此也可以增大站间距。例如，美国 70 年代的城市快速轨道交通系统，如费城的 Lindenwold 线及加州的 BART 线，已经说明了这一趋势。

表 2-1　我国已建地铁平均站间距离

城市名	线　别	线路运营长度/km	车站数	平均站间距/m
北京市	1 号线西段	16.87	12	1 534
北京市	环线	23.01	18	1 354
天津市	一期工程	7.4	8	1 057
上海市	1 号线中段	21.61	16	1 441
上海市	2 号线中段	19.15	13	1 596
广州市	1 号线	18.48	16	1 232

除上述各因素外，线路平面、纵断面、车站站位的地形条件，城市公交车线路网及车站位置，也会对轨道交通车站分布数目造成一定的影响。

2. 车站分布对居民出行时间的影响

车站数目的多少，直接影响居民乘轨道交通的出行时间。车站多，居民步行到车站距离短，节省步行时间，可以增加短程乘客的吸引量；车站少，则提高了交通速度，减少乘客在车内的时间，可以增加线路两端乘客的吸引量。图 2-1 是站间距与速度关系

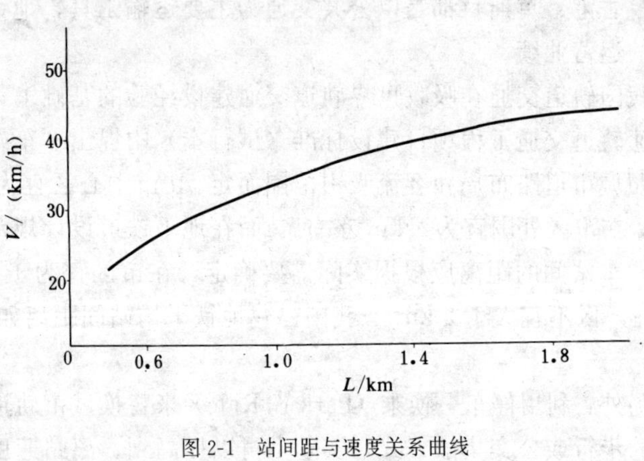

图 2-1　站间距与速度关系曲线

曲线。居民出行对交通工具的选择，快捷省时条件排在第一位。

3. 站间距对工程、运营及城市发展的影响

车站分布应根据上述内容经科学地综合分析，详细的方案比选后确定。这里需要强调一点，轨道交通车站分布对建设费用、运营成本、施工等都有很大影响，必须充分对客流吸引量、乘客出行时间等进行具体分析计算，进行经济效益的比较。

车站是一种昂贵的建筑物，其建筑费及设备费在初始投资中占很大比重。根据上海地铁 2 号线的概算资料，一般车站长度为 284 m，其土建工程造价约为 6 000～7 000 万元，拆迁工程和车站设备是车站土建造价的 2.1～2.2 倍；而区间每公里土建工程造价 9 000～10 000 万元。单从土建工程造价比较，车站每延米的造价约是区间的 2.4 倍。

站间距越小，车站数量越多，轨道交通的造价就越高。但是，站间距过大，会增加乘客的步行距离，单个车站上的客运量也会增加，有可能会增大各车站本身的长度。

站间距增大，车站数量可以减少，车站造价可以节省，但是乘客步行距离及时间加长，轨道交通在综合交通中的客流吸引能力会降低，同时单个车站的负荷有所增加，车站设计长度相应加长。

在站距缩短、车站数量增加的同时，列车运营费用也会上升。根据前苏联地铁运营统计资料，地铁运营速度约与站间距离的平方根成正比。站间距离缩短会降低运营速度，进而增加线路上运营的列车对数，还会因频繁地起停车而增加电能消耗、轮轨磨耗等，从而增加运营费用。

从车站在城市中的作用看，如果车站之间的间距足够大，则各车站会发展成为综合性的公共活动中心及交通枢纽，并逐渐集中社会、生产、行政、商业及文化生活职能于一体，发展成为吸引居民居住和工作的核心。

综上所述，车站的间距大小会对乘客出行时间、运营费、工

程费以及车站在城市中的作用等多方面产生错综复杂的影响，应综合考虑，合理确定。

车站可设在广场、干线街道交叉点、铁路车站、运动场或公园附近。在轨道交通线路交叉点上，包括地铁线路与地铁线路、地铁线路与轻轨交通线路、地铁线路与市郊铁路之间的交叉点，最好设成车站，以便换乘。

在布设轨道交通车站时，除了考虑合理站间距的条件之外，还应注意以下几点：

（1）站间距离要尽量均衡些；

（2）站位应设于汇集大量客流的重要场所附近，并能和其他交通换乘方便；

（3）设站要考虑该地区的发展，与城市规划相协调；

（4）具体站位还要考虑施工条件、道路状况、交叉口等道路形态及地面交通情况。

三、实例分析

上海地铁 1 号线线路走向选择的主要依据是客流的资料和城市规划的总体要求。其中第一期工程确定为南起新龙华、北至新客站，中间经过徐家汇和人民广场两个控制点。为了使选线切合实际，在方案研究过程中，曾对各控制点间的道路、交通、建筑物、地下管线等现状作了深入调查，并对沿线地形、地貌和地质情况进行了修正测量和勘探。根据所取得的大量资料逐段进行线路的多方案比选。现举例说明徐家汇—人民广场间线路走向的选定方法。如图 2-2 所示，徐家汇—人民广场之间线路走向可以考虑以下 3 个方案。

第一方案：延安中路方案。线路由徐家汇站沿衡山路向北，经宝庆路过淮海中路，然后沿常熟路，右转进入延安中路。在上海展览馆前，顺着威海路往东，在武胜路、望亭路附近向北至人民广场站。其间设有衡山路站、常熟路站、延安中路站、陕西南路站、重庆北路站和人民广场站。

图 2-2　上海地铁 1 号线部分线路走向方案比较图

第二方案：淮海中路方案。线路由徐家汇站沿衡山路向北，自衡山路站北端斜穿乌鲁木齐路进入淮海中路，并沿淮海中路一直往东，过望亭路后朝北，经武胜路、西藏中路西侧到达人民广场站。其间设有衡山路站、常熟路站、陕西南路站、黄陂南路站和人民广场站。

第三方案：复兴中路方案。线路由徐家汇站沿衡山路向北，至宝庆路复兴路口折入复兴中路。过瑞金二路后，线路北折穿越居住区、复兴公园，在黄陂南路、嵩山路之间过淮海中路，再经望亭路、普安路、延安中路接人民广场站。其间设有衡山路站、跳水池站、文化广场站、重庆南路站、西藏路站和人民广场站。

3 个方案比较如下：

① 淮海中路是繁华的商业街，全日客流量比复兴中路大 50%，高峰小时单向断面流量比复兴中路大 80%。线路取淮海中路，吸引客流多，社会效益和经济效益好。

② 淮海中路的地下管网管径小且比较陈旧，可结合修建地铁综合改造；而复兴中路管线多，尤其是汾阳电话局出局电缆、ϕ700 mm煤气中压干管及复兴公园地下水库的出水管等均为重要管道，不宜动迁。

③ 淮海中路路面较复兴中路宽，有利于设置车站，拆迁房屋

图 2-3　上海地铁 1 号线线路走向图

较少。

④ 延安中路方案与规划的地铁 2 号线走向平行，且相距不远（约 300～500 m），投资效率低。因此，该方案在网络布局上不甚合理。

⑤ 淮海中路方案线形比其他两个方案短直。

综上比较，淮海中路方案虽有施工时对交通影响较大的缺点，但在社会效益、经济效益和便利乘客等方面，其优点显然比其他两个方案突出，故本段线路走向采用淮海中路方案。

经过各段线路走向的分析比较，汇总得到地铁 1 号线新龙华至上海火车站的线路具体走向与车站位置如图 2-3 所示。

第二节　线路平纵断面设计

一、平面设计

城市轨道交通的线路平面是由直线、圆曲线和缓和曲线组成的。三者的相互位置如图 2-4 所示。有关曲线参数的计算公式如下：

$$T=(R+p)\cdot\tan\frac{\alpha}{2}+m \tag{2-1}$$

$$K=R\frac{\pi(\alpha-2\beta_0)}{180}+2l_0=R\frac{\pi\cdot\alpha}{180}+l_0 \tag{2-2}$$

其中：T 为切线长度，m；R 为曲线半径，m；K 为曲线长度，m；l_0 为缓和曲线长度，m；α 为曲线偏角，(°)；β_0 为缓和曲线角度，$\beta_0=\frac{90l_0}{\pi R}$，(°)；$m$ 为切垂距，$m=\frac{l_0}{2}-\frac{l_0^3}{240R^2}$，m；$p$ 为圆曲线内移距离，$p=\frac{l_0^2}{240R}-\frac{l_0^4}{2\,688R^3}$，m。

另外，曲线起讫点里程，可按下列方法推求：

ZH 里程，在平面上量得；

HZ 里程＝ZH 里程＋ K ；

HY 里程＝ZH 里程＋ l_0 ；

YH 里程$=HZ$ 里程$-l_0$。

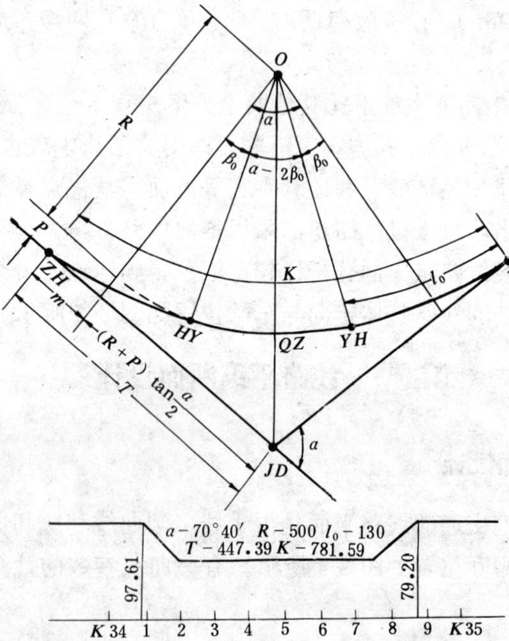

图 2-4　轨道交通线路曲线示意图

线路平面设计的主要技术要素有最小曲线半径、夹直线最小长度、最小圆曲线长度、缓和曲线线型和长度。

1. 线路平面位置选择

(1) 地下线路平面位置

轨道交通地下线路的平面位置主要有以下两类。

① 轨道交通线路位于道路规划红线范围内。轨道交通的地下线路位于城市规划道路范围内，是常用的线路平面位置形式。它的特点是对道路红线范围以外的城市建筑物干扰较小。图 2-5 是轨道交通地下线路的 3 种代表位置。

A 位：轨道交通线路居道路之中心，对两侧建筑物影响小，地下管网拆迁较少，有利于线路截弯取直，减少曲线数量，并能适应较窄的道路红线宽度。缺点是当采用明挖法施工时，破坏了现有道路路面，对城市交通干扰大。

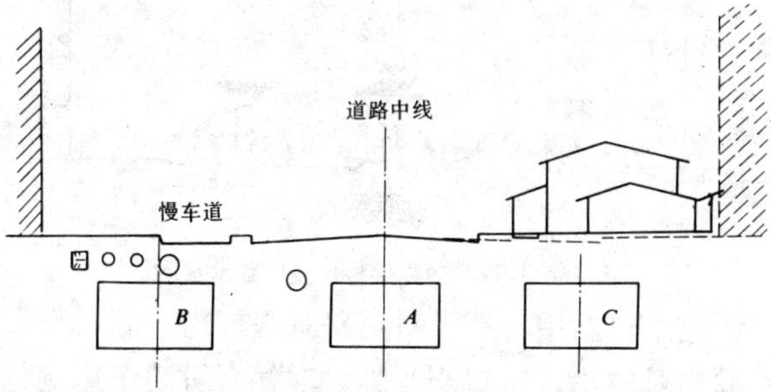

图 2-5　轨道交通地下线路设置位置示意图

B 位：轨道交通线路位于慢车道和人行道下方，能减少对城市交通的干扰和对机动车路面的破坏。

C 位：轨道交通线路位于待拆的已有建筑物下方，对现有道路及交通基本上无破坏和干扰，地下管网也极少。但房屋拆迁及安置量大，只有与城市道路改造同步进行，才十分有利。

② 轨道交通线路位于道路范围以外。在某些条件下，轨道交通地下线路置于道路范围之外，可以达到缩短线路长度、减少拆迁、降低工程造价之目的。这些条件主要是：

a. 沿线区域地质条件好，基岩埋深很浅，隧道可以用矿山法在建筑物下方施工；

b. 沿线区域为城市非建成区或广场、公园、绿地（耕地）等；

c. 沿线区域为老的街坊改造区，可以与轨道交通同步规划设计，并能按合理施工顺序进行施工。

除上述条件外，若线路从既有多层、高层房屋建筑下面通过时，不但施工复杂、难度大，并且造价高昂，选线时要尽量避免。

(2) 高架线路平面位置

高架线路平面位置选择，较地下线路严格，自由度更少，一般要顺城市主干道平行设置，道路红线宽度宜大于 40 m。在道路横断面上，轨道交通高架桥墩柱位置要与道路车行道分隔带配合，一般宜将桥柱置于分隔带上，如图 2-6 所示。

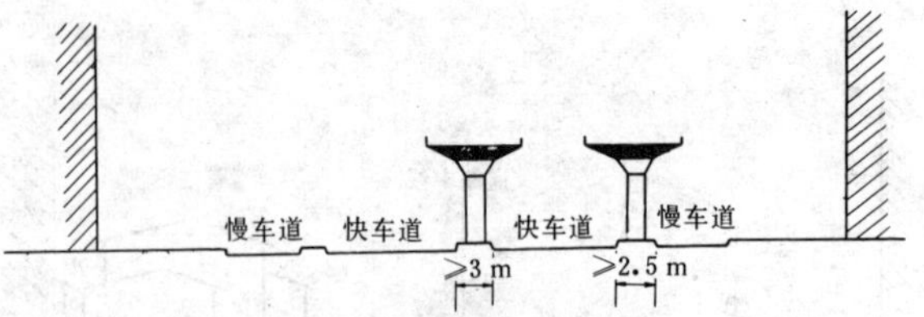

图 2-6　轨道交通高架桥设置位置示意图

高架桥位于道路中心线上对道路景观较为有利，噪声对两侧房屋的影响相对较小，路口交叉处，对拐弯机动车影响也小。但是，在无中间分隔带的道路上敷设高架桥时，改建道路工程量大。

高架桥位于快慢车分隔带上，充分利用道路隔离带，减少高架桥柱对道路宽度的占用和改建，一般偏房屋的非主要朝向面，即东西街道的南侧和南北街道的东侧。缺点是噪声对一侧市民的影响较大。

除上述两种位置外，还可以将高架轨道交通线路设置于慢车道、人行道上方及建筑区内。它仅适用于广场、公园、绿地及江、河、湖、海岸线等空旷地段或将轨道交通高架线与旧房改造规划为一体时的情况。

(3) 地面线平面位置

① 轨道交通地面线位于道路中心带上，带宽一般为 20 m 左右，如图 2-7 所示。当城市快速路或主干道的中间有分隔带时，地面线设于该分隔带上，不阻隔两侧建筑物内的车辆按右行方向出入，不需设置辅路，有利于城市景观及减少轨道交通噪声的干扰。其不足处是乘客均需通过地道或天桥进入轨道交通站台。

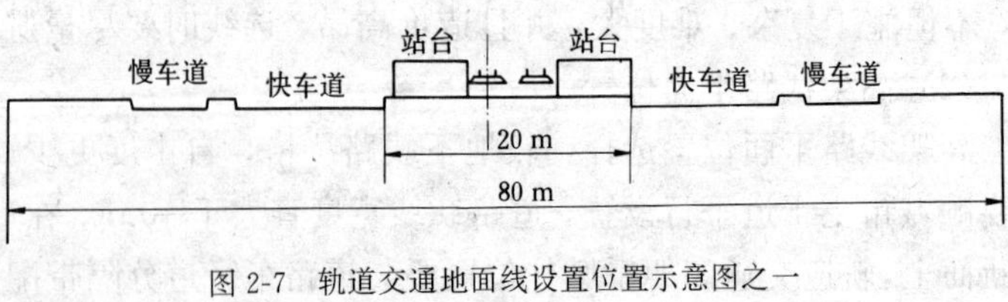

图 2-7　轨道交通地面线设置位置示意图之一

② 轨道交通地面线位于快车道一侧，带宽一般为 20 m 左右，如图 2-8 所示。当城市道路无中间分隔带时，该位置可以减少道路改移量，其缺点是在快车道另一侧需要建辅路，增加道路交通管理的复杂性。

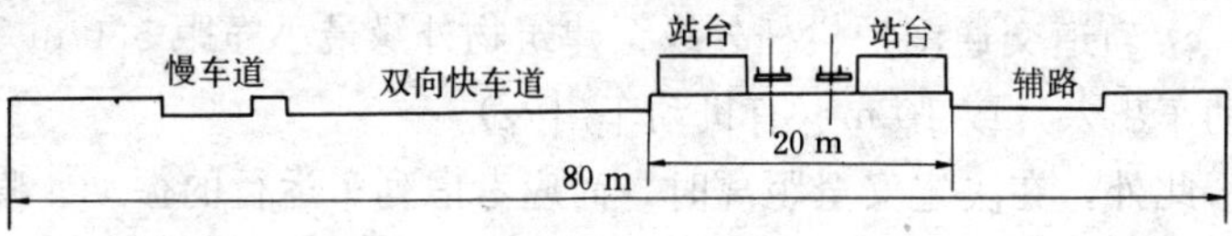

图 2-8　轨道交通地面线设置位置示意图之二

当道路范围之外为江、河、湖、海岸滩地，以及不能用于居住建筑的山坡地等，可考虑将轨道交通线路布置于这些地带上，但要充分考虑路基的稳固与安全。轨道交通地面线一般应设计成封闭线路，防止行人、车辆进入，与城市道路交叉一般应采用立交。

(4) 轨道交通线路与地面建筑物之间的安全距离

① 地下线与地面建筑物之间的安全距离。为了确保地下线施工时地面建筑物的安全，轨道交通线路与建筑物之间应留有一定距离。它与施工方法和施工技术水平有密切关系。采用放坡明挖法施工时，其距离应大于土层破坏棱体宽度。北京地铁一期工程采用工字钢桩加护板支护，深水泵降低地下水位的明挖法施工。由于护板与土层之间有空隙，施工过程中，在距基坑边 10 m 左右的地面，平行线路方向出现明显的裂缝。上海地铁 1 号线施工中，无论采用盾构法，还是采用连续墙支护的明挖法，隧道（连续墙）外缘至建筑物间的距离一般不小于 2 m。由于施工过程中采取了措施，从施工结果来看，房屋基本上没有受到损坏。

② 高架线与建筑物之间的安全距离。轨道交通高架线与建筑物之间的安全距离，由防火安全距离与防止物体坠落轨道交通线路内的安全距离确定。前者参照建筑物防火与铁路防火规范执行，后者暂无规范，可视具体情况考虑。

③ 地面线与道路及建筑物之间的最小安全距离。目前规范未

作出规定，建议按下列值考虑：

a. 轨道交通围护栏杆外缘至机动车道道牙内缘最小净距1.0 m（无防护挡墙）或0.5 m（有防护挡墙）；

b. 轨道交通围护栏杆外缘至非机动车道道牙内缘最小净距0.25 m；

c. 轨道交通围护栏杆外缘至建筑物外缘最小净距5.0 m（无机动车出入）或10 m（有机动车出入）。

此外，在决定安全距离时，尚应考虑列车运行的振动、噪声等的影响。

(5) 线路平面位置方案比选

线路平面位置比选主要包括直线位置的比选和曲线半径的比选，其主要比选内容为：

① 线路条件比较：包括线路长度、曲线半径、转角等的比较。对于小半径曲线，在拆迁数量、拆迁难度、工程造价增加不多的情况下，宜推荐较大半径的方案。若半径大于或等于400 m，则不宜增加工程造价来换取大半径曲线。

② 房屋拆迁比较：包括拆迁房屋数量、质量、使用性质、拆迁难易等的比较。质量差的危旧房屋可以拆。住宅房易拆迁，办公房次之，工厂厂房难拆迁；学校、医院等单位，一般要邻近安置；商贸房异地搬迁，在市场经济的条件下，拆迁难度大。

③ 管线拆迁比较：包括上下水管网、地下地上电力线（管）、地下地上通信电缆线（管）、煤气管、热力管等的数量、规格、费用及拆迁难度等的比较。大型管道改移费用高，下水管改移难度大。

④ 改移道路及交通便道面积比较：包括施工时改移交通的临时道路面积及便桥，恢复被施工破坏的正式路面及桥梁等。

⑤ 其他拆迁物比较：不属于上述拆迁内容的其他拆迁。

⑥ 地铁主体结构施工方法比较：包括施工的难易度、安全度、工期、质量保证、对市民生活的影响等方面的综合分析评价。

2. 线路平面主要技术要素的选择

(1) 圆曲线半径

曲线半径宜按标准半径从大到小合理选用。实际工作中，最大半径一般很少超过 3 000 m。而 400 m 以下的小半径曲线又有限制车速、养护困难、钢轨侧面磨耗严重以及噪声大等缺点，特别是在轨道交通运量大、密度高的情况下，上述缺点更加突出。因此，最小圆曲线半径应尽量少用，并应有一定限制。城市快速轨道交通工程项目建设标准规范（试行本）规定的线路最小曲线半径标准如表 2-2 所示。其中正线 A 型车允许的最小曲线半径标准为 300 m，相应的最大允许速度为 74 km/h，比国产地铁车辆（长春客车厂生产）的构造速度 80 km/h 要低，因此，实际选用时可适当增大些。世界各个城市现存的旧地铁，主要线路上的曲线半径比我国的标准小得多：纽约地铁的最小曲线半径为 107 m；芝加

表 2-2　线路工程主要技术标准

基本车型		A	B	C
最小曲线半径/m	正　线	300～350	250～300	50～100
	辅助线	250	150～200	25～80
	车场线	150	80～110	25～80
最大坡度/(‰)	正　线	30～35	30～35	60
	辅助线	40	40	60
	车场线	1.5	1.5	1.5
竖曲线半径/m	正　线	3 000～5 000	2 500～5 000	1 000
	辅助线	2 000	2 000	1 000
钢　轨/(kg/m)	正　线	≥60	50～60	50
	辅助线	≥50	≥50	50
道　岔/(N_0/R_0)	正　线	9/200	9/200 或 7/150	7/150
	车　场	7/150	6/110	(待定)

注：① 特殊困难地段的技术标准，应按国家现行有关技术规范执行；

② C 型车的线路最小曲线半径 80 m，系指受流器的车辆；

③ N_0 系指道岔号，R_0 系指道岔导曲线半径，m；

④ 各类车型的主要技术规格，可参照表 2-3 选定。

表 2-3　各类车型主要技术规格

序号	项目名称		A型车	B型车	C型车		
			四轴车	四轴车	四轴车	六轴车	八轴车
1	车辆基本长度/m		22	19	18.9	22.3	29.5
2	车辆基本宽度/m		3	2.8	2.6		
3	车辆高度/m	受流器车（加空调/无空调）	3.8/3.6	3.8/3.6	3.7/3.25		
		受电弓车（落弓高度）	3.8	3.8	3.7		
		受电弓工作高度	3.9～5.6				
4	车内净高/m		2.10～2.15				
5	地板面高/m		1.1		0.95		
6	车辆定距/m		15.7	12.6	11	7.2	
7	固定轴距/m		2.2～2.5	2.1～2.2	1.8～1.9		
8	车轮直径/mm		ϕ840		ϕ760		
9	车门数/(个/每侧)		5	4	4	4	5
10	车门宽度/m		≥1.3				
11	车门高度/m		≥1.8				
12	定员人数/人	单司机室车	295	230	200	240	315
		无司机室车	310	245	210	250	325
13	车辆轴重/t		≤16	≤14	≤11		
14	站立人员标准	定员/(人/m^2)	6				
		超员/(人/m^2)	9				
15	最高运行速度/(km/h)		≥80		≥70		
16	起动平均加速度/(m/s^2)		≥0.9		≥0.85		
17	常用制动减速度/(m/s^2)		1.0		1.1		
18	紧急制动减速度/(m/s^2)		1.2		1.3		
19	噪声/dB(A)	司机室内	≤80		≤70		
		客室内	≤83		≤75		
		车外	80～85(站台)		≤82		

注：① 车辆详细技术条件，可参照 GB 7928—87《地下铁道车辆通用技术条件》和 CJ/T5021—95《轻轨交通车辆通用技术条件》；

② C 型车未包括低地板车。

哥和波士顿地铁的最小曲线半径为100 m；日本东京都营地铁12号线路的最小曲线半径为80 m；而巴黎地铁的最小曲线半径为75 m。由于轻轨交通运量较小，最小曲线半径视车型情况可采用比地铁线路更小的数值。

车站站台段线路应尽量设在直线上。因为站台上有大量旅客活动，直线站台通视条件好，有利于行车安全；而且城市轨道交通多为高站台，曲线站台与车辆间的踏步距离不均匀，不利于旅客上下车和乘车安全。在困难地段，站台段线路也可设在曲线上，为了保证行车安全和合理的踏步距离，其半径不应小于800 m。

(2) 圆曲线长度

当曲线偏角较小时，可能会出现圆曲线长度较小的情况。一般客车车辆全轴距为20 m，如果圆曲线长度小于20 m，就会出现1节车辆同时跨在两个缓和曲线上的情况，对行车稳定性和旅客舒适度产生不利影响。另外，在线路维修工作中，一般采用绳正法，每10 m可量出一个正矢，这便要求圆曲线上至少要设两个正矢。地下铁道设计规范规定：正线和辅助线的圆曲线最小长度不宜小于20 m，在困难情况下，不得小于一个车辆全轴距。

(3) 缓和曲线

由于直线与圆曲线间存在曲率半径的突变，圆曲线半径越大，这种突变程度就越小。当圆曲线半径超过2 000 m时，这种突变对轨道交通行车影响很小。而当正线上曲线半径等于或小于2 000 m时，则要在圆曲线与直线间加设缓和曲线，实现曲率半径和外轨超高的逐渐过渡，减少列车在突变点处的轮轨冲击。因此，地铁规范规定：在正线上，当曲线半径等于或小于2 000 m时，圆曲线与直线间应根据曲线半径及行车速度设置缓和曲线。缓和曲线长度可以参照表2-4的规定选用。车场线上由于运行速度低，可不设缓和曲线和超高；但当曲线半径小于150 m时，按3‰变更率设过渡段，其长度不短于表2-5所列数据。

表 2-4　缓和曲线长度　　m

曲线半径/m	设计速度/(km/h)												
	90	85	80	75	70	65	60	55	50	45	40	35	30
2 000	30	25											
1 500	40	35	30	25	20	20	20	20					
1 200	50	40	35	30	25	20	20	20					
1 000	60	50	45	35	30	25	20	20	20				
800	75	60	55	45	35	30	30	25	20	20			
700	75	70	65	50	40	35	30	25	20	20			
600	75	70	70	60	50	45	35	30	20	20	20		
500		70	70	65	60	50	45	35	20	20	20	20	
450			70	65	60	55	50	40	25	20	20	20	
400				65	60	60	55	45	25	20	20	20	
350					60	60	60	50	30	25	20	20	20
300						60	60	60	35	30	25	20	20
250							60	60	40	30	25	20	20
240									40	35	30	20	20
230									40	35	30	25	20
220									40	40	30	25	20
210									40	40	30	25	20
200									40	40	35	25	20
190									40	40	35	25	20
180									40	40	35	30	20
170									40	40	40	30	20
160										40	40	30	25
150										40	40	35	25

表 2-5　过渡段长度表

曲线半径/m	30	40	50	60	80	100
过渡段长度/m	5	4	3	2	1	1

(4) 夹直线

当相邻曲线距离较近时，可能会出现两曲线（有缓和曲线时，指缓和曲线；无缓和曲线时，指圆曲线）相邻两端点间的夹直线过短的情况。夹直线短于 20 m 时，会出现一辆车同时跨越两条曲线，引起车辆左右摇摆，影响行车平稳性；夹直线太短，也不易保持直线方向，增加养护困难。因此，地铁规范规定：正线及辅助线上的两相邻曲线间的夹直线长度，不应小于 20 m，车场上的夹直线长度不得小于 3 m。

(5) 其他

道岔应设在直线上。在困难情况下，道岔也可设在曲线上，但道岔端部至曲线端部的距离不宜小于 5 m，车场线可减少到 3 m。道岔宜靠近车站位置，但道岔基本轨端部至车站站台端部的距离不小于 5 m。

不同号数道岔的导曲线半径和长度也不同，会影响线路线间距和线路长度。正线和辅助线上为保证必要的侧向过岔速度，宜采用 9 号道岔；车场线因过岔速度要求低，应采用不大于 7 号的道岔，以缩短线路长度，降低造价。

3. 线路平面设计方法

(1) 设计步骤及方法

① 确定任意点坐标及直线边及任一点坐标和方位角。根据定线所要求的线路与城市规划道路或指定建筑物的关系，求取线路右线直线边及任一点坐标和方位角。为了施工的方便，轨道交通线路平面及高程控制系统应尽量与城市控制系统取得一致，方位角一般取整到秒，线路长度取整到毫米，交点坐标取值精确到 0.1 mm。

当道路中线由多个极小折角、短边组成近似直线时，轨道交通线路应尽量取直，并与城市规划部门协调，得到认可。

若控制点在曲线地段，则宜先确定圆心点坐标。有时需要通过变更曲线半径反复计算，才可得出线路的最佳位置。

② 右线交点坐标计算。右线坐标计算从起点开始，先用已知直线相交公式及点间距离公式求出起始边长，取整后用坐标公式计算交点坐标。用交点坐标及第二直线边方位角作为新起始边直线，再用上述公式求出第二直线边长，取整后计算第二个交点坐

标。这种交替计算边长和坐标的方法，可以保持线路的计算位置与设计位置一致，误差在 0.5 mm 以内。

③ 曲线要素计算。

曲线半径：初步设计阶段，右线曲线半径一律采用标准整数。施工设计阶段，当左右线为同心圆曲线，外圆曲线半径采用标准整数，若是最小曲线半径，内圆一般应采用标准整数半径。

缓和曲线长度：初步设计阶段，根据曲线距车站的远近，由经验判定列车速度，按地铁规范选用缓和曲线长度，见表 2-4。施工设计，根据列车运行速度图，选用缓和曲线长度。

左右线并行于同一隧道结构内，左右曲线一般设计为同心圆，线间距按限界要求加宽。当右线为外圆曲线时，右线缓和曲线长度按规范标准设计，其左线的缓和曲线长度按加宽要求，由计算确定长度，并进为整 m；当右线为内圆曲线时，缓和曲线长度按加宽要求计算，有条件时，进到 5 m 整数，外圆再根据内圆缓和曲线长度及线加宽要求，调整缓和曲线长度至整数 m。

当一个较长曲线紧邻车站端部时，靠近车站端可以用较短缓和曲线，另一端用较长缓和曲线，以利车站站位布置。在曲线两端线间距略有差异时，也可以用不等长缓和曲线调制同心圆曲线。

切线长与曲线长按有关公式（参照式（2-1）及式（2-2））计算，精度为 0.1 mm，取整到 mm。

初步设计阶段，左线一般不进行曲线要素计算。但夹直线长度紧张地段除外。

④ 右线里程计算。轨道交通里程曾采用百米标表示，现改用公里标表示，如 k8+800，表示为 8 km 加 800 m 处。另外，可以在“k”字前冠以不同的西文字母，表示不同比较方案。对不同设计阶段，一般不需用字母区分，以简化设计工作。

断链使里程失去线路直观长度，也容易造成设计施工中的差错，因此右线在任何设计阶段，里程不宜产生断链。

⑤ 建筑物控制点与线路相互关系计算。建筑物控制点至线路的垂距及其里程，可用点线间垂距公式计算，也可以用两直线交

点计算公式计算。

⑥ 车站中心右线里程及坐标计算。根据定线要求的站位首先计算右线站中心里程。移动车站中心位置取车站里程为整 m，再计算站中心坐标。坐标取值到 0.1 mm。

以下各步骤仅在施工设计阶段进行，初步设计阶段不作要求。

⑦ 左线交点坐标计算。左右线平行地段，首先从右线控制点上，根据定线要求的线间距，计算左线各直线边上任一点坐标，然后按右线交点坐标计算方法，求出左线各交点坐标。左右线非平行地段，根据左右线平面相应的几何关系进行坐标计算。左线单独绕行地段与右线坐标计算方法相同。

计算完成后，应自查左右线平面相互关系与设计要求是否相符，线间距离误差应在 0.5 mm 以内。

⑧ 内外曲线交点错动量计算。错动量计算可以应用三角方程公式和点线垂距公式。当应用三角方程公式时，曲线两端线间距离应是精确到 0.1 mm 的计算值而不是设定值，否则在小转角曲线上，将产生较大误差；当采用点线垂距公式时，用左右线交点坐标和转换两切线方位角代入公式求得。

⑨ 左线里程及断链计算。因左线绕行或内外曲线的关系，左线与右线长度不等，但为了设计及施工上的便利，左右线平行直线段，同一断面上的里程宜一致。通常在每一处左右线长度不等的地段设置左线断链，尤其在左右线处于同一隧道结构内时，更宜如此。但在曲线多的地段，若每一曲线，设一断链，也给设计及施工带来不便。为减少左线断链数量，可对左线断链进行适当合并。当两个曲线间夹直线较短时，两个断链宜合并为一个；当区间左右线隧道结构分开时，可将两车站间的多个曲线断链合并为一个。

断链不应进入曲线范围和车站站界范围。

⑩ 线路详细坐标计算。左右线均需进行详细坐标计算，包括曲线头尾、缓和曲线头尾、曲线中点、公里及百米里程点、道岔中心、车挡、区间附属建筑物（通风道连接口、排水泵站、隔断门、区间连接通道等）中心（或接口中心）、车站端墙外缘（或竖

井中心）等位置的详细坐标计算。

线路上详细点的坐标计算，以就近的交点或站中心点为原始坐标点，分段计算，坐标取整到 mm，计算误差允许 1 mm。

⑪ 左右线间距计算。当左右线处于同一隧道，线间距离发生变化时，或左右线隧道分开，但有附属建筑物连接时，为隧道结构设计之需要，一般每隔 10～20 m 计算一点线间距。

线间距离计算采用解析几何公式，计算误差不大于 1 cm。曲线地段的线间距离计算以右线法线方向为准。

（2）部分计算公式介绍

线路平面设计时所应用的公式很多，仅将轨道交通设计中常用公式的一部分列出，其他公式可以参照铁路选线设计的有关书籍。

① 点线间垂距计算公式

$$d = (x - x_0)\sin\alpha - (y - y_0)\cos\alpha \tag{2-3}$$

式中：α 为线路方位角；其余见图 2-9；d 为正值，表示 P 点与坐标原点分别位于线路的两侧；d 为负值表示 P 点与坐标原点位于线路同侧。

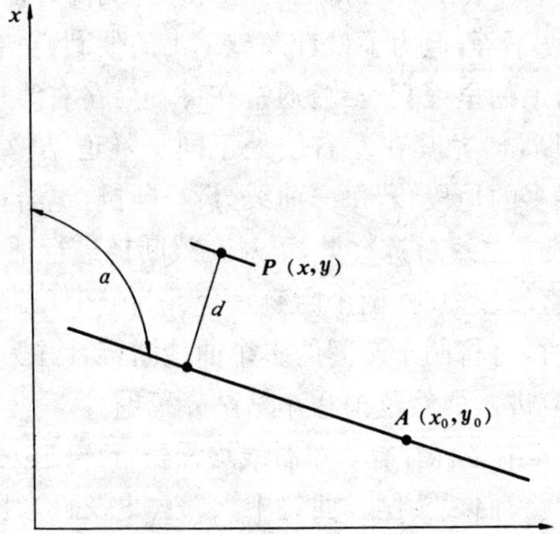

图 2-9　点线间垂距计算示意图

② 两线相交点坐标计算公式

$$x_c = x_a + \frac{(x_a - x_b)\tan\alpha_b - (y_a - y_b)}{\tan\alpha_a - \tan\alpha_b} \tag{2-4}$$

$$y_c = y_a + (x_c - x_a)\tan\alpha_a \tag{2-5}$$

或

$$y_c = y_b + (x_c - x_b)\tan\alpha_b \tag{2-6}$$

式中符号含义如图 2-10 所示。

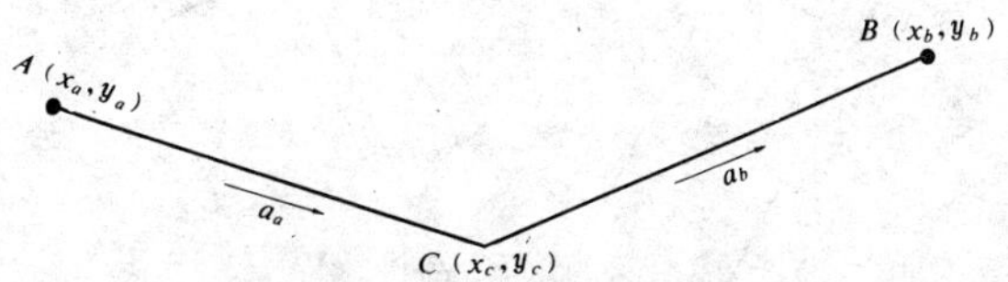

图 2-10 两线相交点坐标计算示意图

公式（2-5）与（2-6）可互为检核，当转角很小时，$(x_c - x_a)$ 或 $(x_c - x_b)$ 的小数位要多取，才能保证 y_c 的 mm 值一致。

③ 不等缓和曲线长度的切线长度计算公式

$$T_{1s} = (R + p_1)\cdot\tan(\alpha/2) + (p_2 - p_1)/\sin\alpha + m_1 \tag{2-7}$$

$$T_{2s} = (R + p_2)\cdot\tan(\alpha/2) + (p_1 - p_2)/\sin\alpha + m_2 \tag{2-8}$$

$$L_s = \pi R\alpha/180° + (l_1 + l_2)/2$$

式中符号含义如图 2-11 所示。

二、纵断面设计

城市轨道交通的线路纵断面是由坡段和连接相邻坡段的竖曲线组成的。坡段的特征用坡段长度和坡度值来表示。

坡段长度 L_i 为该坡段前后两个变坡点之间的水平距离。

坡段坡度 i 为该坡段两端变坡点的高程 H_i 除以坡段长度 L_i，其值以千分数表示，计算式如下（见图 2-12）：

$$i = \frac{H_i}{L_i} \times 1\ 000$$

坡度值上坡取正值，下坡取负值；如坡度为 30‰，即表示每 km 高差为 30 m。轨道交通线路纵断面设计的主要技术要素有坡度、坡段长度及坡段连接。

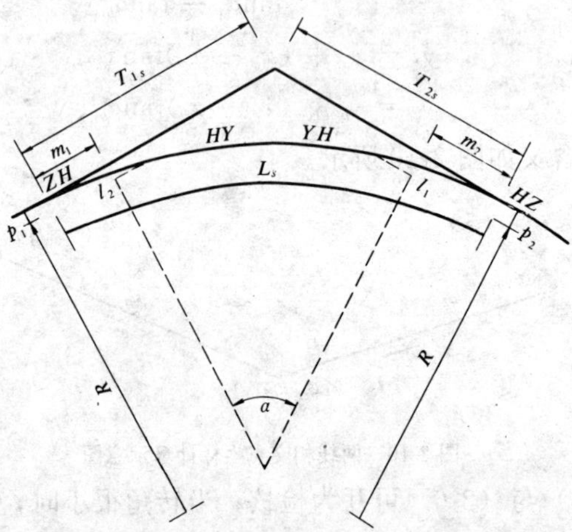

图 2-11　不等缓和曲线长度的切线长度计算示意图

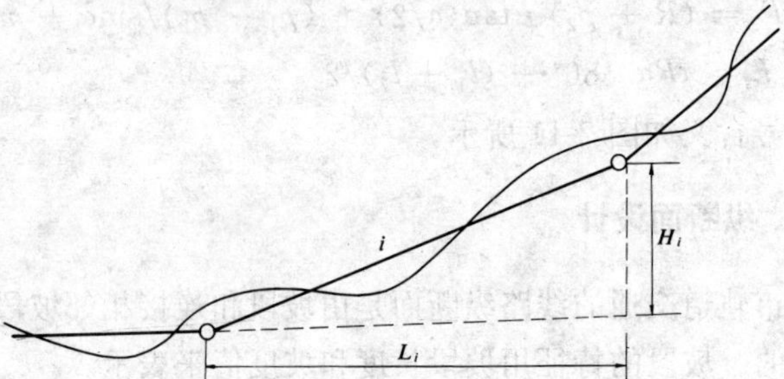

图 2-12　坡段长度与坡度示意图

1. 线路纵断面主要技术要素的确定

(1) 坡度

由于城市轨道交通载重量小，运距短，坡度已不是限制列车牵引质量的主要因素，也不存在机车增减的情况，所以把线路允许设计的最大坡度值就称之为最大坡度，而不称为限制坡度，也不存在加力坡度。

轨道交通列车为了适应小站距的频繁起动、制动，具有良好的动力性能，一般采用全动轴或 2/3 动轴列车，起动加速度要求达到 1 m/s^2 及以上，这就意味着列车可以爬 100‰及以上的当量坡度。轨道交通由于高密度行车和大运量，为保证行车安全与准点，设计原则要求列车失去部分（最大可达到一半）牵引动力的条件下，仍能用另一部分牵引动力，将列车从最大坡度上起动，因此最大坡度阻力及各种附加阻力之和，不宜大于列车牵引动力的一半。

在实际设计纵断面时，线路坡度在满足排水及标高控制要求的前提下应尽可能平缓，一般应在 20‰以下。正线允许的最大坡度值（参照表 2-2），主要受行车安全（与制动设备性能有关）、旅客舒适度、运营速度三方面影响，一般不大于 30‰，在困难地段（例如，深埋线路需要上升至地面以上时），若有适当理由，则允许将正线坡度设计到 35‰；辅助线的最大坡度一般不大于 40‰。但随着各种城市轨道交通车辆的改进，允许的最大坡度值也正在增大。例如，新型的线性电机车允许的正线设计最大坡度可以达到 60‰。目前日本东京都营地铁 12 号线路的正线设计最大坡度已经达到 50‰。

原苏联的地下铁道设计规范（1981 年 7 月 1 日起执行）规定的地下线段以及隐蔽地面线段的纵断面坡度不大于 40‰，而敞开的地面线段的纵断面坡度则不大于 35‰。法国巴黎市区地铁线路最大坡度为 40‰，地区快车线最大坡度为 30‰，困难地段的坡度还可以大一些。香港地铁的线路最大坡度为 30‰，个别地段允许超过。由此可见，我国地铁规范及城市快速轨道交通工程项目建设标准（试行本）中规定的最大坡度值，与世界城市轨道交通建设标准是大体一致的。

因地下隧道有充足的水源，为便于排水，地下线路区间不能设计成平坡，而要设计成不小于 3‰的坡度。当然，在能解决排水问题的地段，可不受此条件限制。隧道内的车站站台段线路应设单一坡度，坡度值宜采用 3‰，困难时可设在 2‰～5‰的坡道上，坡度太大不利于列车起停，坡度太小不利于隧道排水。特殊情况下，站台也可设在平坡上，但需设置一定坡度的排水沟，以保证排水。

隧道内的存车线和车辆折返用的尽端线上应设 2‰的纵向坡度，且方向是由车站向车挡为上坡。道岔宜设在不大于 5‰的坡道上，在困难地段可设在不大于 10‰的坡道上。

地面和高架桥上的车站站台段线路宜设在平道上，困难地段可设在不大于 5‰的坡道上。地面或高架桥上车场线可设在不大于 1.5‰的坡道上。

（2）坡段长度

两个坡段的连接点，即坡度变化点，称为变坡点。一个坡段两端变坡点之间的水平距离称为坡段长度。如果坡段长度小于列车长度，那么列车就会同时跨越 2 个或 2 个以上的变坡点，各个变坡点所产生的附加应力和局部加速度会因叠加而加剧，影响列车的平稳运行和旅客的舒适。因此，线路坡段长度不宜小于远期列车计算长度。按每节车辆 19.11 m 计算，当列车编组为 8 节车厢时，约为 150 m；当列车编组为 6 节车厢时，约为 115 m；当列车编组为 4 节车厢时，约为 75 m。与城间铁路不同，城市轨道交通线路不要求坡段长度取整为 50 m 的整倍数。

另外，在选择变坡点时，应注意以下两点：

① 竖曲线不应与平面缓和曲线重叠。曲线超高是由缓和曲线外轨逐渐完成的，若在缓和曲线范围设竖曲线，则外轨难以制成圆弧状，故竖曲线不应与平面缓和曲线重叠。

② 道岔范围不宜设竖曲线。道岔的辙岔和尖轨是线路中的薄弱环节，宜保持在一面坡上，以减轻车辆的冲击和摇摆。困难时可设在竖曲线上，但竖曲线半径不小于 5 000 m。

（3）坡段连接

① 坡度代数差

列车通过变坡点时，车钩产生附加应力，并致使车辆的局部加速度增加，其值与相邻两坡段的坡度代数差成正比。坡度代数差太大，会影响旅客舒适度。虽然地铁规范没有对坡度代数差加以限制，但是根据国内外传统经验做法，如两反向坡段的坡度值均超过 5‰时，通常采用一段坡度不大于 5‰的坡段连接。

② 竖曲线

在纵断面上，若各坡段直接相连则形成一条折线。列车运行至坡度代数差较大的变坡点处，容易造成车轮脱轨、车钩脱钩等问题。为避免出现这类情况发生，当坡度代数差等于或大于 2‰时，应在变坡点处设置竖曲线，把折线断面平顺地连接起来，以保证行车的安全和平稳。竖曲线有抛物线型和圆曲线型两种。抛物线型曲率是渐变的，更适宜于列车运行，但由于铺设和养护工作较复杂，当要求速度不高时，基本上不采用。另一方面，圆曲线型竖曲线，具有便于铺设和养护的优点，当 $R_{竖}$较大时，近似于抛物线型。因此，我国城市轨道交通线路采用圆曲线型竖曲线。

城市快速轨道交通工程项目建设标准（试行本）规定（参照表 2-2）：对正线的区间线路，竖曲线半径一般取 5 000 m，困难情况下取 2 500～3 000 m；车站两端因行车速度较低，其线路的竖曲线半径可取 3 000 m，困难情况下可取 2 000 m。对辅助线和车场线，竖曲线半径可取 2 000 m。而对于 C 型车，竖曲线半径可以取 1 000 m。

车站站台和道岔范围不得设竖曲线，竖曲线离开道岔端部的距离不应小于 5 m。渡线应设在 5‰以内的坡度上，而且竖曲线不应伸入道岔范围之内。竖曲线起点至道岔基本轨起点的距离，或距辙叉跟端以外短轨端点的距离，均不应小于 5 m。

③ 竖曲线夹直线

由于允许的坡段长度较短，而允许的坡度值又较大，因而实际设计时常会出现两条竖曲线重叠或相距很近的情形。为了避免或减轻列车同时位于两条竖曲线而产生的振动叠加，地铁规范规定，两条竖曲线之间的夹直线长度不宜小于 50 m。

地下隧道车站的纵断面设计，除了满足相应的坡度、坡段长度、坡段连接要求外，还要综合考虑隧道类型、拟采用的施工方法及运营特点等因素。

对于浅埋隧道，一般采用明挖法施工，宜靠近地面，以减少土方工程量，简化施工条件。同时，又要考虑在隧道上面预留足够的空间来设置城市地下管道，有足够厚度的土壤层来隔热，使隧道内不受地面温度变化的影响。通常浅埋区间隧道衬砌顶部至地面距离不小于2 m。由于车站本身要求的净空高度大于区间，因而浅埋车站一般位于凹型纵断面的底部。这种纵断面形式是进站下坡，出站上坡，导致列车进站制动和出站加速都需要耗费更多的能量，不利于运营。

对于深埋隧道，通常位于比较稳定的地层内，其顶部以上的地层厚度要能够形成承载拱，为此应埋深一些。在保证车站净空要求的前提下，深埋隧道的车站应埋浅一些，尽量接近地面，因为这样设计的车站土建工程量较少，还可节省升降设备投资，乘客上下地面的时间也相应减少。这种情况下，车站位于线路凸型纵断面顶部，便于进站减速，出站加速，节省运营成本。

2. 线路纵断面设计方法

(1) 纵断面设计步骤

① 绘制基础资料图。根据不同的研究、设计阶段，设计深度，准备不同的纵断面图幅格式，将不同繁简的基础资料绘制于厘米格纸上（或输入计算机）。这些资料包括：

a. 地面线（道路线）及其跨越道路立交桥、河床底、航行水位、洪水位、铁路、高压线标高等资料；

b. 地下管道及主要房屋、人防工程基础标高等资料；

c. 道路、立交桥、铁路、河渠、地下管道等规划标高资料；

d. 地质剖面及地下水位标高资料；

e. 线路平面及附属结构物设计资料。

② 找出线路控制标高。根据设计原则、标准、隧道结构外轮廓尺寸、覆土厚度、桥下净高、距建筑物的最小距离、地铁排水位置等要求，找出纵断面设计的控制标高。

③ 右线坡度设计。右线坡度设计贯穿于各个设计阶段。初步设计及以前各阶段，坡段长度宜为 50 m 的倍数，变坡点一般落在百米里程及 50 m 里程处。施工设计阶段，右线坡段长度一般取整为 10 m 的倍数，变坡点落在整 10 m 的里程上，坡度一般用千分整数，以利其他设计专业和施工人员应用。设计标高应为轨顶标高。

④ 右线竖曲线设计。竖曲线设计包括竖曲线半径选择、竖切线长度计算及竖曲线高程改正值计算。初步设计阶段只进行竖曲线半径设计，施工设计阶段才进行竖曲线高程改正值计算，精度至 mm。

以下 3 项为施工图设计阶段的内容。

⑤ 左线坡度设计。

⑥ 左线竖曲线设计。

⑦ 左右线轨顶详细标高计算。包括百米及公里标、控制加标、车站中心、道岔中心、附属结构物中心或接口中心、线路最低点，有时还应包括隧道结构变形缝等标高计算。标高值计算至 mm。

(2) 纵断面修改设计

由于地基原因——软土地基及软硬土层交界地段；施工原因——不同施工方法，新老施工段相隔时间久，由于隧道上方场地大量存土等原因，造成建好的隧道结构不均匀下沉，又由于隧道结构净孔限制，致使轨道无法按原纵断面设计坡度及标高铺设，必须修改纵断面坡度及标高。

纵断面坡度修改设计标准与新线设计标准基本相同，允许的最小坡度可用到 2‰，但排水沟要特殊施工，以保持水沟不积水。变坡点位置可以设在整数米的位置，坡度可以用非整数千分坡。

修改纵断面设计的关键工作是准确掌握已完工的隧道结构沉落、断面净孔尺寸及其误差情况。设计人员应深入现场，实地检查，在此基础上，提出横断面净孔测量及加密底板面标高测量要求。一般对底板面标高，沿线路中心线每隔 5～20 m 距离测量一次。对断面净孔尺寸及顶板底面标高，一般每隔 10～50 m 测一处。

纵断面修改设计的步骤如下：

① 审阅线路平面贯通测量及隧道底板标高资料，现场踏勘检查；

② 提出左右线隧道结构断面净孔及标高测量要求；

③ 标绘隧道结构底、顶板净孔的放大纵断面图；

④ 分析隧道结构净孔放大纵断面图，找出标高控制点；

⑤ 纵断面修改设计；

⑥ 检核净孔高度及道床厚度是否满足要求。

在困难条件下，限界中可以适当扣除施工误差，道床可做特殊设计，减薄厚度。在采取上述措施仍不能满足净孔要求时，由施工单位采取补救措施，扩大隧道净孔，并根据施工补救方案进行纵断面修改设计。

(3) 圆形竖曲线的计算公式

① 竖曲线半径的理论计算公式

$$R_{sh}=\frac{V_{\max}^2}{3.6\cdot\alpha_{sh}} \tag{2-9}$$

式中：R_{sh} 为竖曲线半径，m；$V_{\max}$ 为最高行车速度，km/h；α_{sh} 为曲线竖向离心加速度，m/s^2。

竖向离心加速度不得超过一定的允许值，否则会影响旅客的舒适度。竖向离心加速度的取值范围一般在 0.3～1.0 m/s^2 之间。

② 竖曲线的几何要素计算（参照图 2-13）

竖曲线切线长度 T_{sh} 为：

$$\begin{aligned}T_{sh}&=R_{sh}\cdot\tan\frac{\alpha}{2}\approx\frac{R_{sh}}{2}\tan\alpha=\frac{R_{sh}}{2}\tan\left|\alpha_1-\alpha_2\right|\\&=\frac{R_{sh}}{2}\left|\frac{\tan\alpha_1-\tan\alpha_2}{1+\tan\alpha_1\cdot\tan\alpha_2}\right|\approx\frac{R_{sh}}{2}\left|\tan\alpha_1-\tan\alpha_2\right|\\&=\frac{R_{sh}}{2}\left|\frac{i_1}{1\,000}-\frac{i_2}{1\,000}\right|\\&=\frac{R_{sh}\cdot\Delta i}{2\,000}\end{aligned} \tag{2-10}$$

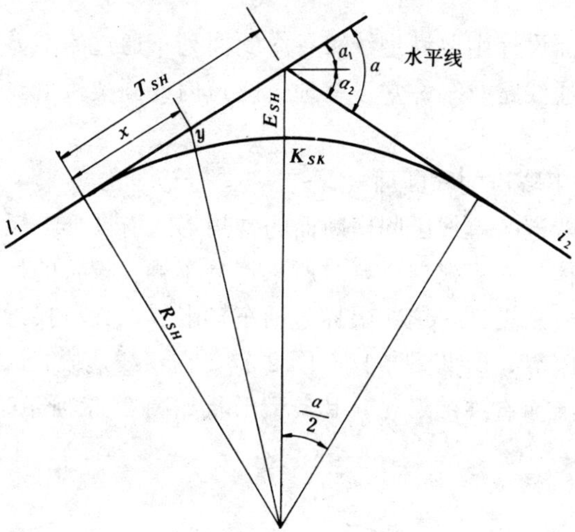

图 2-13　圆形竖曲线示意图

式中：α 竖曲线的转角，(°)；α_1、α_2 为前、后坡段与水平线的夹角，(°)，上坡为正值，下坡为负值；i_1、i_2 为前、后坡段的坡度，(‰)，上坡为正值，下坡为负值；Δi 为相邻坡度代数差的绝对值，(‰)。

竖曲线长度 K_{sh} 为：

$$K_{sh} \approx 2T_{sh} \tag{2-11}$$

竖曲线纵距 y 为：

$$(R_{sh} + y)^2 = R_{sh}^2 + x^2$$

$$2R_{sh} \cdot y = x^2 - y^2 \qquad (y^2 \text{ 值很小，略去不计})$$

$$y = \frac{x^2}{2R_{sh}} \tag{2-12}$$

式中　x 为切线上计算点至竖曲线起点的距离，m。

变坡点处的纵距称为竖曲线的外矢距 E_{sh}，其计算公式为：

$$E_{sh} = \frac{T_{SH}^2}{2R_{sh}} \tag{2-13}$$

三、横断面设计概要

横断面设计则要满足线路各个断面列车通过的限界要求。城市轨道交通线路及车站常设在地下隧道内或高架桥上，有时也设在地面上。

1. 地下隧道的横断面

地下隧道的单线区间横断面的常用形式有圆形、矩形和马蹄形，其具体尺寸应根据运营时所采用的车辆及设备的尺寸所决定的各种限界来设计，这些限界包括车辆限界、设备接近限界和建筑物接近限界，参见图 2-14～图 2-16。在双线地段，区间和车站地段的横断面有许多形状，其典型形状如图 2-17 所示。

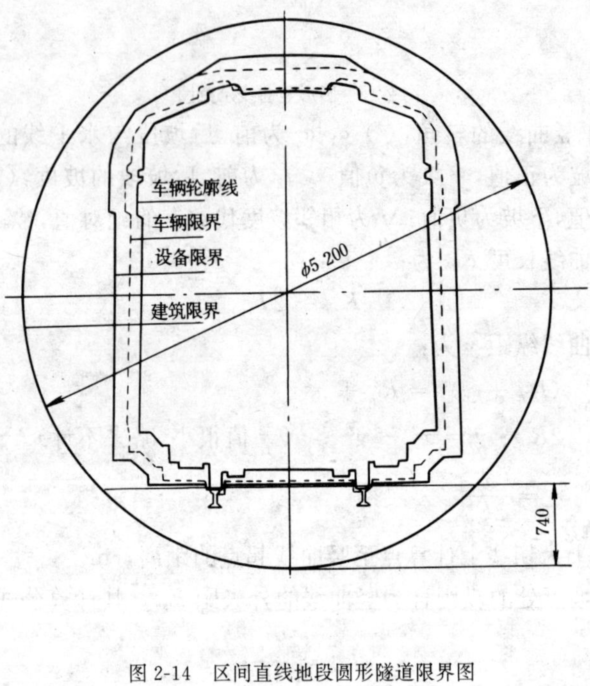

图 2-14　区间直线地段圆形隧道限界图

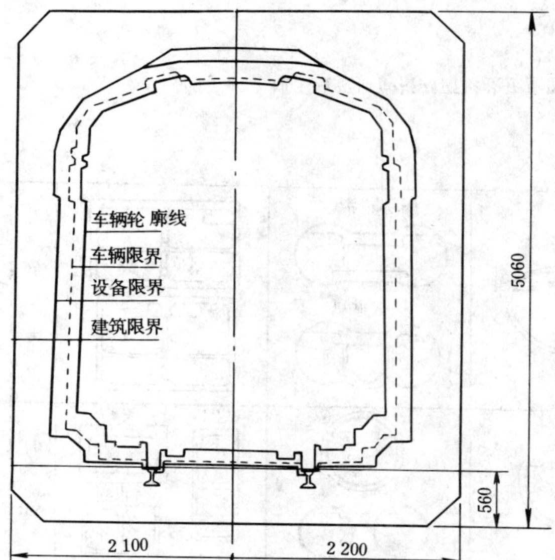

图 2-15　区间直线地段矩形隧道限界图

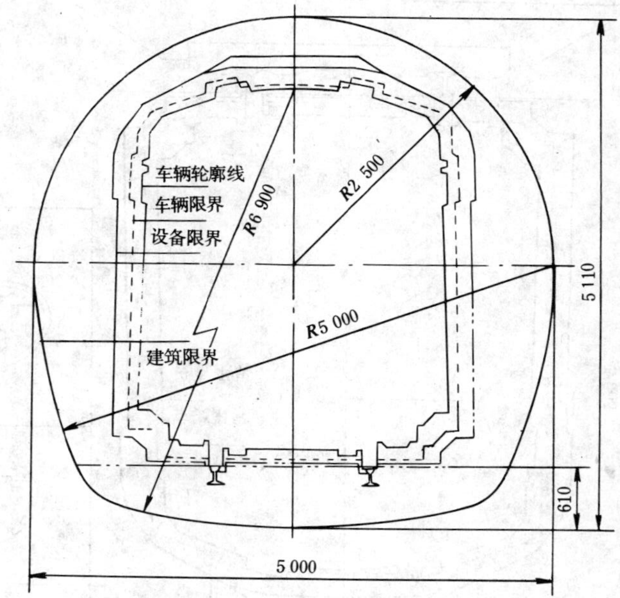

图 2-16　区间直线地段马蹄形隧道限界图

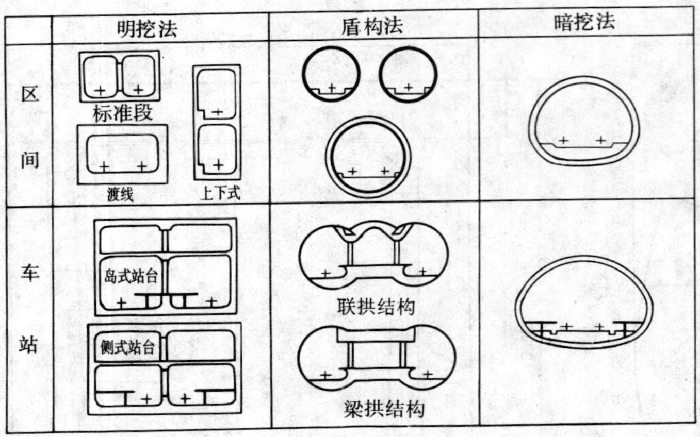

图 2-17　地下隧道典型横断面形状示意图

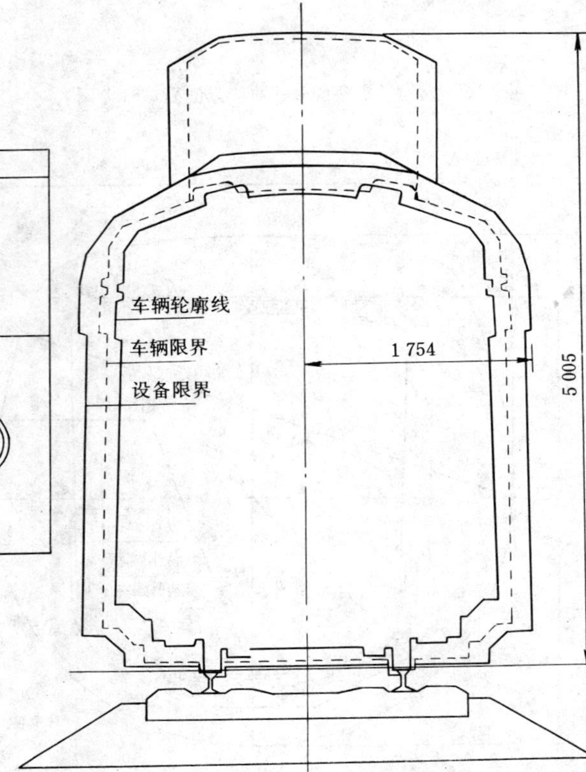

图 2-18　区间直线地段地面、高架限界图

2. 地面及高架桥上的横断面

当线路位于地面或高架桥上时，其轨上部分的横断面需要满足如图 2-18 所示的限界要求，轨下部分的横断面形状视轨下结构而定。

第三章 地下铁道结构设计与施工

第一节 地下铁道车站设计

一、地下铁道车站的分类

地铁车站根据其所处位置、埋深、运营性质、结构横断面形式、站台形式、换乘方式的不同可进行不同分类。

1．按车站与地面相对位置分类

按车站与地面相对位置可分为以下 3 种，见图 3-1。

① 地下车站——车站结构位于地面以下；

② 地面车站——车站位于地面；

③ 高架车站——车站位于地面高架桥上。

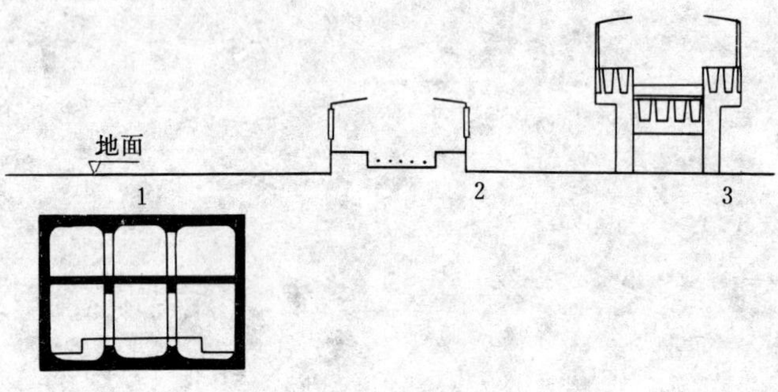

图 3-1 车站与地面相对位置示意图

2．按车站埋深分类

按车站埋深可分为以下 3 种。

① 浅埋车站——轨顶至地表距离小于 15 m，如图 3-2 中 1、2 所示；

② 中埋车站——轨顶至地表距离为 15～25 m；

③ 深埋车站——轨顶至地表距离大于 25 m，如图 3-2 中 3、4 所示。

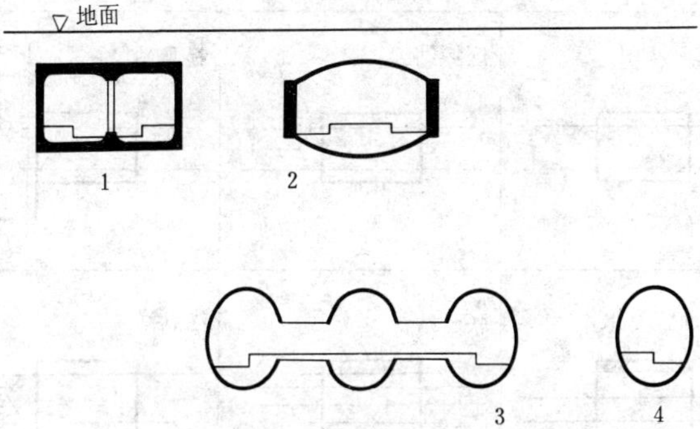

图 3-2　车站埋深示意图

3．按车站运营性质分类

按车站运营性质主要有以下 6 种，见图 3-3。

① 中间站（即一般站）——中间站仅供乘客上、下车之用，功能单一，是地铁路网中数量最多的车站；

② 区域站（即折返站）——区域站是设在两种不同行车密度交界处的车站。站内设有折返线和设备。区域站兼有中间站的功能；

③ 换乘站——换乘站是位于两条及两条以上线路交叉点上的车站。它除了具有中间站的功能外，更主要的是它还可以从一条线上的车站通过换乘设施转换到另一条线路上的车站；

④ 枢纽站——枢纽站是由此站分出另一条线路的车站。该站可接、送两条线路上的乘客；

⑤ 联运站——联运站是指车站内设有两种不同性质的列车线路进行联运及客流换乘。联运站具有中间站及换乘站的双重功能；

⑥ 终点站——终点站是设在线路两端的车站。就列车上、下行而言，终点站也是起点站（或称始发站），终点站设有可供列车

全部折返的折返线和设备，也可供列车临时停留检修。如线路远期延长后，则此终点站即变为中间站。

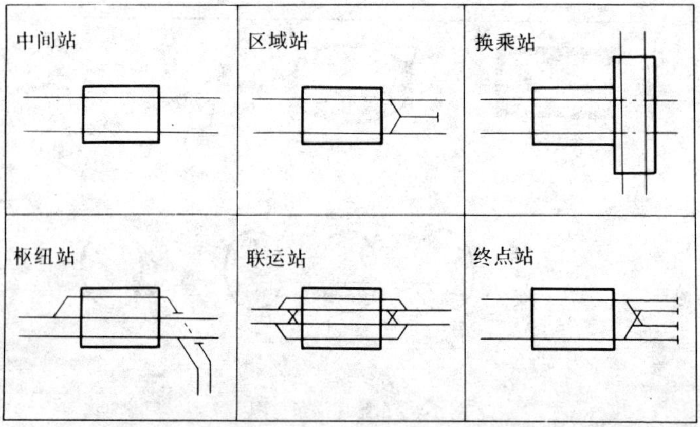

图 3-3　车站分类示意图

4. 按车站结构横断面形式分类

车站结构横断面形式主要根据车站埋深、工程水文地质条件、施工方法、建筑艺术效果等因素确定。在选定结构横断面形式时，应考虑到结构的合理性、经济性、施工技术和设备条件。

车站结构横断面形式，主要有以下 4 种。

① 矩形断面——矩形断面是车站中常选用的形式，一般用于浅埋车站。车站可设计成单层、双层或多层，跨度可选用单跨、双跨、三跨及多跨的形式。

② 拱形断面——拱形断面多用于深埋车站，有单拱和多跨连拱等形式。单拱断面由于中部起拱，高度较高，两侧拱脚处相对较低，中间无柱，因此建筑空间显得高大宽阔。如建筑处理得当，常会得到理想的建筑艺术效果。

③ 圆形断面——圆形断面用于深埋或盾构法施工的车站。

④ 其他类型断面——其他类型断面有马蹄形、椭圆形等。

5. 按车站站台型式分类

车站站台型式主要有以下3种，见图3-4。

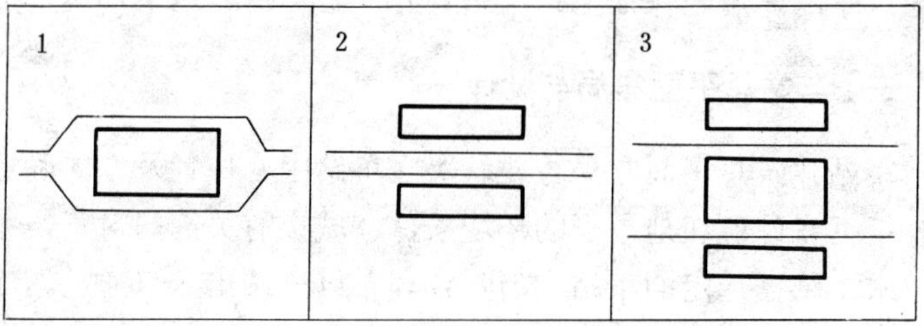

图3-4　车站站台形式分类图

① 岛式站台——站台位于上、下行行车线路之间，这种站台布置形式称为岛式站台。具有岛式站台的车站称为岛式站台车站(简称岛式车站)。岛式车站是常用的一种车站型式。岛式车站具有站台面积利用率高、能灵活调剂客流、乘客使用方便等优点，因此，一般常用于客流量较大的车站；

② 侧式站台——站台位于上、下行行车线路的两侧，这种站台布置形式称为侧式站台。具有侧式站台的车站称为侧式站台车站（简称侧式车站）。侧式车站也是常用的一种车站型式。侧式车站站台面积利用率、调剂客流、站台之间联系等方面不及岛式车站，因此，侧式车站多用于客流量不大的车站及高架车站；

③ 岛、侧混合式站台——岛、侧混合式站台是将岛式站台及侧式站台同设在一个车站内，具有这种站台形式的车站称为岛、侧混合式站台车站（简称岛、侧混合式车站）。岛、侧混合式车站可同时在两侧的站台上、下车，也可适应列车中途折返的要求。岛、侧混合式站台可布置成一岛一侧式或一岛两侧式。

二、地下铁道车站的组成

地铁车站由车站主体（站台、站厅、设备用房、生活用房），出入口及通道，通风道及地面通风亭等3大部分组成。车站主体是列车在线路上的停车点，其作用是供乘客集散、候车、换车及上、下车。它又是地铁运营设备设置的中心和办理运营业务的地方。出入口及通道是供乘客进、出车站的建筑设施。通风道及地面通风亭的作用是保证地下车站具有一个舒适的地下环境。

三、车站总平面布局与设计

车站建筑总平面布局主要解决在车站中心位置及方向确定以后，根据车站所在地周围的环境条件、城市有关部门对车站布局的要求，依据选定的车站类型，合理布设车站出入口通道、通风道等设施，以便使乘客能够安全、迅速、方便地进出车站。同时还要处理好地铁车站、出入口及通道、通风道及地面通风亭与城市建筑物、道路交通、地下过街道或天桥、绿地等的关系，使之相互协调统一。

1. 车站设计原则

根据车站规模、类型及平面布置，合理组织人流路线，划分功能分区。在组织人流路线时，应考虑下列各要点：

① 乘客与站内工作人员路线应分开；

② 进、出站客流路线要尽量避免交叉和相互干扰；

③ 乘客购票、问讯及使用公用设施时，均不应妨碍客流通行；

④ 换乘客流与进、出站客流路线分开；

⑤ 当地铁与城市建筑物合建时，地铁客流应自成体系。

车站一般宜设在直线段上。

车站公用区应划分为付费区与非付费区。此两区间应进行分隔。进、出站检票口应分设。采用单一票制时，换乘通过应设在付费区内。

有噪声源的房间应远离有隔声要求的房间及乘客使用区；对有高音质要求的房间，均采取隔、吸声措施。

有条件时，车站应考虑无障碍通行。

2. 平面设计

(1) 车站规模

车站规模主要指车站外形尺寸、层数及站房面积的大小。

车站规模主要根据本站远期预测高峰客流量，所处位置的重要性，站内设备和管理用房面积，列车编组长度及该地区远期发展规划等因素综合考虑确定。其中客流量大小是一个重要因素。

一般来讲，城市中心区的客流量多于市区其他地方的客流量，市区的客流量多于市郊区的客流量。市中心区往往又是城市的政治、经济、文化的中心，位置重要。因此，车站的规模应该有所区别。

车站规模一般分为 3 个等级。在大城市中，车站规模按 3 个等级设置；在中等城市中，其规模可以设两个等级。车站规模等级适用范围见表 3-1。

表 3-1　车站规模等级适用范围

规模等级	适　用　范　围
1 级站	通用于客流量大，地处市中心区的大型商贸中心、大型交通枢纽中心、大型集会广场、大型工业区及位置重要的政治中心地区
2 级站	适用于客流量较大，地处较繁华的商业区、中型交通枢纽中心、大中型文体中心、大型公园及游乐场、较大的居住区及工业区
3 级站	适用于客流量小，地处郊区各站

注：客流量特别大，有特殊要求的车站，其规模等级可列为特级站。

车站规模的大小，将直接影响到地铁工程造价的高低。规模太大，则不经济；规模太小，又不能满足运营的需要和远期的发展，造成使用上的不便及改建的困难。因此，在确定车站规模等级的时候，应慎重研究和考虑。

（2）车站建筑布置

车站的建筑布置，应能满足乘客在乘车过程中对其活动区域内各部位使用上的需要。乘客流线是地铁车站的主要流线，也是决定车站建筑布置的主要依据。站内除乘客流线外，还有站内工作人员流线、设备工艺流线等。这些流线具体地、集中地反映出乘客乘车与站内房间布设之间的功能关系。为了能够合理地进行车站平剖面布置，设计人员必须了解和掌握这些功能关系，将地铁车站各部位的使用要求进行功能分析并绘制成功能分析图（见图 3-5）。

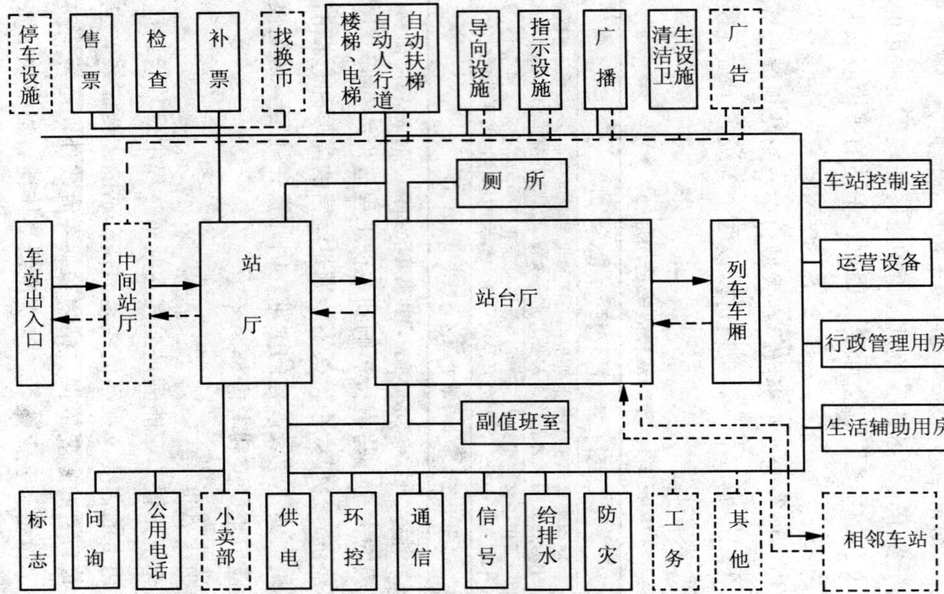

注：[虚线框] 根据需要设置

图 3-5 车站功能分析图

(3) 站厅设计

站厅的作用是将从入口进入的乘客，迅速、安全、方便地引导到站台乘车，或将下车的乘客同样地引导至出入口出站。对乘客来说，站厅是上、下车的过渡空间。乘客在站厅内需要办理上、下车的手续，因此，站厅内需要设置售票、检票、问询等为乘客服务的各种设施。站厅内设有地铁运营、管理用房。站厅又具有组织和分配人流的作用。

站厅的位置与车站埋深、人流集散情况、所处环境条件等因素有关。站厅设计的合理与否，将会直接影响到车站使用效果及站内的管理和秩序。站厅的布置与车站类型、站台型式及布置关系密切。站厅的布置有以下 4 种（见图 3-6)。

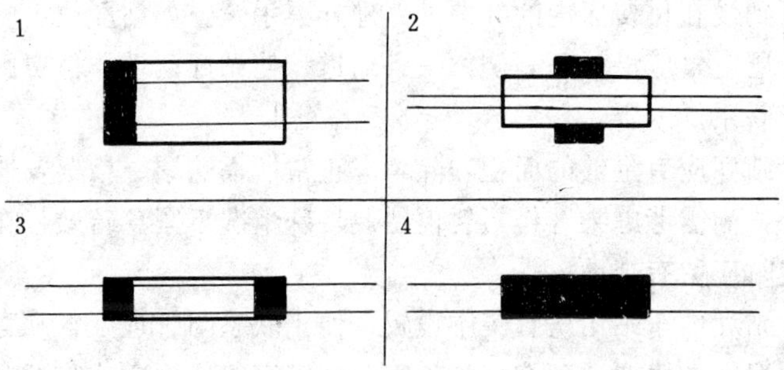

图 3-6 车站站厅布置示意图

1—站厅位于车站一端；2—站厅位于车站两侧；

3—站厅位于车站两端的上层或下层；4—站厅位于车站上层。

① 站厅位于车站一端——这种布置方式常用于终点站，且车站一端靠近城市主要道路的地面车站；

② 站厅位于车站两侧——这种布置方式常用于侧式车站，一般用于客流量不大的车站；

③ 站厅位于车站两端的上层或下层——这种布置方式常用于地下岛式车站及侧式车站站台的上层，高架车站站台的下层。客流量较大者多采用；

④ 站厅位于车站上层——这种布置方式常用于地下岛式车站及侧式车站。运用于客流量很大的车站。

根据车站运营及合理组织客流路线的需要，站厅划分成付费区及非付费区两大区域。付费区是指乘客需经购票、检票后方可进入的区域，然后到达站台。非付费区也称免费区或公用区，乘客可以在本区内自由通行。付费区与非付费区之间应分隔。付费区内设有通往站台层的楼梯、自动扶梯、补票处，在换乘车站，尚须设有通向另一车站的换乘通道。非付费区内设有售票、问询、公用电话等，必要时，可增设金融、邮电、服务业等机构。进、出站检票口应分设在付费区与非付费区之间的分界线上，其两者之间的距离应尽量远一些，以便分散客流，避免相互干扰拥挤。检票口处宜设监票亭，便于对乘客进行监督和检查。需要补票的乘客可到设在付费区内的补票处办理补票手续。如站厅位于整个车站上层时，应沿站厅一侧留一条通道，使站厅两端非付费区之间便于联系。

站厅应有足够的面积，除考虑正常所需购票、检票及通行面积外，尚需考虑乘客作短暂停留及特殊情况下紧急疏散，在面积确定时应留有余地。

站厅内车站用房宜集中设置，便于联系与管理，与乘客有联系的房间如售票、问询、站长室、公安室等应面向或临近非付费区。

(4) 站台设计

站台是供乘客上、下车及候车的场所。站台层布设有楼梯、自动扶梯及站内用房。当前各国地铁车站所采用的站台型式绝大多数为岛式站台与侧式站台两种。站台主要尺寸按下列方法确定。

① 站台长度

站台长度分为站台总长度及站台有效长度两种。站台总长度是根据站台层房间布置的位置以及需要由站台进入房门的位置而定，是指每侧站台的总长度。站台有效长度是指远期列车编组总长度与列车停站时的允许停车距离不准确值之和。站台有效长度也称为站台计算长度，它是供乘客上、下车的有效长度，也是列车停站位置。

② 站台宽度

站台宽度主要根据车站远期预测高峰小时客流量大小、列车运行间隔时间、结构横断面形式、站台型式、站房布置、楼梯及自动扶梯位置等因素综合考虑确定。

岛式站台，楼梯及自动扶梯沿站台中间纵向布置，两侧布设侧站台。侧站台是乘客上、下车及候车的场所，在站台有效长度范围内，其面积应不小于远期预测上行及下行高峰小时客流人数所需的面积。中间集散厅为通路，且布设有楼梯及自动扶梯，剩余面积不多，因此不作为上、下车及候车面积。

侧式站台，楼梯及自动扶梯、车站用房均可布置在站台有效长度范围以外，在此情况下，站台宽度应满足乘客上、下车，候车及进、出站通路所需面积要求。

为了保证车站安全运营和安全疏散的基本需要，我国《地下铁道设计规范》(GB 50157—92) 中规定了车站站台的最小宽度尺寸，见表 3-2。

③ 站台高度

站台高度是指线路走行轨顶面至站台地面的高度。站台实际高度是指线路走行轨下面底板面至站台地面的高度。站台高度的确定主要根据车厢地板面距轨顶面的高度而定。

表 3-2　车站站台最小宽度尺寸

<table>
<tr><th>车站站台型式</th><th>站台最小宽度/m</th><th>车站站台型式</th><th colspan="2">站台最小宽度/m</th></tr>
<tr><td>岛式站台</td><td>8.0</td><td rowspan="3">有柱侧式车站的侧站台</td><td>柱外站台</td><td>2．0</td></tr>
<tr><td>多跨岛式车站的侧站台</td><td>2.0</td><td>柱内站台</td><td>3．0</td></tr>
<tr><td>无柱侧式车站的侧站台</td><td>3.5</td><td></td><td></td></tr>
</table>

④ 站台层设计

站台有效长度范围内为乘客使用区域,这区域可划分成上、下车与候车区及疏散通路两部分，其设置与站台型式有关。岛式站台疏散通路设在中间，两侧作为乘客上、下车与候车区域；侧式站台内侧作为疏散通路，外侧是乘客上、下车与候车区域。上述布置方式可减少上、下车和候车乘客与进、出站客流之间的相互干扰和影响。布设在站台层与站厅层的楼梯与自动扶梯，如有多组时，其位置应使每组所承担的客流量大致相等。站台两端布设车站用房，其中大部分为技术设备用房。

⑤ 主要房间布置

由于各国地铁系统的组织管理体制不同，技术水平、设备设施方面存在着差异，因此车站内运营管理、技术设备用房的组成内容和面积定额也有所不同。有关行车、管理、技术用房的参考面积可参考相关资料。

四、地铁车站结构和构造

地铁车站，目前虽有各种大同小异的断面类型，但基本上可分为矩形、拱形、圆形等 3 种型式。在这 3 种形式中，我国使用最多为矩形和拱形。

1. 明挖法施工的车站结构和构造

明挖法施工的车站主要采用矩形框架结构或拱形结构。车站结构型式的选择应在满足功能要求的前提下,兼顾经济和美观,力图创造出与交通建筑相协调的气氛。

(1) 矩形框架结构

这是明挖车站中采用最多的一种型式，根据功能要求，可以设计成单层、双层、单跨、双跨或多层多跨等型式。侧式车站一般采用双跨结构；岛式车站多采用双跨或三跨结构。站台宽度≤10 m时站台区宜采用双跨结构，有时也采用单跨结构。在道路狭窄的地段修建地铁车站，也可采用上、下行线重叠的结构。图3-7为典型的矩形框架车站的横断面。

明挖地铁车站结构由底板、侧墙及顶板等围护结构和楼板、梁、柱及内墙等内部构件组合而成。它们主要用来承受施工和运营期间的内、外部荷载，提供地铁必须的使用空间，同时也是车

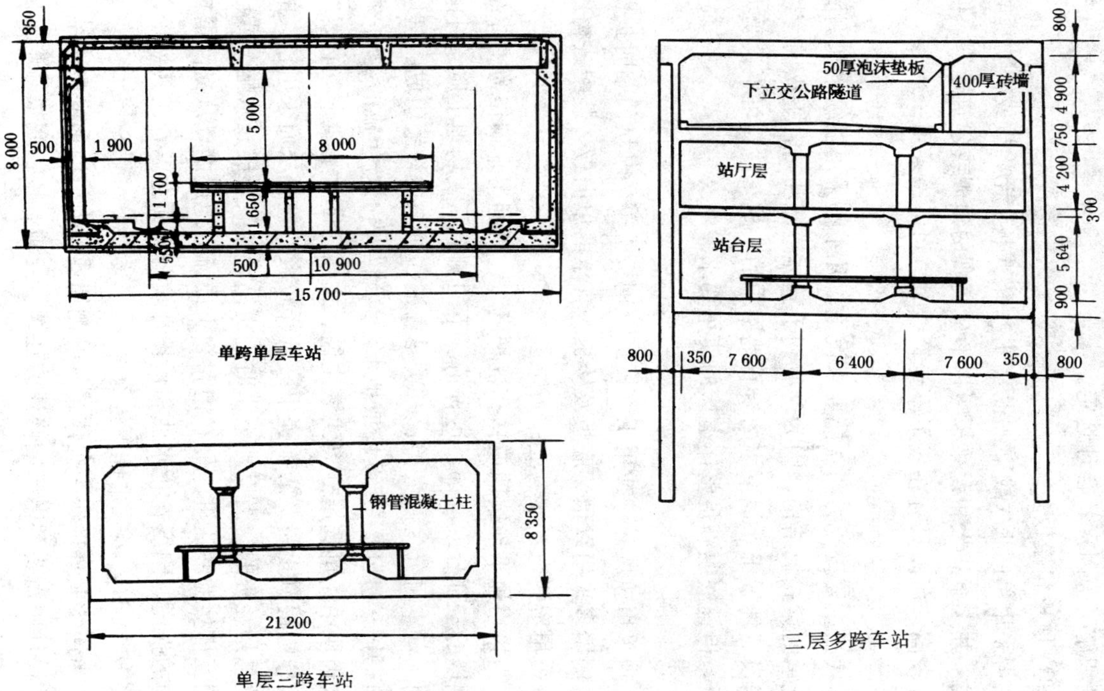

图 3-7　明挖矩形框架车站

站建筑造型的有机组成部分。构件的型式和尺寸将直接影响车站内部的使用空间和管线布置等，所以必须综合受力、使用、建筑、经济和施工等因素，合理选定。

① 顶板和楼板

可采用单向板（或梁式板）、井字梁式板、无梁板或密肋板等型式。井字梁式板和无梁板可以形成美观的顶棚或建筑造型，但造价较高，所以只有在板下不走管线时方可考虑采用。

② 底板

底板主要按受力和功能要求设置。几乎都采用以纵梁和侧墙为支承的梁式板结构，因为这有利于整体道床和站台下纵向管道的铺设。埋置于无地下水的岩石地层中的明挖车站，可不设受力底板，但铺底应满足整体道床的使用要求。

③ 侧墙

当采用放坡开挖或用工字钢桩、钢板桩等作基坑的临时护壁时，侧墙多采用以顶、底板及楼板为支承的单向板，装配式构件也可采用密肋板。

当采用地下连续墙或钻孔桩护壁时，可利用它们作为主体结构侧墙的一部分或全部。这种情况下的侧墙，视场地土质条件的不同，基本可分为两大类：一类是由灌注桩与内衬墙组成的桩墙结构，另一类是地下连续墙或地下连续墙与内衬墙组成的结构。在无水地层中，可选用分离式灌注桩；在保证桩间土稳定（必要时可施作喷混凝土层）的前提下，选择较大的桩径从而采用较大的桩距总是经济的。当有地下水时，可结合注浆形成止水帷幕或改用相互搭接的灌注桩。但在饱和软土或流砂地层中，从提高围护结构的强度、刚度、止水性和保护环境等方面考虑，尤其当挖深超过 10 m 时，多采用地下连续墙。

当连续墙直接作为主体结构的侧墙或与内衬墙形成整体结构时，设计中需要考虑先期修建的连续墙与顶、楼、底板等水平构件的连接。

④ 立柱

明挖车站的立柱一般采用钢筋混凝土结构，可采用方形、矩形、圆形或椭圆形等截面。按常规荷载设计的地铁车站站台区的柱距一般取 6～8 m。当车站与地面建筑合建或为特殊荷载控制设计，柱的设计荷载很大时，可采用钢管混凝土柱、劲性钢筋高强度混凝土柱。

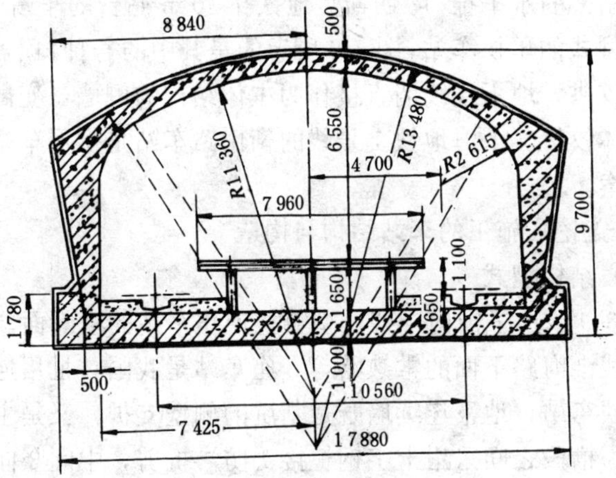

莫斯科地铁车站

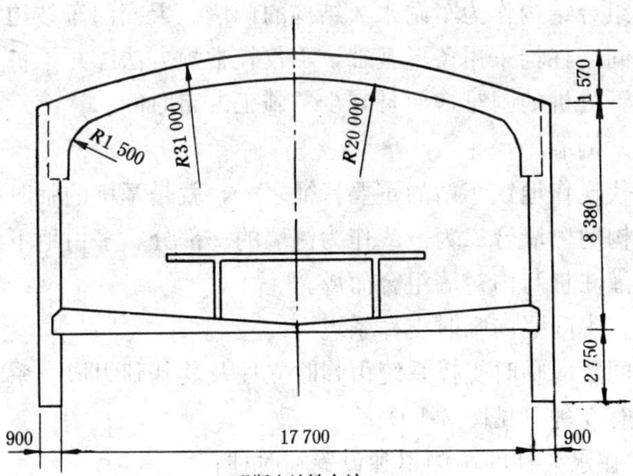

明斯克地铁车站

图 3-8　明挖拱形车站

(2) 拱形结构

一般用于站台宽度较窄的单跨单层或单跨双层车站，可以获得较好的建筑艺术效果。图 3-8 为莫斯科地铁在拱顶覆土较薄的车站中采用的一种断面型式。结构由具有拱形和平底板组成，墙脚与底板之间采用铰接，并在其外侧设有与底板整浇的挡墙，用以抵抗刚架的水平推力。明斯克地铁在 10 m 站台的车站中，采用了多种型式的单拱车站，图 3-8 所示的是其中的一种。顶盖为变截面的无铰拱，地下连续墙直接作为主体结构的侧墙，变截面的底板与墙体铰接。上海地铁 1 号线的衡山路车站是拱形车站的一种变化方案。

2. 盖挖法施工的车站结构与构造

(1) 结构型式

图 3-9 示出了国内一些典型盖挖逆作车站的横断面。上海地铁 1 号线淮海路下面的常熟路等 3 座车站是我国首批用逆作法施工的地铁车站，地下连续墙既是基坑的侧壁支护，又是主体结构的侧墙，槽段之间采用十字钢板接头防渗抗剪，中间竖向临时支撑系统采用 H 钢立柱和钢管打入桩基础。永安里站在我国首次采用桩墙组合结构作为车站永久结构的侧墙。天安门车站边墙灌注桩和中间立柱均采用条形基础，不仅较常规方法缩短了桩长，避免了水下成桩的困难，而且减少了施工占路时间。

(2) 侧墙

现代逆作地铁车站的重要特征之一，就是基坑的临时护壁与永久结构的侧墙合二为一或作为侧墙的一部分，多由地下连续墙或钻孔灌注桩与内衬墙组合而成。

(3) 中间竖向临时支撑系统

中间竖向临时支撑系统由临时立柱及其基础组成。系统的设置方法有 3 种（见图 3-10)：

① 在永久柱的两侧单独设置临时柱；

② 临时柱与永久柱合一；

③ 临时柱与永久柱合一，同时增设临时柱。

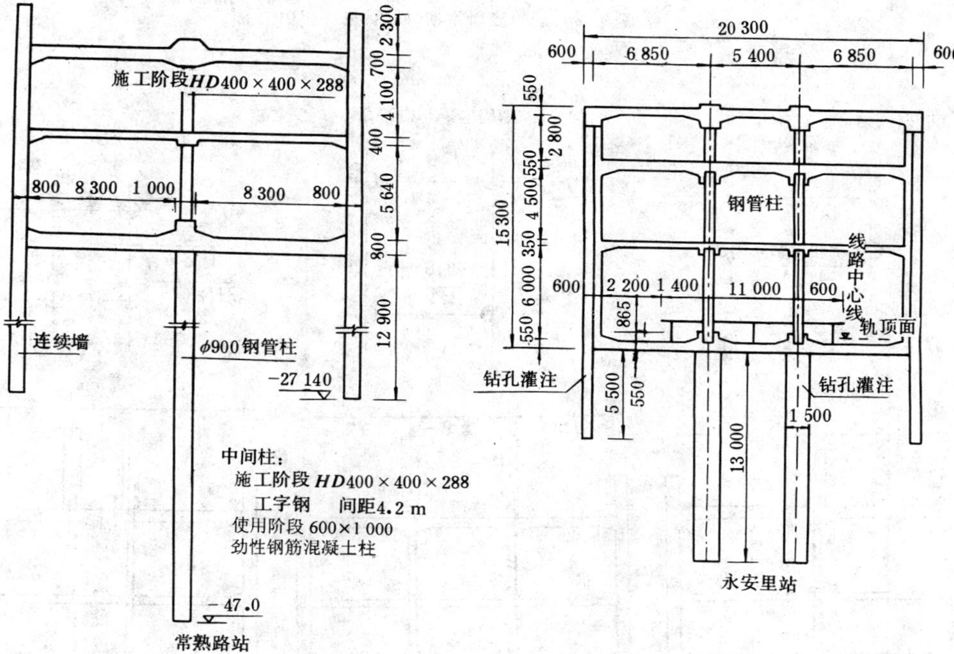
施工阶段HD400×400×288
800 8 300 1 000 8 300 800
2 300
700
4 100
400
5 640
800
12 900
连续墙
ϕ900钢管柱
-27 140
中间柱：
施工阶段HD400×400×288
工字钢 间距4.2 m
使用阶段600×1 000
劲性钢筋混凝土柱
-47.0
常熟路站
20 300
600 6 850 5 400 6 850 600
550
2 800
550
4 500
350
6 000
550
15 300
钢管柱
线路中心线
600 2 200 1 400 11 000 600
865
轨顶面
钻孔灌注
5 500
550
13 000
1 500
钻孔灌注
永安里站

图 3-9 逆作法车站

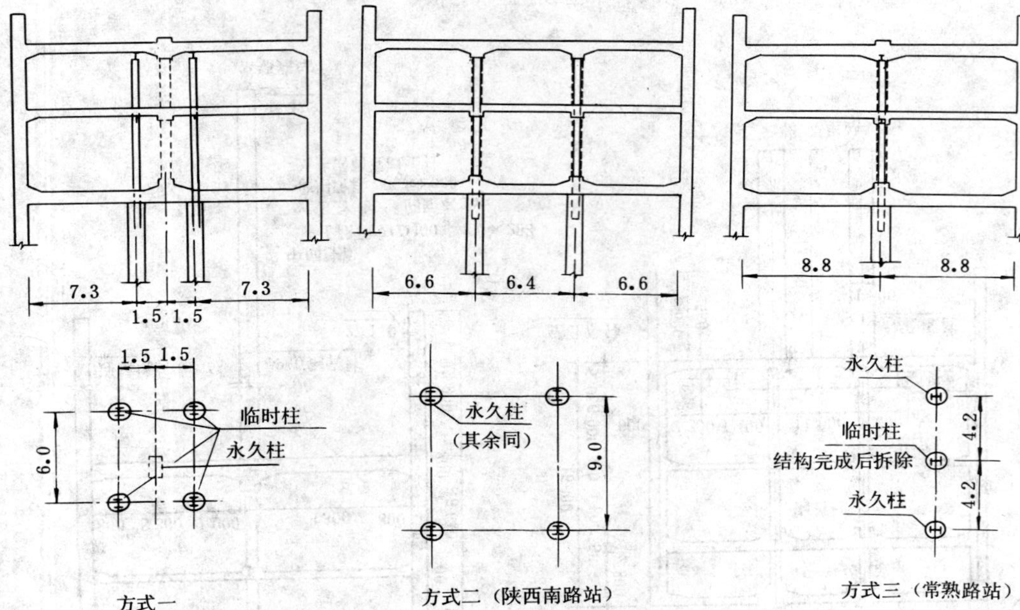

图 3-10　中间竖向临时支撑系统的设置方式

第一种方式多见于早期修建的逆作车站，临时立柱的布置及选型不受永久柱的制约，可以根据临时柱的承载能力灵活地调整其间距。优点是施工占路时间较短，且对临时柱施工精度的要求较低；但由于立柱的间距较密，构件较多，不仅给暗挖土方作业带来困难，而且还增加了作业程序。

第二种方式在施工顶板前需在永久柱部位修建临时柱，临时柱兼作永久柱或永久柱一部分。通常每根临时柱施工期间承受的竖向荷载高达 5 000～6 000 kN 或更大，为把荷载顺利地传给地基，并把地基沉降控制在结构变形允许范围之内，必须合理选定竖向临时支撑系统的型式、施工方法及施工机具，并严格控制施工精度。此种布置方式可以简化暗挖作业的施工程序，缩短工期并减少投资。随着施工技术水平的提高和施工机械的发展，目前已为大多数逆作法车站采用。

临时立柱的选型多采用钢管混凝土柱或 H 钢柱。H 钢柱与楼板梁的连接较简单，可作成宽度较窄的梁，且桩柱之间的空隙较大，利于工人操作。但钢材一般需进口，在强度、稳定性及柱下基础混凝土的浇注等方面也不如钢管柱，可用于柱下桩基直径较小时，例如与钢管桩配合使用。钢管混凝土柱可直接作为永久柱；H 钢柱则作为永久柱的劲性钢筋。

柱下基础可采用条基或桩基。条基是在施作中柱前，在车站柱底部位的暗挖小隧道内完成的，柱下基础采用最多的是灌注桩；其中扩底桩具有承载能力高、可提高施工效率和节约混凝土用量等优点。在某些情况下还可避免桩身通过含水地层带来的施工困难。当地层特别软弱，或为含水砂层、砂砾石等难以采用扩底桩时，可选用直桩；当成桩能力受到限制、灌注桩难以满足设计要求的承载能力时，可采用其他型式的桩，如钢管打入桩或异型桩等。

3. 矿山法施工的车站结构

矿山法施工的地铁车站，视地层条件、施工方法及其使用要求的不同，可采用单拱式车站、双拱式车站或三拱式车站，并根

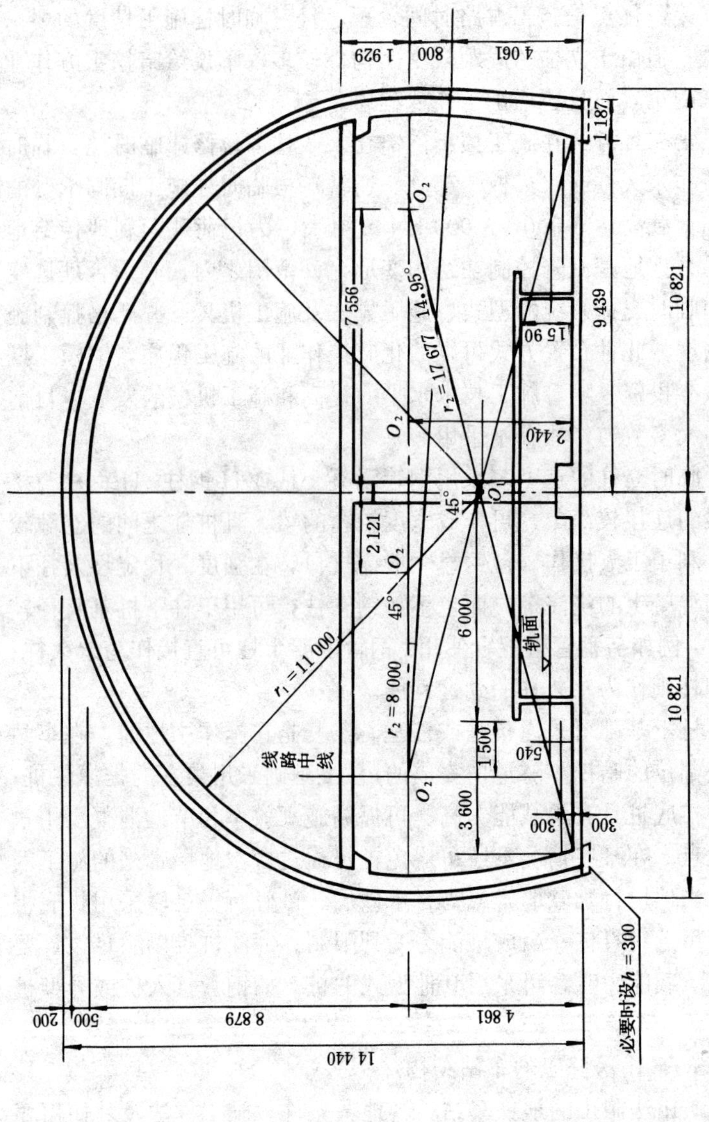

图 3-11 重庆朝沙线地下轻轨车站

据需要可作成单层或双层。此类车站的开挖断面一般为150～250 m^2，由于断面较大，开挖方法对洞室稳定、地面沉降和支护受力等有重大影响，在第四纪地层中开挖时常需采用辅助施工措施。

(1) 单拱车站隧道

这种结构型式由于可以获得宽敞的空间和宏伟的建筑效果，在岩石地层中采用较多：近年来国外在第四纪地层中也有采用的实例，但施工难度大、技术措施复杂，造价也高。

① 岩石地层中的单拱车站

图3-11示出重庆朝沙线地下轻轨车站的初步设计方案。隧道埋置于由泥岩、砂岩或砂、泥岩互层组成的Ⅳ～Ⅴ类围岩中，整体性较好，地下水不发育，地表建筑物较多。车站埋深一般为0.5 D～1.0 D (D为隧道开挖宽度)。拱、墙采用圆滑过渡的五心圆断面、平底板，复合式衬砌。初期支护为锚杆喷射混凝土结构，厚度150～200 mm，浅埋情况或埋深较浅且穿过高层建筑时，加钢筋格栅拱。二次衬砌采用厚度为450～500 mm的现浇钢筋混凝土。为避免先期浇注的二次衬砌对后浇楼板混凝土收缩的约束作用，楼板简支在边墙的牛腿上。

② 砂和软岩互层中的单拱车站隧道

图3-12为日本横滨地铁3号线三泽下街站和三泽上街站的横断面。车站最大开挖宽度为16.8 m，高11 m，开挖面积为146 m^2，拱顶覆盖层厚22.5 m，埋置于砂层和砂岩与泥岩的互层中，砂层中有承压水。隧道断面由同心圆组成，呈极端扁平的形态（扁平率 $H/B=0.65$)，采用复合式衬砌。初期支护为长3～4 m、间距1.2～1.5 m的预应力锚杆加厚度为250 mm的喷射混凝土，内设间距为1.0 m的钢拱架；二次衬砌为500 mm厚的现浇钢筋混凝土。采用双侧壁导坑分部开挖法施工，在地表设井点降低砂层中的承压水。

(2) 双拱车站隧道

双拱车站有两种基本型式，即双拱塔柱式和双拱立柱式。

① 双拱塔柱式车站

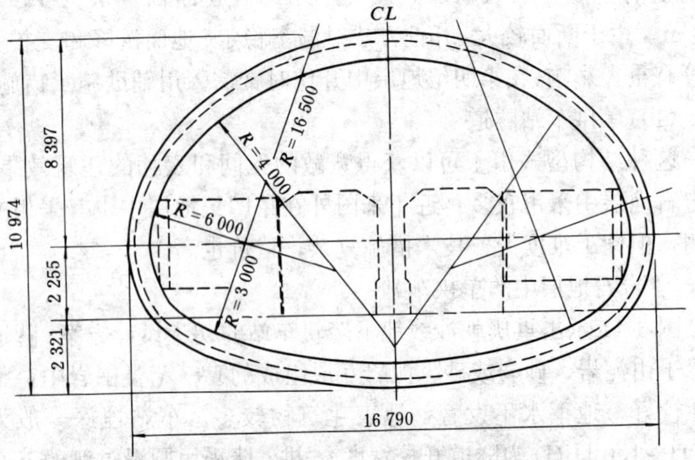

图 3-12　日本横滨地铁三泽下街车站

图 3-13 示出了青岛地铁拟建的国棉九厂站的横断面，该站埋置于坚硬完整的花岗岩地层中（局部有破碎带），无地下水，上覆岩石厚度 9～11 m，采用复合式衬砌。横通道净宽 4.5 m，中心间距 21～23 m。

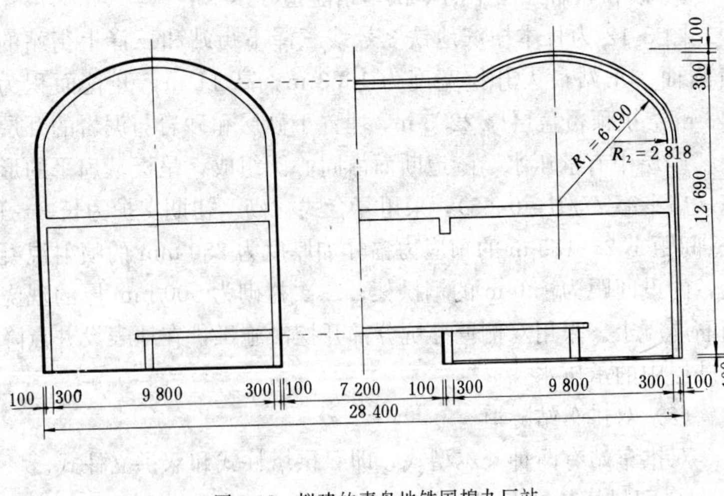

图 3-13　拟建的青岛地铁国棉九厂站

② 双拱立柱式车站

双拱立柱式车站早期多在石质较好的地层中采用，图 3-14 示出了纽约地铁车站的实例。随着新奥法的出现，这种型式近年来在岩石地层中已逐渐被单拱车站取代。单层双拱立柱式车站是前联邦德国一些城市地铁暗挖车站中用得较多的一种结构型式。这些车站大多埋置于软岩或松散土层中，且地下水位较高。一般人工降水后采用中洞法和侧洞法施工。前者先分部开挖中间导洞，施作初衬并浇注上、下纵梁及中柱，然后施工两侧隧道的剩余部分；后者先开挖一侧的隧道，施作初衬并浇注上、下纵梁、立柱及二衬。然后施工另一侧的隧道。无论采用何种施工方法，拱圈相交节点处的防水处理都是相当困难的。

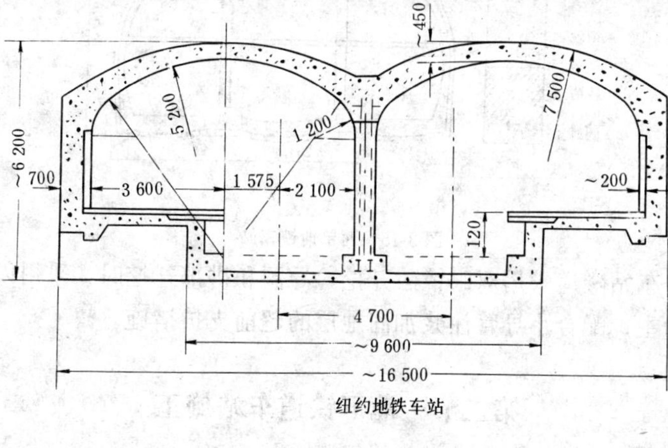

纽约地铁车站

图 3-14 双拱立柱车站实例

（3）三拱车站

三拱车站亦有塔柱式和立柱式两种基本型式，但三拱塔柱式车站现已很少采用，土层中大多采用三拱立柱式车站。

图 3-15 表示北京地铁复八线西单车站的横断面，为三拱两柱双层结构，宽 26.14 m，高 13.5 m，开挖面积 340 m²。隧道埋置于第四纪的永定河冲、洪积地层中，属 I 类围岩。表层为人工填土，拱顶穿过砂质粘土层，洞身为细砂及砂质粘土，底板坐落在圆砾

层上。上层滞水埋藏于地面以下 5～15 m，潜水位在底板底面附近。拱顶覆土 6 m，隧道顶部地层中埋设有多条地下管线。结构采用同心圆断面，复合式衬砌。初期支护以钢筋格栅为骨架，挂网喷射早强混凝土，二次衬砌为现浇钢筋混凝土。中层板采用整体现浇钢筋混凝土井字式板。顶梁为型钢和钢筋混凝土的组合梁，底梁为现浇钢筋混凝土结构。立柱采用纵向间距为 6 m 的ϕ800 mm 的钢管混凝土柱，内浇 C40 微膨胀混凝土。

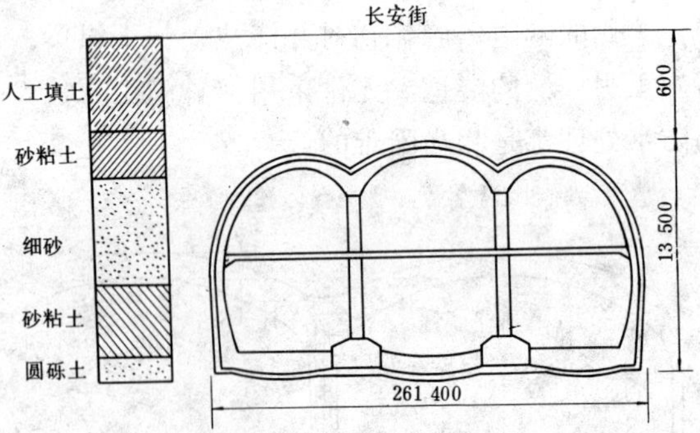

图 3-15　西单地铁车站

车站隧道采用双眼镜法开挖，导洞和拱部开挖时，采用以管棚为主、配合小导管注浆加固地层的超前支护措施。

第二节　地下铁道车站施工

地下铁道在城市中修建，其施工方法受地面建筑物、道路、城市交通、环境保护、施工机具以及资金条件等因素的影响特别大，因此施工方法的决定，不仅要从技术、经济、修建地区具体条件考虑，而且还要考虑施工方法对城市生活的影响。本节主要介绍明挖法和盖挖法，对于其他施工方法，如浅埋暗挖法仅作概略介绍。

一、明挖法施工

明挖法是修建地铁车站的常用施工方法，具有施工作业面多、速度快、工期短、易保证工程质量、工程造价低等优点，因此，在地面交通和环境条件允许的地方，应尽可能采用。

明挖法是先从地表面向下开挖基坑至设计标高，然后在基坑内的预定位置由下而上地建造主体结构及其防水措施，最后回填土并恢复路面。明挖法施工中的基坑可以分为敞口放坡基坑和有围护结构的基坑两类，在这两类基坑施工中，又采用不同的围护基坑边坡稳定的技术措施和围护结构，如下所示：

- 明挖法基坑类型
  - 敞口放坡基坑
    - 边坡面不加支护的基坑
    - 喷混凝土面和锚杆护坡基坑
  - 有围护结构的基坑
    - 工字钢桩围护基坑
    - 钢板桩围护基坑
    - 钻孔灌注桩围护基坑
    - 地下连续墙围护基坑
    - 土钉墙围护基坑
    - 复合式围护基坑

1. 敞口放坡基坑法

采用敞口放坡基坑法修建地下铁道隧道时，保证基坑边坡的稳定是非常重要的，否则，一旦边坡坍塌，不但地基受到振动，影响承载力，而且也影响周围地下管线、地面建筑物和交通安全。

基坑边坡坡度是直接影响基坑稳定的重要因素，当基坑边坡土体中的剪应力大于土体的抗剪强度时，边坡就会失稳坍塌。其次施工不当也会造成边坡失稳，主要表现如下：

① 没有按设计坡度进行边坡开挖。

② 基坑边坡坡顶堆放材料、土方以及运输机械车辆等增加附加荷载。

③ 基坑降排水措施不力。地下水未降至基底以下，而地面雨水、基坑周围地下给排水管线漏水渗流至基坑边坡的土层中，使土体湿化，土体自重加大，增加土体中的剪应力。

④ 基坑开挖后暴露时间过长，经风化而使土体变松散。

⑤ 基坑开挖过程中，未及时刷坡，甚至挖反坡，使土体失去稳定性。

为保持基坑边坡的稳定，可采取以下措施：

① 根据土层的物理力学性质确定基坑边坡坡度，并于不同土层处做成折线形或留置台阶；

② 必须做好基坑降排水和防洪工作，保持基底和边坡的干燥；

③ 基坑放坡坡度受到一定限制而采用围护结构又不大经济时，可采用坡面土钉、挂金属网喷混凝土或抹水泥砂浆护面；

④ 严格控制基坑边坡坡顶 1～2 m 范围堆放材料、土方和其他重物以及较大的机械等荷载；

⑤ 基坑开挖过程中，随挖随刷边坡，不得挖反坡；

⑥ 暴露时间在 1 年以上的基坑，一般应采取护坡措施。

2. 具有围护结构的基坑

由上述可知，目前，地下铁道明挖基坑所采用的围护结构种类很多，其施工方法、工艺和所用的施工机械也各异，因此，应根据基坑深度、工程地质和水文地质条件、地面环境条件等，特别要考虑到城市施工这一特点，经综合比较后确定。

(1) 钢板桩围护结构

钢板桩强度高，桩与桩之间的连接紧密，隔水效果好，可多次倒用。因此，沿海城市如上海、天津等地修建地下铁道时，在地下水位较高的基坑中采用较多。

钢板桩常用断面型式，多为 U 形或 Z 形。我国地下铁道施工中多用 U 形钢板桩，其沉放和拔除方法、使用的机械均与工字钢桩相同，但其构成方法则可分为单层钢板桩围堰、双层钢板桩围堰及屏幕等。由于地下铁道施工时基坑较深，为保证其垂直度又方便施工，并使其能封闭合拢，多采用屏幕式构造，见图 3-16。

(2) 钻孔灌注桩围护结构

钻孔灌注桩一般采用机械成孔。地下铁道明挖基坑中所用的成孔机械，多为螺旋钻机和冲击式钻机。正反循环钻机，由于采用泥浆护壁成孔，故成孔时噪声低，适于城区施工，在地下铁道基坑和高层建筑深基坑施工中得到广泛应用。

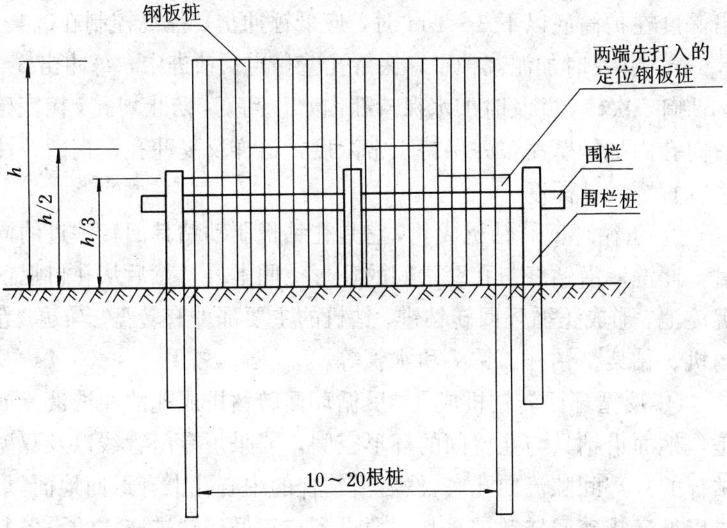

图 3-16　钢板桩围护结构

① 螺旋钻机成孔。螺旋钻机分长螺旋钻机和短螺旋钻机两种，由于地质条件限制，长螺旋钻机应用较广。短螺旋钻机，由于钻进中挤入钻杆叶片间的土，要把钻头提升到地面后反转甩出，因反复钻进和提升，孔壁扰动后易于坍塌，在粘性土中较为适用，其他软土地层，则受到一定限制。

长螺旋钻机钻孔直径一般为ϕ300～ϕ800mm，钻深可达25m；而短螺旋钻机钻孔直径一般为 ϕ400～ϕ500 mm，钻深可达 35 m。

螺旋钻机一般只适宜于干作业钻进。但在 80 年代末，我国在 PIP 桩的基础上，稍加改进，试验成功了钻孔压浆成桩法。其施工程序为：钻孔至孔底，随压浆随提升钻杆，吊放钢筋笼后并灌注石子，以形成钢筋混凝土桩。此种钻孔方法，因随提钻随压水泥（砂）浆护壁，解决了螺旋钻机水中钻进问题。

② 钢丝绳冲击钻机成孔。利用悬吊着的钻头的冲击力，将钻孔内的土或岩层冲碎，并采用泥浆护壁，通过捞碴将钻孔内的大部分泥土清出孔外。其操作要点为：钻孔前，先在孔口处埋设护筒，然后使钻机就位，并使钻头中心对准护筒中心；钻进过程中当深度在护筒底以下 3～4 m 时，应低锤冲击，锤高控制在0.4～0.6 m，并及时加泥浆护壁，保持孔壁稳定；钻进中，每冲击 3～4 m 掏一次碴，并及时加水保持孔内水位高度，防止坍孔。掏完碴后向孔内加护壁泥浆并保持正常浓度，这样反复冲孔、掏碴、注浆，直至设计深度。

③ 正循环回转钻机成孔，它是在钻机驱动钻具回转钻进的同时，冲洗液沿钻杆与孔壁之间的环形空间上升，然后从孔口返回沉淀池，形成正循环回转钻进。钻机的主要部件有转盘、马达、卷扬机、钻架、钻杆、钻头和水管等。

④ 反循环回转钻机成孔。反循环回转钻机成孔的冲洗液流向是从地面沿钻具与孔壁间的环形空间，或采用专门管线以及双壁钻杆的外环间隙流向孔底，然后沿钻杆的中心孔上升返回地面，形成反循环排碴回转钻进。其主要设备与正循环钻进成孔的设备基本相同，但一般不需要泥浆泵，按吸升泥浆和排碴方法不同，需配置吸泥泵与真空泵或空气吸泥机和水力吸泥机等。

反循环钻孔，一般有压缩空气、泵举和泵吸反循环法 3 种，施工中可根据具体情况选用。

(3) 地下连续墙围护结构

在基坑深、地质条件差、地下水位高时，一般都需要采用地下连续墙作为基坑的围护结构；当条件适宜时，常常配合土层锚杆或横撑一并使用，由于地下连续墙的内容较多，故需另外阐述。

(4) 土钉墙围护结构

土钉就是置于基坑边坡土体中，以较密间距排列的细长金属杆。土钉依靠它与土体接触面上的粘结力或摩擦力，与其周围土体形成一个有自承能力的挡土墙体系，承受未加土钉土体施加的侧压力，以保持基坑边坡的整体稳定性。

这种围护结构，近年来在北京、广州、深圳等城市的高层建筑深基坑中采用较多，在北京地下铁道西客站预埋区间隧道的明挖基坑中也已采用，取得较好的效果。土钉墙的施工流程如图 3-17 所示。

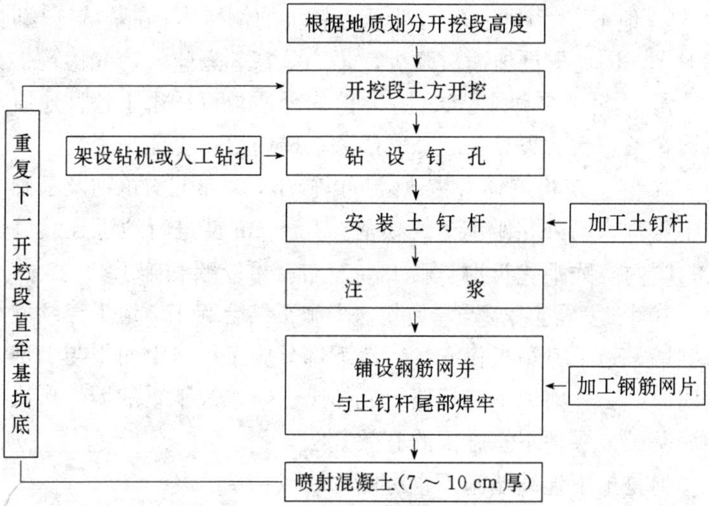

图 3-17　土钉墙的施工流程

3. 地下连续墙施工

地下连续墙又称地下连续壁或连续地中壁。该技术起源于欧洲，它是根据打井和石油钻井所用膨润土泥浆护壁以及水下混凝土施工方法的应用而发展起来的。1950 年前后开始应用于工程，当时以法国和意大利用得最多，随后推广到欧美各国。1959 年日本开始应用该技术，并于 1961 年在日本地铁 4 号线采用。1958 年我国水电部将该技术用于青岛月子库水坝防渗墙工程，由于地下连续墙具有挡土、防水抗渗及承重等功能，目前地下连续墙在建筑物地下基础、深基坑支护结构、地下车库、地下铁道、地下城泵站、地下电站、水坝防渗墙等方面得到广泛应用。

(1) 地下连续墙的优缺点

地下连续墙有以下优点：

① 施工时振动小，噪音低，“公害”较少，在城市施工易于推

广。

② 防水抗渗性能好。近年来改进了地下连续墙的接头构造，提高了地下连续墙的防渗性能，除特殊情况外，施工时不需降低地下水位。

③ 地下连续墙刚度大，能承受较大的侧压力，在基坑开挖时，变形小，因而周围地面沉降少，不会危害邻近建筑物或构筑物。

④ 适用于多种地基条件，除溶岩地质外可适用于各种地质条件，在承压水头很高的砂砾石层采取措施后，也能采用。

⑤ 在建筑构筑物密集地区可以施工，对邻近构筑物及基础不产生影响，国外在距离建筑物基础几十 cm 就进行地下连续墙施工，国内实践距建筑物基础 1 m 左右就可以顺利施工。

⑥ 将地下连续墙与“逆筑法”施工结合起来。地下连续墙为基础墙，地下室梁板作支撑，地下部分施工可自上而下与上部建筑同时施工。将地下连续墙筑成挡土、防水及承重的墙，形成一种深基础多层地下室施工的有效方法。

但是地下连续墙施工也有以下缺点：

① 施工完后对废泥浆要进行处理，管理不善时会造成现场泥泞，同时还会对地基及地下水造成污染；

② 墙面虽可保证垂直度，但比较粗糙，尚须加工处理后作衬壁；

③ 只作挡土抗渗用则造价较贵，如能挡土、防水抗渗及承重，则造价将降低。

(2) 施工工艺流程

施工工艺流程参见图 3-18。

(3) 导墙

① 导墙的作用

(a) 挡土作用

在挖掘地下连续墙沟槽时，接近地表土松软容易坍陷，而泥浆不能起到护壁作用，因此在单元槽段挖完之前，导墙起挡土墙作用。

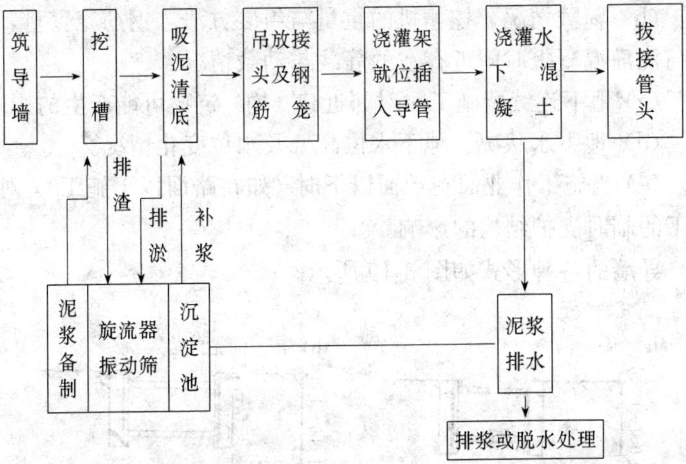

图 3-18　连续墙施工工艺流程

(b) 测量基准作用

导墙规定了沟槽位置，划分单元槽段的地段，作为测量挖槽标高、垂直度和精度的基准。

(c) 承重物的支承作用

导墙既是挖槽机械轨道的支承，又是钢筋笼接头管等搁置的支点，有时还承受其他施工设备的荷载。

(d) 存蓄泥浆作用

导墙可存蓄泥浆，稳定槽内泥浆液面。泥浆液面始终保持在导墙面以下 20 cm，并高出地下水位 1 m，以稳定槽壁。

(e) 其他作用

导墙还可防止泥浆漏失，阻止雨水等地面水流入槽内；地下连续墙距现有建筑物很近时，在施工时还起到一定的补强作用。

② 导墙的形式

导墙一般为现浇钢筋混凝土结构，应具有必要的强度、刚度和精度，要满足挖槽机械的施工要求。在确定导墙形式时应考虑下列因素：

(a) 地表层土的特性。表层土体的密实、松散，是否回填土，其物理力学性能，有无地下埋设物等。

(b) 荷载情况。挖槽机的重量与组装方法，钢筋笼重量，挖槽与浇灌混凝土时附近存在的静载与动载情况。

(c) 地下连续墙施工时对邻近建（构）筑物可能产生的影响。

(d) 地下水状况。地下水位高低及水位变化情况。

(e) 当施工作业面在地面以下时（如在路面以下施工），对先施工的临时支护结构的影响。

导墙的各种形式如图 3-19 所示。

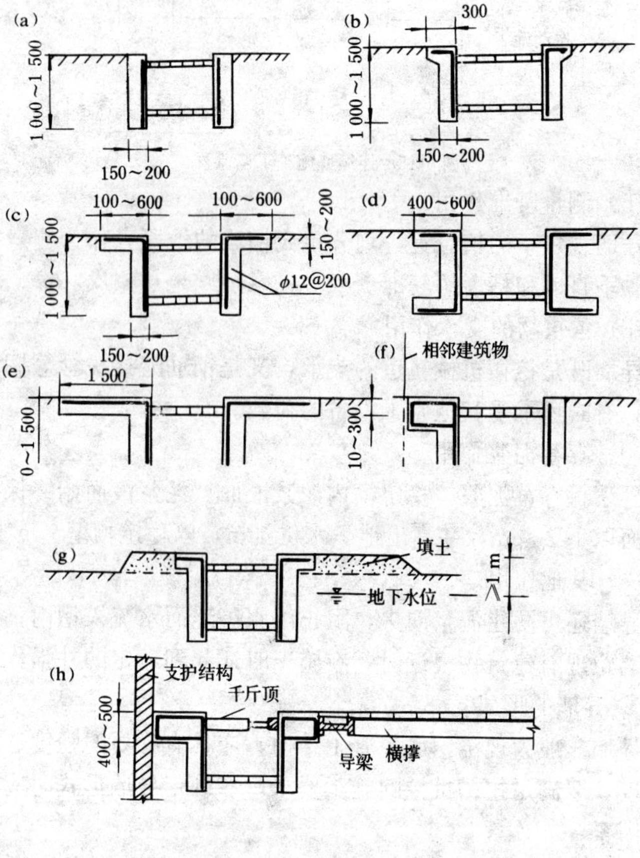

图 3-19　导墙的形式

图 (a)、(b) 断面最简单，它适用于表层土质良好和导墙上荷载较小的情况。图（c）、（d）为应用较多的两种，适用于表层土为杂填土、软粘土等承载能力较弱的土层，因而将导墙做成倒“L”形或“][”形。图（e）适用于作用在导墙上荷载很大的情况，可根据荷载，计算其伸出部分的长度。图（f）适用于相邻建筑物一侧的一肢加强，以保护建（构）筑物。图（g）适用于地下水位高，须将导墙提高，以保持泥浆面距水位 1 m，导墙提高后两边要填土找平。图（h）适用于施工作业面在地下（如在路面以下时）。导墙需要支撑已施工结构，作为临时结构时支承的水平导梁。

③ 导墙施工

导墙施工顺序为：平整场地→测量定位→挖槽→绑钢筋→支模板（一侧利用土模，一侧用模板）支对撑→浇筑混凝土→拆模板加横撑→整理两侧土方（空隙填满夯实）。

导墙施工要点为：

（a）导墙基底应和底面密贴，墙侧回填土用粘性土夯实；

（b）导墙中心位置即地下连续墙的中心，在平面上必须按测量位置施工，在竖向必须保证垂直，它直接关系到地下连续墙的精度；

（c）导墙的转角处形式做成如图 3-20 的平面形式，以保证转角处断面的完整；

（d）导墙内水平钢筋必须相互连接成整体。

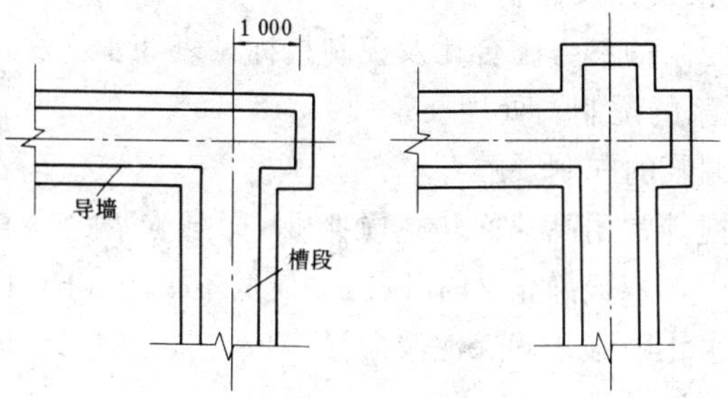

图 3-20　导墙转角形式

（4）泥浆

① 泥浆的作用

泥浆在地下连续墙挖槽过程中的作用首先是护壁，其次是携碴，再就是冷却机具和切土滑润。故泥浆的正确使用是保证挖槽成槽的关键。

(a) 泥浆的护壁作用

泥浆具有一定的密度，如槽内泥浆液面高出地下水位一定高度，泥浆在槽内对槽壁产生一定的静水压力，可抵抗作用在槽壁上侧土压力和水压力，相当于一种液体支撑，可以防止槽壁倒坍和剥落，并防止地下水渗入。此外，泥浆在槽壁上会形成一层透水性很低的泥皮，泥浆的静水压力就有效地作用在槽壁上，泥浆还从槽壁表面向土层内渗透，达到一定范围，泥浆就粘附在土颗粒上。这种粘附作用可减少槽壁的透水性，并防止槽壁塌坍。

(b) 泥浆的携碴作用

泥浆具有一定粘度，能将钻头式挖槽机挖槽时挖下的土碴悬浮起来，便于土碴随同泥浆排出槽外，并避免土碴沉积在工作面影响挖槽。

(c) 泥浆的冷却和滑润作用

冲击式或钻头式挖槽机在泥浆中挖槽，泥浆可作冷却剂以降低因冲击或回转而引起的机具温度的升高，亦可作钻具的滑润剂以减少机具磨损，延长机械寿命，提高挖槽效率。

② 泥浆成分及控制指标

常用泥浆的参考配合比及控制指标见表 3-3 及表 3-4。

③ 泥浆的配制、处理及管理

(a) 泥浆的配制及贮存

泥浆搅拌常用高速回转式搅拌机（即螺旋浆式），拌好的泥浆在贮浆池内，一般静止 24 h 以上，最低不少于 3 h，以便膨润土颗粒充分水化膨胀，确保泥浆质量。

(b) 泥浆处理

在地下连续墙施工过程中，泥浆要与地下水、砂、土、混凝土接触，膨润土、掺合料等成分会有所消耗，且混入一些土碴和

表 3-3　泥浆配合比（%）

土　质	膨润土	酸性陶土	纯粘土	CMC	纯碱	分散剂	水	备　注
粘土	6～8	—	—	0～0.2	—	0～0.5	100	
砂	6～8	—	—	0～0.5	—	0～0.5	100	
砂砾	8～12	—	—	0.05～0.1	—	0～0.5	100	掺防漏剂
软土	—	8～10	—	0.05	4		100	上海基础公司用
粉质粘土	6～8	—	—	—	0.5～0.7		100	
粉质粘土	1.65	—	8～20	—	0.03		100	半自成泥浆
粉质粘土	—	—	12	0.15	0.03		100	半自动泥浆

注：1. CMC（即钠羧甲基纤维素）配成 1.5%溶液用；

2. 分散剂常用的有碳酸钠三（聚）磷酸钠。

表 3-4　泥浆性能指标

目次	项目	性能指标		检验方法
		一般土层	软土层	
1	相对密度	1.04～1.25	1.05～1.25	泥浆比重秤
2	粘度	18～22 S	18～25 S	500 ml/700 ml 漏斗法
3	含砂率	<4%～8%	<4%	含砂仪
4	胶体率	≥95%	<98%	100 ml 量杯法
5	失水量	<30 ml/30 min	<30 ml/30 min	失水量仪
6	泥皮厚度	1.5～3.0 mm/30 min	1～3.0 mm/30 min	失水量仪
7	静切力 1 min 10 min	10～25 mg/cm²	20～30 mg/cm² 50～100 mg/cm²	静切力测量仪
8	稳定性	<0.5 g/cm²	≤0.02 g/cm²	500 ml 量筒或稳定计
9	pH 值	<10	7～9	pH 试纸

注：1. 表中上限为新制泥浆，下限为循环泥浆；

2. 当采用反循环排碴和冲抓钻成孔以及在粘性土层钻进时，亦可只考虑相对密度、粘度、胶体率三项指标。

电解质离子等，使泥浆受到污染而质量恶化。泥浆的恶化程度与挖槽方法特别有关，如用钻抓法挖槽，大量土碴由抓斗直接抓出装车运走，泥浆污染程度小，如用反循环的多头钻成槽则污染大。被污染性质恶化的泥浆，经过处理后仍可重复使用，在污染严重难以处理或处理不经济时则舍弃。

(5) 挖槽

挖槽是地下连续墙的主要工序，提高挖槽施工效率是缩短工期的关键。挖槽的精度，又是保证地下连续墙的质量关键之一，因此挖槽很重要。

① 挖槽机械

地下连续墙施工挖槽机械是在地面操作，穿过泥浆向地下深处开挖一条预定断面槽深的工程机械。由于地质条件不同，断面深度不同，技术要求不同，应根据不同要求选择合适的挖槽机械。

目前我国在施工中应用较多的是吊索式或导杆式抓斗（蚌式）机、钻抓斗式挖槽机和多头钻机。关于各种挖槽机械的性能及适用范围可参见其他文献。

② 单元槽段划分

槽段的划分就是确定单元槽段的长度，它既是进行一次挖掘的长度，也是一次浇筑混凝土的长度。单元槽段愈长，接头愈少，可提高墙体的整体性和截水、防渗功能并提高工效。但是要结合以下条件综合考虑确定其长度。

(a) 地质条件对槽段壁面稳定性的影响。当地层不稳定时，为防止槽壁倒坍，应减少槽段的长度，以缩短成槽时间。

(b) 对相邻建筑物的影响。当附近有高大建筑物或地面有较大荷载时，为了保证槽壁的稳定应缩短槽段长度，以缩短槽壁暴露时间。

(c) 槽段最小长度，不得小于挖槽机械工作装置的长度。

(d) 由于钢筋笼是整体吊装，因此其尺寸、大小、重量多少，应结合现场起重机械能力考虑。

(e) 混凝土的供应能力。一般每个单元槽段内的混凝土宜在 4 h 内浇筑完毕。

(f) 泥浆储备池的容量。一般泥浆储备池的容量应不小于每个单元槽段容量的 2 倍。

(g) 作业面和连续作业时间

通常单元槽段可采用 2～4 个挖掘最小长度，一般可为 4～8 m。但最后封闭槽段应采用 2 个挖掘单元组成。

③ 槽段开挖

(a) 钻抓式挖槽机开挖

钻抓式挖槽机挖槽时，采用两孔一抓施工工艺。预先在每一个挖掘单元的两端先用潜水钻机钻两个直径与槽段宽度相同的垂直导孔，然后用导板抓斗依次挖除导孔之间的土体使之形成槽段。导孔位置必须准确垂直，以保证槽段质量。钻抓式挖槽机挖槽见图 3-21。

(b) 多头钻成槽机开挖

多头钻成槽机属无杆钻机，一般由组合多头钻机（由 4～5 台潜水钻组成）、机架和底座组成。钻头采取对称布置正反向回转，使扭矩相互抵消，旋转切削土体成槽，其施工示意图见图 3-22。掘削的泥土混在泥浆中，以反循环方式排出槽外，一次下钻形成有效长 1.3～2 m 的圆形掘削单元。排泥采用专用潜水砂石泵或空气吸泥机，不断将吸泥管内泥浆排出。下钻时应使吊索处于张力状态，保持钻机头适当压力，引导机头垂直成槽。下钻速度取决于泥碴排出能力和土质硬度，应注意下钻速度均匀，一般采用吸力泵排泥，下钻速度 9.6 m/h。采用空气吸泥法及砂石泵排泥，下钻速度 5 m/h 左右。

④ 清槽

为了给下道工序（如安装接头管、钢筋笼、浇筑混凝土）提供良好条件，确保墙体质量，应对残留在槽底的土碴、杂物进行清除。

清槽方法一般采用吸水泵、空气压缩机和潜水泥浆泵等排碴方法，如图 3-23 (a)、(b)、(c) 所示，当下钢筋笼后清槽则可利用混凝土导管压清水或稀泥浆清槽，如图 3-23 (d) 所示。

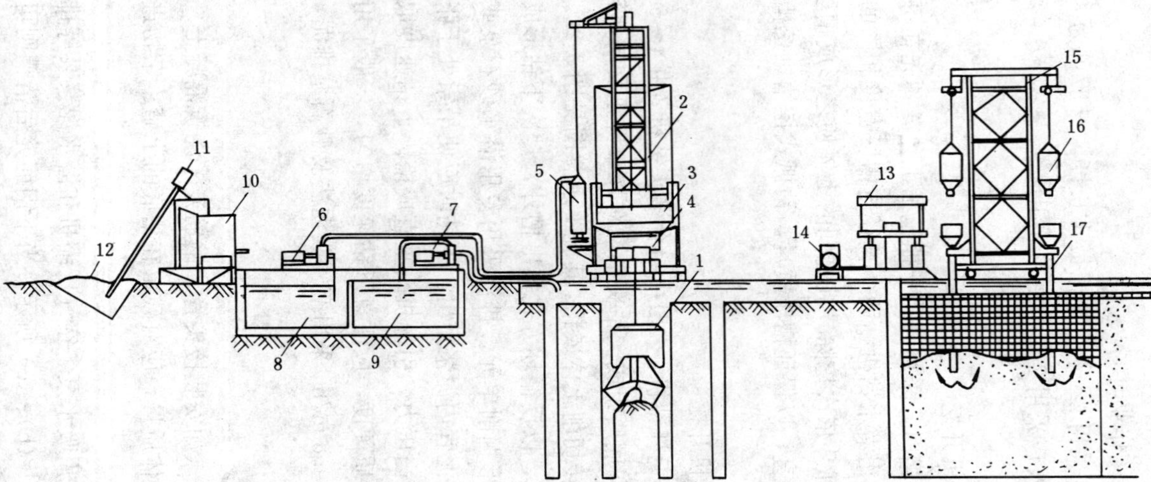

图 3-21　地下连续墙用钻抓成槽机施工时的工艺布置

1—导板抓斗；2—机架；3—出土滑槽；4—翻斗车；5—潜水电钻；6、7—吸泥泵；8—泥浆池；9—泥浆沉淀池；10—泥浆搅拌机；11—螺旋输送机；12—膨润土；13—接头管顶升架；14—油泵车；15—混凝土浇灌机；16—混凝土吊斗；17—混凝土导管。

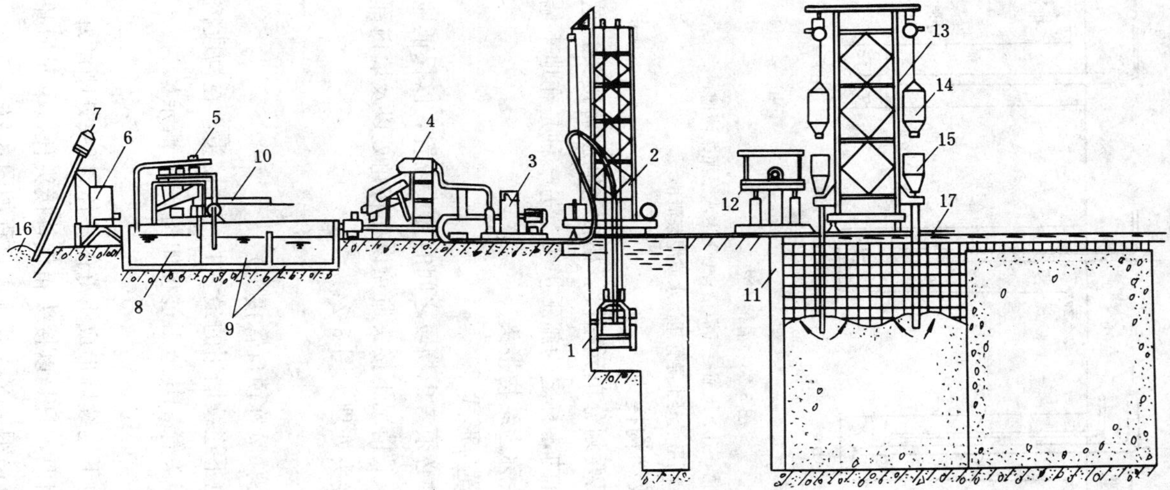

图 3-22　多头钻施工地下连续墙时的工艺布置

1—多头钻；2—机架；3—吸泥泵；4—振动筛；5—水力旋流器；6—泥浆搅拌机；7—螺旋输送机；8—泥浆池；9—泥浆沉淀池；10—补浆用输浆管；11—接头管；12—接头管顶升架；13—混凝土浇灌机；14—混凝土吊斗；15—混凝土导管上的料斗；16—膨润土；17—轨道。

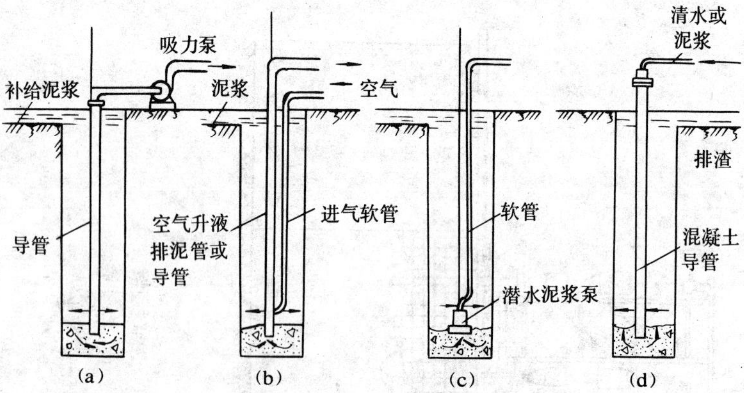

图 3-23　清槽方法

(a) 吸力泵清槽；(b) 压缩空气清槽；(c) 潜水泵泥浆清槽；

(d) 利用混凝土导管压清水或泥浆清槽。

(6) 槽段接头及结构接头

地下连续墙施工要划分单元槽段，槽段之间就有接头，这种接头是施工时必须有的，称之为施工接头。另一种是在地下墙完成后与梁板柱的接头称为结构接头。

① 槽段接头位置与形式

划分单元槽段时必须考虑槽段之间的接头位置，以保证地下连续墙的整体性。一般情况下接头避免设在转角处以及墙内部结构的连接处，常用接头处理见图 3-24。

② 接头构造

(a) 接头管接头（又称锁口管接头）

接头管接头是地下连续墙用的最多的一种接头，在槽段挖好后在槽段两端吊入接头管，其施工过程如图 3-25 所示。

(b) 接头箱接头

接头箱接头使地下连续墙形成更好的整体，接头处刚度好。接头箱与接头管施工相似，只是以接头箱代替接头管，单元槽开挖成后，吊接头箱，再吊钢筋笼。其施工过程如图 3-26。

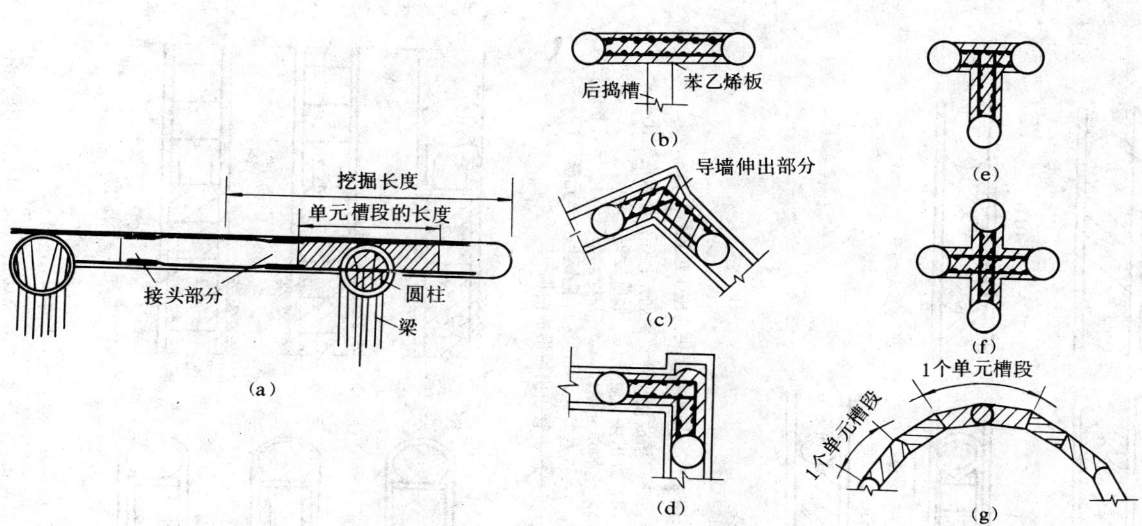

图 3-24　地下连续墙接头处理

(a) 接头部分设在柱与柱之间；

(b) 接头设在与内部结构连接以外，预留插筋，用苯乙烯板覆盖；

(c)、(d) 接头设在拐角以外，拐角使用整体钢筋笼；

(e)、(f) 接头设在丁字和十字连接以外，连接处用整体钢筋笼；

(g) 圆形、多边形结构连接。

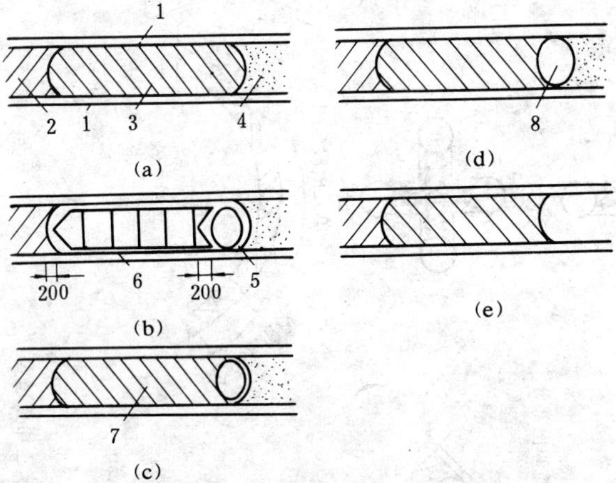

图 3-25　接头管接头的施工过程

(a) 开挖槽段；(b) 吊放接头管和钢筋笼；(c) 浇筑混凝土；
(d) 拔出接头管；(e) 形成接头。
1—导墙；2—已浇筑混凝土的单元槽段；3—开挖的槽段；4—未开挖的槽段；
5—接头管；6—钢筋笼；7—正浇筑混凝土的单元槽段；
8—接头管拔出后形成的圆孔。

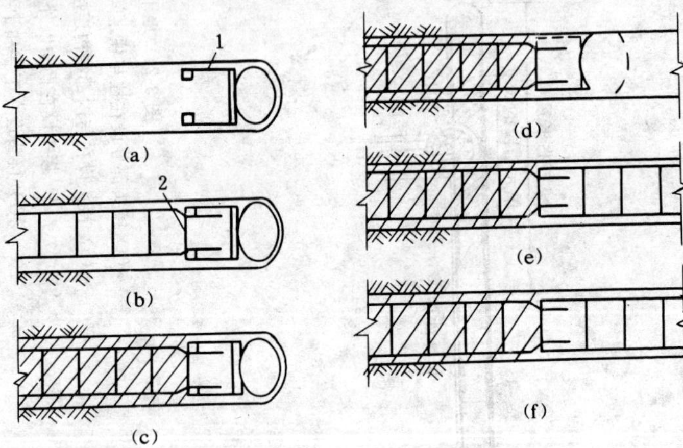

图 3-26　接头箱接头的施工过程

(a) 插入接头箱；(b) 吊放钢筋笼；(c) 浇筑混凝土；(d) 吊出接头箱；
(e) 吊放后一个槽段的钢筋笼；(f) 浇筑后一个槽段的混凝土形成整体接头。
1—接头箱；2—焊在钢筋笼端部的钢板。

二、盖挖法施工

按其主体结构的施工顺序，盖挖法可分为盖挖顺作法、盖挖逆作法、盖挖半逆作法。

1. 盖挖顺作法

在路面交通不能长期中断的道路下修建地下铁道车站时，则可采用盖挖顺作法，该方法系于现有道路上，按所需宽度，由地表面完成挡土结构后，以定型的预制标准覆盖结构（包括纵、横梁和路面板）置于挡土结构上维持交通，往下反复进行开挖和加设横撑，直至设计标高。依序由下而上建筑主体结构和防水措施，回填土并恢复管线路或埋设新的管线路。最后，视需要拆除挡土结构的外露部分及恢复道路，见图 3-27。

盖挖顺作法主要依赖坚固的挡土结构，根据现场条件、地下水位高低、开挖深度以及周围建筑物的临近程度，可以选择钢筋混凝土钻（挖）孔灌注桩或地下连续墙。对于饱和的软弱地层，应以刚度大、止水性能好的地下连续墙为首选方案。随着施工技术的不断进步，工程质量和精度更易于掌握，故现在盖挖顺作法中的挡上结构常用来作为主体结构边墙体的一部分或全部。

如开挖宽度很大，为了缩短横撑的自由长度，防止横撑失稳，并承受横撑倾斜时产生的垂直分力以及行驶于覆盖结构上的车辆荷载和吊挂于覆盖结构下的管线重量，经常需要在建造挡土结构的同时建造中间桩柱以支承横撑。中间桩柱可以是钢筋混凝土的钻（挖）孔灌注桩，也可以采用预制的打入桩（钢或钢筋混凝土的）。中间桩柱一般为临时性结构，在主体结构完成时将其拆除。为了增加中间桩柱的承载力或减少其入土深度，可以采用底部扩孔桩或挤扩桩。

定型的预制覆盖结构一般由型钢纵、横梁和钢—混凝土复合路面板组成。路面板通常厚 200 mm、宽 300～500 mm、长1 500～2 000 mm。为便于安装和拆卸，路面板上均设有吊装孔。

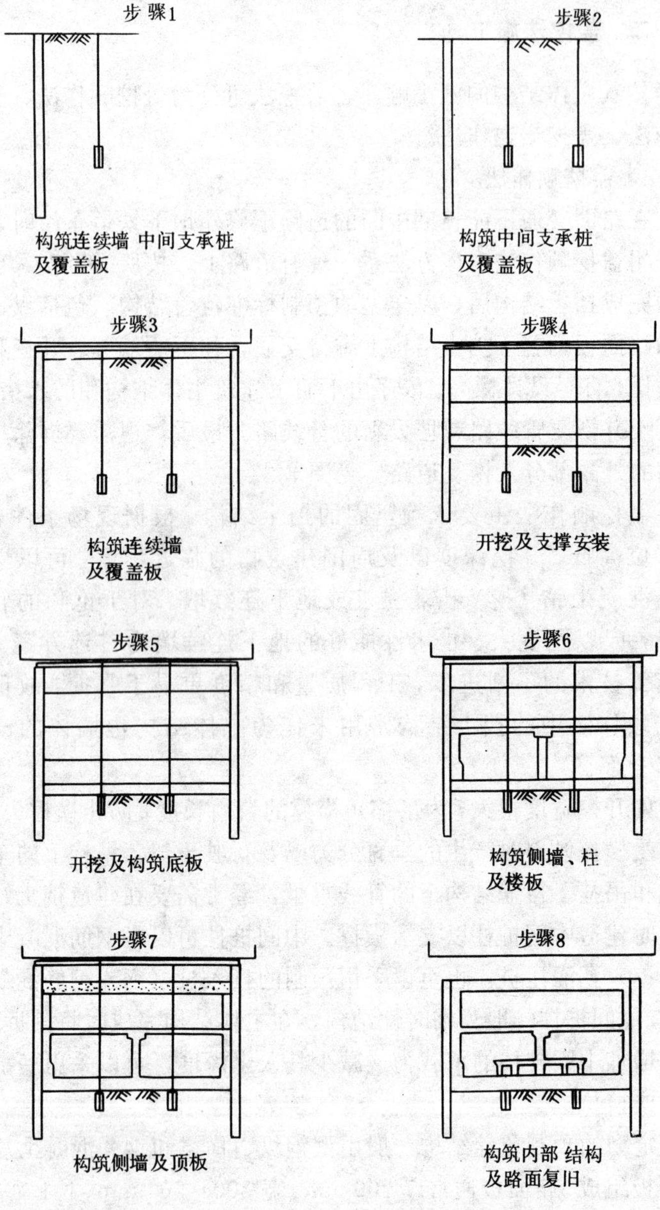

图 3-27 盖挖顺作法施工步骤

2．盖挖逆作法

如果开挖面较大、覆土较浅、周围沿线建筑物过于靠近，为尽量防止因开挖基坑而引起邻近建筑物的沉陷，或需及早恢复路面交通，但又缺乏定型覆盖结构，可采用盖挖逆作法施工。其施工步骤：先在地表面向下做基坑的围护结构和中间桩柱，和盖挖顺作法一样，基坑围护结构多采用地下连续墙，或钻孔灌注桩，或人工挖孔桩，中间桩柱则多利用主体结构本身的中间立柱以降低工程造价。随后即可开挖表层土至主体结构顶板底面标高，利用未开挖的土体作为土模浇注顶板。它还可以作为一道强有力的横撑，以防止围护结构向基坑内变形，待回填土后将道路复原，恢复交通。以后的工作都是在顶板覆盖下进行，即自上而下逐层开挖并建造主体结构直至底板。在特别软弱的地层中，且邻近地面建筑物时，除以顶、楼板作为围护结构的横撑外，还需设置一定数量的临时横撑，并施加不小于横撑设计轴力70％～80％的预应力，见图3-28。

为了减少围护结构及中间桩柱的入土深度，可以在做围护结构和中间桩柱之前，用暗挖法预先做好它们下面的底纵梁，以扩大承载面积。当然，这必须在工程地质条件允许暗挖施工时才可能实现，而且在开挖最下一层土和浇注底板前，由于围护结构和中间桩柱都无入土深度，故必须采取措施，如设置横撑以增加它们的稳定性。

采用盖挖逆作法施工时，若采用单层墙或复合墙，结构的防水层较难做好。只有采用双层墙，即围护结构与主体结构墙体完全分离，无任何连接钢筋，才能在两者之间敷设完整的防水层。但需要特别注意中层楼板在施工过程中因悬空而引起的稳定和强度问题，一般可在顶板和楼板之间设置吊杆予以解决。

盖挖逆作法施工时，顶板一般都搭接在围护结构上，以增加顶板与围护结构之间的抗剪能力和便于铺设防水层。所以，需将围护结构外露部分凿除，或将围护结构仅做到顶板搭接处标高，其余高度用便于拆除的临时挡土结构围护。

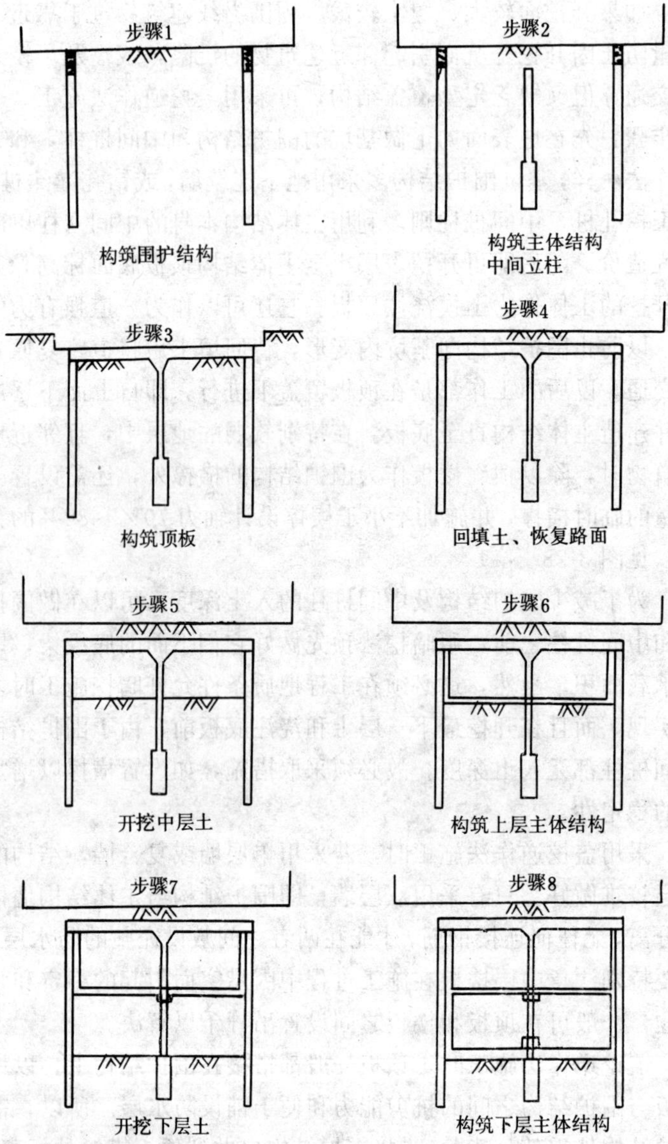

图 3-28　盖挖逆作法施工步骤

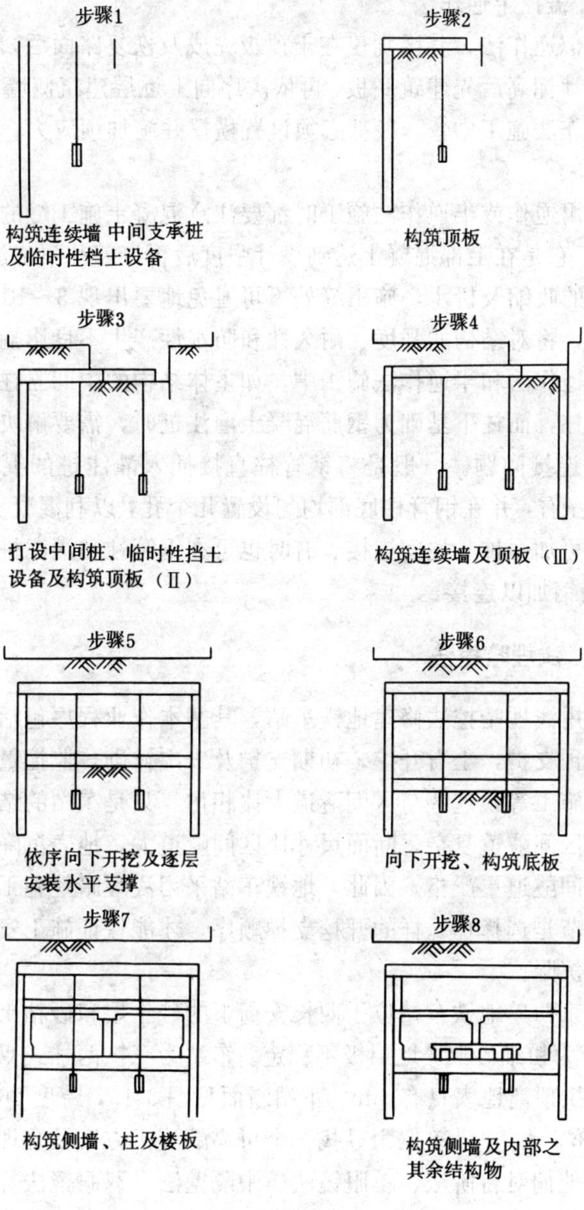

图 3-29　盖挖半逆作法施工步骤

3. 盖挖半逆作法

类似逆作法，其区别仅在于顶板完成及恢复路面后，向下挖土至设计标高后先建筑底板，再依次序向上逐层建筑侧墙、楼板。在半逆作法施工中，一般都必须设置横撑并施加预应力，见图 3-29。

采用逆作或半逆作法施工时都要注意混凝土施工缝的处理问题，由于它是在上部混凝土达到设计强度后再接着往下浇注的，而混凝土的收缩及析水，施工缝处不可避免地要出现 3～10 mm 宽的缝隙，将对结构的强度、耐久性和防水性产生不良影响。

在逆作法和半逆作法施工中，如主体结构的中间立柱为钢管混凝土柱，而柱下基础为钢筋混凝土灌注桩时，需要解决好两者之间的连接问题。一般是将钢管柱直接插入灌注桩的混凝土内 1.0 m 左右，并在钢管柱底部均匀设置几个孔，以利混凝土流动，同时也可加强桩、柱间连接。有时也可在钢管柱和灌注桩之间插入 H 型钢加以连接。

三、浅埋暗挖法

采用浅埋暗挖法修建地铁车站，其基本作业程序包括地层预加固和预支护，土石开挖，初期支护及二次衬砌，监控量测指导设计与施工等，这些与区间隧道大体相仿。只是车站的结构断面形式比区间隧道复杂，断面尺寸比区间隧道大，地表沉降控制要求比区间隧道更严格。因此，地铁车站采用浅埋暗挖施工的一个关键环节是选择什么样的开挖支护顺序，才能保证施工安全和减少地表沉降。

北京西单地铁车站位于西长安街下的砂土层和砂粘土层，其中 60％为粉细砂层，地层极不稳定。车站为三拱两柱式双层拱形结构，拱顶离地表只有 6 m。车站断面见图 3-15，跨度 26.14 m，高度 13.5 m。建设单位为寻找一个可靠的施工方案及合理的支护结构，他们对台阶法、单眼镜法、中隔壁法、双眼镜法等 4 种方案 6 种开挖程序，见表 3-5，按采用相同的支护参数，进行力学分析，绘出不同方案的地表沉降曲线，见图 3-30。

表 3-5 不同方案的开挖程序

A	台阶法	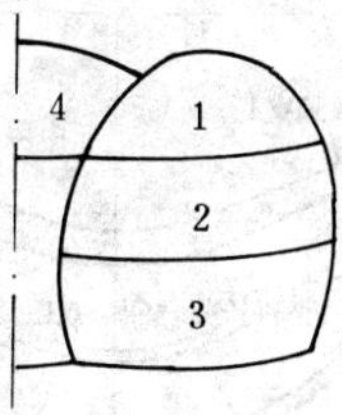	
B	单眼镜法	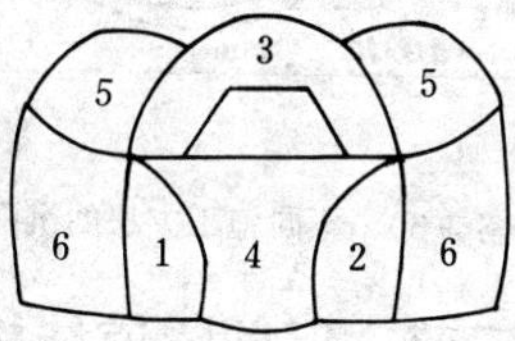	
C	中隔壁法	C_1 横向开挖	C_2 竖向开挖
		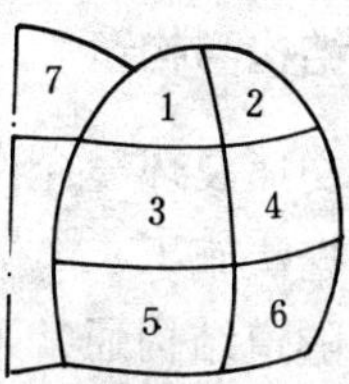	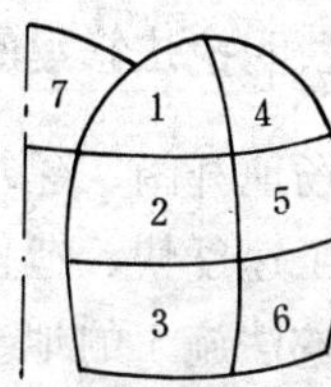
D	双眼镜法	D_1 导坑对称同时开挖	D_2 导坑错开开挖
		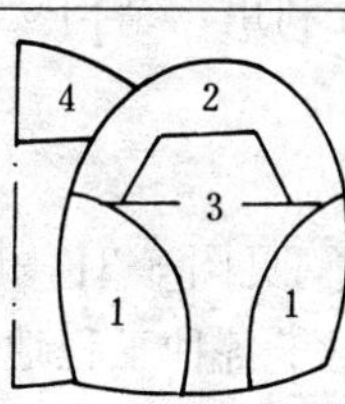	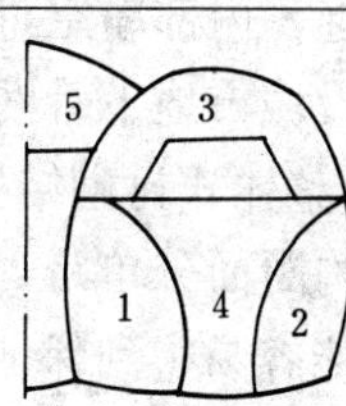

通过分析比较，确定以大管棚和小导管注浆加固地层进行超前预支护的双眼镜法为最佳施工方案，并采用监控量测指导设计与施工。

实践证明：采用合理的支护技术和施工工艺，浅埋暗挖法可以安全地建设地铁车站，并且地表沉降可以控制在设计要求范围以内。

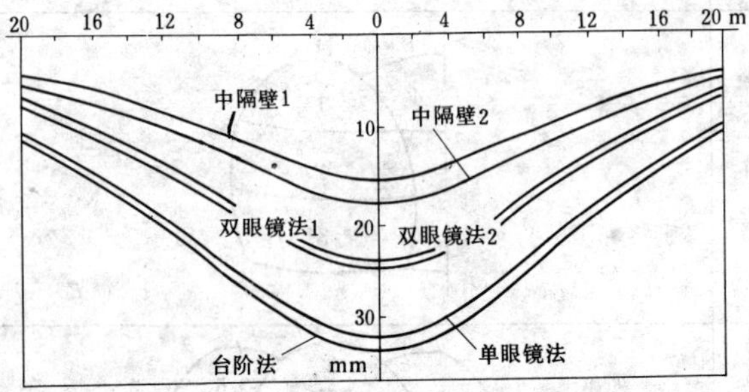

图 3-30　不同施工方法的沉降曲线图

第三节　区间隧道结构与构造

一、明挖法修建的隧道衬砌结构与构造

在场地开阔、建筑物稀少、交通及环境允许的地区，应优先采用施工速度快、造价较低的明挖法施工。

明挖法施工的地下铁道区间隧道结构通常采用矩形断面，一般为整体浇注或装配式结构，其优点是其内轮廓与地下铁道建筑限界接近，内部净空可以得到充分利用，结构受力合理，顶板上便于敷设城市地下管网和设施。

1. 整体式衬砌结构

结构断面分单跨、双跨等型式，见图 3-31。由于其整体性好，防水性能容易得到保证，故可适用于各种工程地质和水文地质条件，唯施工工序较多，速度较慢。

2. 预制装配式衬砌

预制装配式衬砌的结构型式应根据工业化生产水平、施工方法、起重运输条件、场地条件等因地制宜选择，目前以单跨和双跨较为通用，见图 3-32。关于装配式衬砌各构件之间的接头构造，除了要考虑强度、刚度、防水性等方面的要求外，还要求构造简单、施工方便。

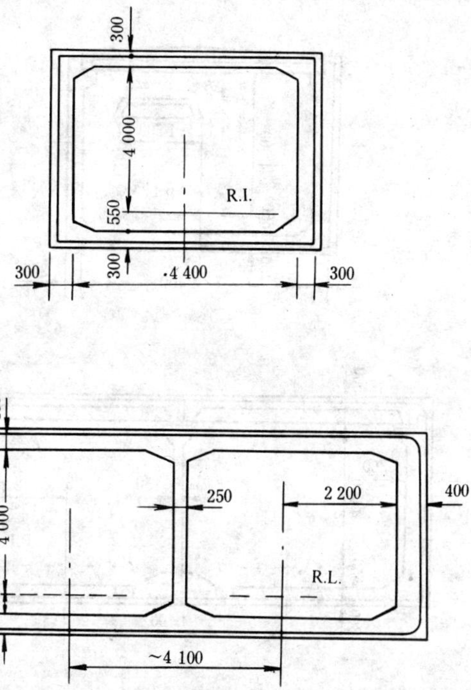

图 3-31　明挖法修建的整体式衬砌结构型式

装配式衬砌整体性较差，对于有特殊要求（如防护、抗震等）的地段要慎重选用。

二、新奥法修建的隧道结构与构造

采用新奥法修建的区间隧道，隧道衬砌又称为支护结构，其作用是加固围岩并与围岩一起组成一个有足够安全度的隧道结构体系，共同承受可能出现的各种荷载，保持隧道断面的使用净空，防止地表下沉，提供空气流通的光滑表面，堵截或引排地下水。

地下铁道区间隧道采用新奥法施工时，一般采用拱形结构，其基本断面型式为单拱、双拱和多跨连拱，见图 3-33。前者多用于单线或双线的区间隧道或联络通道，后两者多用在停车线、折返线或喇叭口岔线上。

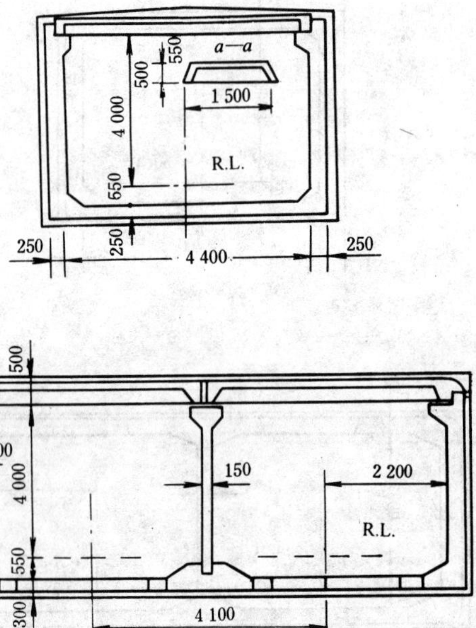

图 3-32 明挖法修建的装配式衬砌结构型式

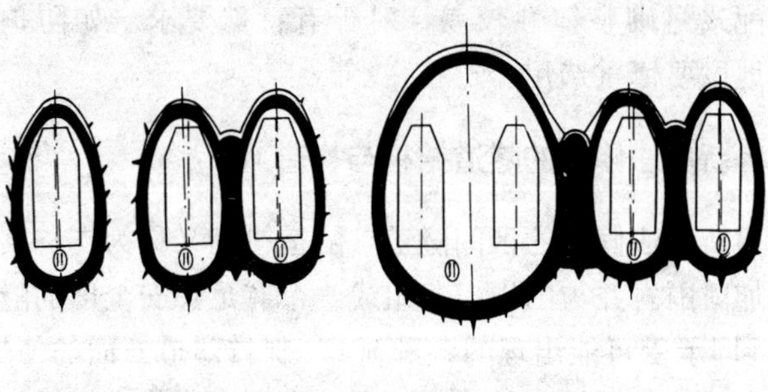

图 3-33 新奥法修建的衬砌结构型式

根据上述对隧道衬砌结构的基本要求以及隧道所处的围岩条件、地下水状况、地表下沉的控制、断面大小和施工方法等，可以采用基本结构类型及其变化方案。

（1）衬砌的基本结构类型——复合式衬砌

这种衬砌结构是由初期支护、防水隔离层和二次衬砌所组成，图 3-34 为北京地铁单线区间隧道的复合式衬砌。外层为初期支护，其作用是加固围岩，控制围岩变形，防止围岩松动失稳；是衬砌结构中的主要承载单元。一般应在开挖后立即施作，并应与围岩密贴。所以，最适宜采用喷锚支护，根据具体情况，选用锚杆、喷混凝土、钢筋网和钢支撑等单一或并用而成。

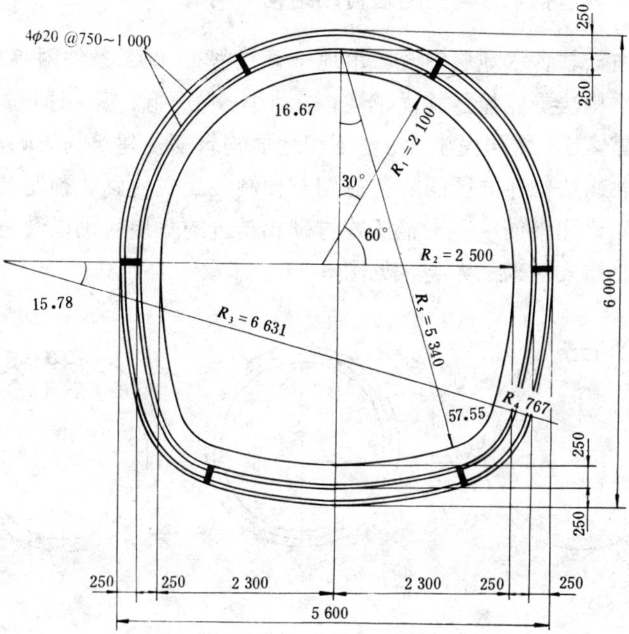

图 3-34　复合式衬砌构造

（2）衬砌结构的变化方案

在干燥无水的坚硬围岩中，区间隧道衬砌亦可采用单层的喷锚支护，不做防水隔离层和二次衬砌，但此时对喷混凝土的施工工艺和抗风化性能都应有较高的要求，衬砌表面要平整，不允许出现大量的裂缝。

在防水要求不高，围岩有一定的自稳能力时，区间隧道亦可采用单层的模注混凝土衬砌，不做初期支护和防水隔离层。施工时如有需要可设置用木料、钢材或喷锚做成的临时支撑，不同于受力单元，一般情况下，在浇注混凝土时需将临时支撑拆除，以供下次使用。单层模注衬砌又称为整体式衬砌，为适应不同的围岩条件，整体式衬砌可做成等截面直墙式和等截面或变截面曲墙式，前者适用于坚硬围岩（IV 类及以上），后者适用于软弱围岩。

三、盾构法修建的隧道衬砌结构与构造

在松软含水地层中及城市地下管线密布，施工条件困难地段，采用盾构法更能显示其优越性：振动小、噪声低、施工速度快、安全可靠，对沿线居民生活、地下和地面构筑物及建筑物影响小等。

盾构法修建的区间隧道衬砌有预制装配式衬砌、预制装配式衬砌和模注钢筋混凝土整体式衬砌相结合的双层衬砌以及挤压混凝土整体式衬砌三大类，见图 3-35。

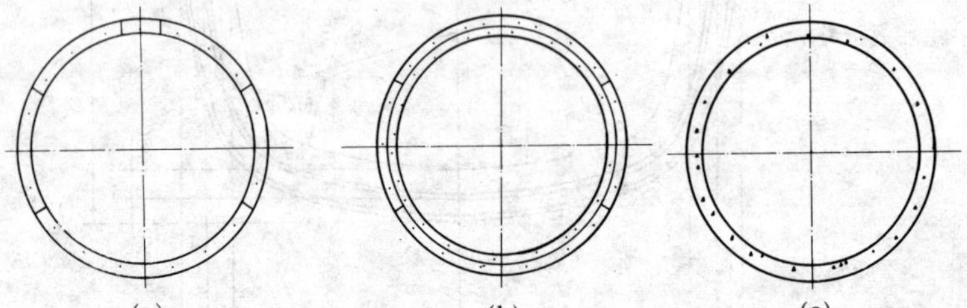

(a)　(b)　(c)

图 3-35　盾构法修建的衬砌结构

a—单层装配式衬砌；b—双层衬砌；c—挤压混凝土整体衬砌。

（1）预制装配式衬砌

预制装配式衬砌是用工厂预制的构件，称为管片，在盾构尾部拼装而成的。管片种类按材料可分为钢筋混凝土、钢、铸铁以及由几种材料组合而成的复合管片。

钢筋混凝土管片的耐压性和耐久性都比较好，目前已可生产抗压强度达 60 MPa，渗透系数小于 10^{-11} m/s 的管片，而且，这种管片刚度大，由其组成的衬砌防水性能有保证。

钢管片的强度高，具有良好的焊接性，便于加工和维修，重量轻也便于施工。与混凝土管片相比，其刚度小、易变形，而且钢管片的抗锈性差，在不做二次衬砌时，必需有抗腐、抗锈措施。

铸铁管片强度高，防水和防锈蚀性能好，易加工，和钢管片相比，刚度亦较大，故在早期的地下铁道区间隧道中得到广泛的应用。

钢和铸铁管片价格较贵，现在除了在需要开口的衬砌环或预计将承受特殊荷载的地段采用外，一般都采用钢筋混凝土管片。

按管片螺栓手孔成型大小，可将管片分为箱型和平板型两类。箱型管片是指因手孔较大而呈肋板型结构，如图 3-36 所示，手孔较大不仅方便了接头螺栓的穿入和拧紧，而且也节省了材料，使单块管片重量减轻，便于运输和拼装。但因截面削弱较多，在盾构千斤顶推力作用下容易开裂，故只有强度较大的金属管片才采用箱型结构。当然，直径和厚度较大的钢筋混凝土管片也有采用箱形结构的。

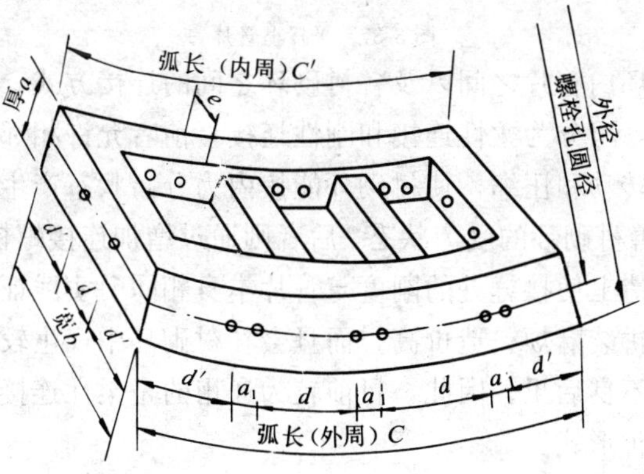

图 3-36　箱型管片

在箱型管片中纵向加劲肋是传递千斤顶推力的关键部位，一般沿衬砌环向等距离布置，加劲肋的数量应大于盾构千斤顶的台数，其形状应根据管片拼装和是否需要灌注二次衬砌的施工要求而定。

平板型管片是指因螺栓手孔较小或无手孔而呈曲板型结构的管片，见图 3-37，由于管片截面削弱少或无削弱，故对盾构千斤顶推力具有较大的抵抗力，对通风的阻力也较小。无手孔的管片也称为砌块，现代的钢筋混凝土管片多采用平板型结构。

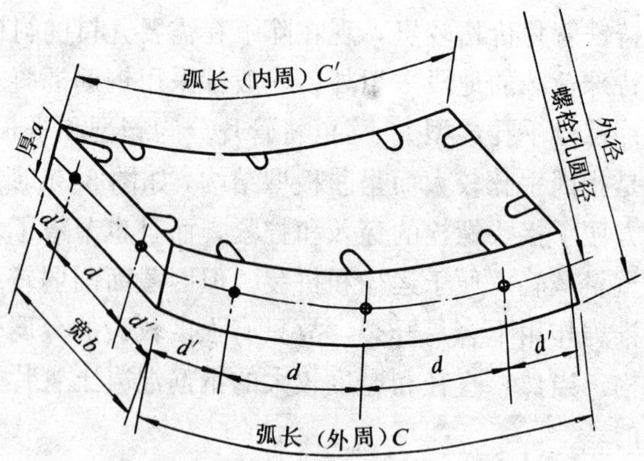

图 3-37　平板型管片

衬砌环内管片之间以及各衬砌环之间的连接方式，从其力学特性来看，可分为柔性连接和刚性连接，前者允许相邻管片间产生微小的转动和压缩，使衬砌环能按内力分布状态产生相应的变形，以改善衬砌环的受力状态。后者则通过增加连接螺栓的排数，力图在构造上使接缝处的刚度与管片本身相同。实践证明，刚性连接不仅拼装麻烦、造价高，而且会在衬砌环中产生较大的次应力，带来不良后果，因此，目前较为通用的是柔性连接，常用的有以下几种形式。

① 单排螺栓连接：按螺栓形状又可分为弯螺栓连接、直螺栓连接和斜螺栓连接三种，见图 3-38。其中弯螺栓连接多用于钢筋

混凝土管片平面形接缝上，由于它所需螺栓手孔小，截面削弱少，原以为接缝刚度可以增加，能承受较大的正负弯矩，但实践表明，弯螺栓连接容易变形，且拼装麻烦，用料又多，近年来有被其他螺栓连接方式取代的倾向。

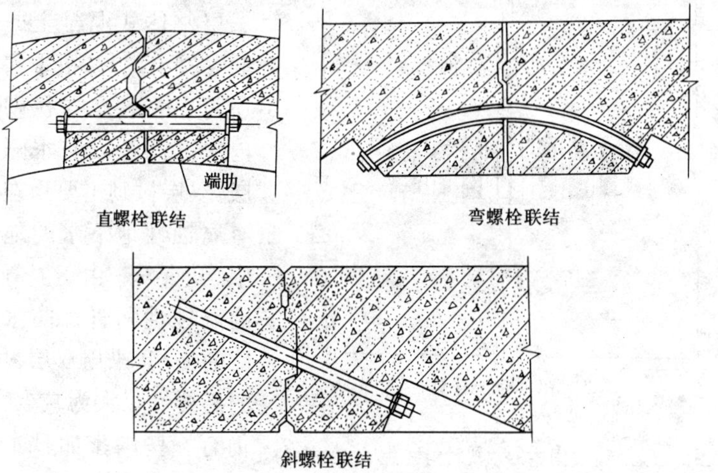

图 3-38　管片柔性连接型式

② 销钉连接：销钉连接可用于纵向接缝，亦可用于横向接缝，见图 3-39。所用的销钉可在管片预制时埋入，亦可在拼装时安装。销钉的作用除为了临时稳定管片，保证防水密封垫的压力外，在安装管片时还起导向作用，将相邻衬砌环连在一起。用销钉连接的管片形状简单，截面无削弱，建成的隧道内壁光滑平整。和螺栓连接相比既省力、省时，价格又低廉，连接效果也相当好。销钉是埋在衬砌内的，不能回收，故通常都是用塑料制成。

③ 无连接件：在稳定的不透水地层中，圆形衬砌的径向接缝也可不用任何连接件连接。因管片沿隧道径向呈一楔形体，外缘宽内缘窄，在外部压力作用下，管片将相互挤紧，而形成一个稳定的结构。

（2）双层衬砌

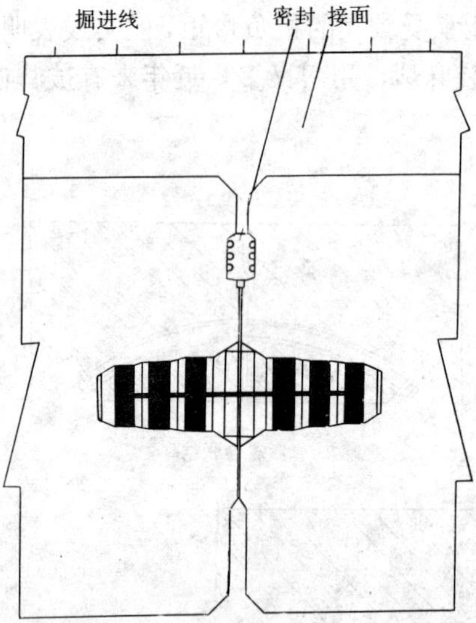

图 3-39　塑料销钉

为了防止隧道渗水和衬砌腐蚀，修正隧道施工误差，减少噪声和振动以及作为内部装饰，可以在装配式衬砌内部再做一层整体式混凝土或钢筋混凝土内衬。根据需要还可以在装配式衬砌与内层之间铺设防水隔离层。双层衬砌主要用在含有腐蚀性地下水的地层中。近年来，由于混凝土耐腐蚀性和管片防水性能的提高，采用双层衬砌的必要性已大为减少，但仍有一些国家如日本等坚持使用双层衬砌。

(3) 挤压混凝土整体式衬砌

挤压混凝土衬砌（Extrude Concrete Lining，简称 ECL）就是随着盾构向前掘进，用一套衬砌施工设备在盾尾同步灌注的混凝土或钢筋混凝土整体式衬砌，因其灌注后即承受盾构千斤顶推力的挤压作用，故有此称谓。挤压混凝土衬砌可以是素混凝土，也可以是钢筋混凝土，但应用最多的是钢纤维混凝土。

挤压混凝土衬砌一次成型，内表面光滑，衬砌背后无空隙，故无需注浆，且对控制地层移动特别有效。但因挤压混凝土衬砌需要较多的施工设备，其中包括混凝土成型用的框模，拼拆框模的系统，混凝土配制车、泵、阀、管等组成的混凝土配送系统，而且，混凝土制备、配送、钢筋架立等工艺较为复杂，在渗漏性较大的土层中要达到防水要求尚有困难。故挤压混凝土衬砌的应用尚不广泛。

第四节　区间隧道施工

一、新奥法施工

新奥法的基本思想是充分利用围岩的自承能力，及时对围岩施加柔性支护，约束围岩的松弛和变形，并通过对围岩和支护的量测、监控来指导地下工程的设计施工。其施工程序见图 3-40。

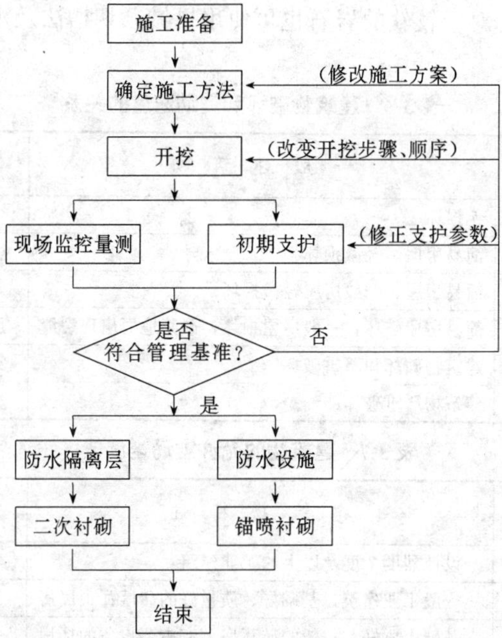

图 3-40　新奥法施工程序

新奥法施工应根据地质、施工机具条件，尽量采用对围岩扰动少的开挖支护方法。

1．岩石地层的新奥法施工

岩石地层当采用钻爆法开挖时，应采用光面爆破、预裂爆破技术，尽量减少欠挖、超挖。

（1）爆破振动速度要求

若采用光面爆破，爆破振动速度应小于下列数值：硬岩

15 cm/s；中硬岩 10 cm/s；软岩 5 cm/s。隧道上方有建筑物时，爆破振动对建筑物的破坏作用，取决于爆破地震波到达建筑物时的强度，爆破地震波传播方向与建筑物相对位置，爆破地震波延续时间，建筑物的类型、形状、高度、破损程度，爆破振动频率与建筑物固有频率之间的关系等等。虽然评价爆破振动对建筑物的破坏作用是一项极其复杂的工作，但是人们通过一系列爆破对建筑物破坏影响的调查研究，仍然提出了相应的破坏判据，见表 3-6、表 3-7。对于较软的岩石也可使用机械预切槽法及水力切割法等工艺。

表 3-6　建筑物破坏和震动速度的关系

震　级	一　般　建　筑　物	震动速度/(cm/s)
1	无损坏	<2.5
2	简易房屋　轻微损坏	2.5～5.0
3	简易房屋、一般房屋轻微损坏	5.0～10.0
4	简易房屋破坏，一般房屋损坏，砂浆地面出现裂缝	10.0～25.0
5	建筑物破坏和严重破坏	25.0～50.0
6	建筑物严重破坏	>50

表 3-7　建筑物的允许震动速度值

建筑物抗震级别	建　筑　物　特　性	震动速度/(cm/s)
1	设计烈度 7 度及以上的工业建筑	5～7
2	一般工业建筑，基础好、质量好的砖墙瓦顶民房	3～5
3	基础土质好，一般的砖瓦房，有主要设备的厂房	1.5～3.0
4	基础土质差，一般的砖瓦房，陈旧的砖墙瓦顶房屋、木骨架瓦房，质量好的土坯瓦顶房	0.8～1.5
5	具有历史价值的建筑物，砾石墙民房，土坯墙民房，民居窑洞，安装有精密设备的实验室	0.4～0.8

（2）初期支护

围岩开挖后应立即进行必要的支护，并使支护与围岩尽量密贴，以稳定围岩。围岩条件比较好时可简单支护或不支护。采用喷混凝土锚杆作为初期支护时的施工顺序，一般为先喷混凝土后打锚杆；围岩条件恶劣时，则采用初喷混凝土→架钢支撑→打锚杆→二次喷混凝土。锚杆杆位、孔径、孔深及布置形式应符合设计要求，锚杆杆体露出岩面的长度不宜大于喷混凝土层厚度，锚杆施工质量应符合有关规范要求。

2. 浅埋暗挖法

(1) 浅埋暗挖法的工艺流程和技术要求

浅埋暗挖法的工艺流程和技术要求主要是针对埋置深度较浅、松散不稳定的土层和软弱破碎岩层施工面提出来的。

浅埋暗挖法整个工艺流程应从地质调查开始，包括设计、施工、监测反馈等过程，与新奥法的总原则相似，不过浅埋暗挖法更强调地层的预支护和预加固。因为地下铁道在城区施工，对地表沉降的控制要求比较严格。与一般深埋隧道新奥法施工不同之处是浅埋暗挖法支护衬砌的结构刚度比较大，初期支护允许变形量比较小。这样对保护周围地层的自承作用和减少对地层的扰动是必须的。

我国在施工中总结了一套浅埋暗挖法的工艺技术要求，“管超前、严注浆、短开挖、强支护、快封闭、勤量测”。这18个字基本概括了浅埋暗挖法施工的工艺技术要求。

(2) 地层预加固和预支护

在城市地下铁道浅埋暗挖法施工中，经常遇到砂砾土、砂性土、粘性土或强风化基岩等不稳定地层。这类地层在隧道开挖过程中自稳时间短暂。往往在初期支护尚未来得及施作，或喷射混凝土尚未获得足够强度时，拱墙的局部地层已开始坍塌。为此需采用地层预加固、预支护的方法，以提高周围地层的稳定性。

① 小导管超前预注浆

这是开挖单线区间隧道所常用的方法。注浆小导管采用ϕ38～ϕ50 mm的焊接钢管制成，导管沿上半断面周围轮廓线布置，间距0.2～0.3 m，仰角控制在10°～15°（如图3-41所示）。

注浆小导管管头为25°～30°的锥体，管长3～3.5 m，其中端头花管长2.0～2.5 m，花管部分钻有ϕ6～ϕ10 mm孔眼，每排4个孔，交叉排列，间距10～20 cm左右。注浆小导管用风钻打入。注浆材料及配比应根据地质条件和施工要求，通过现场试验确定。

控制注浆压力是这项作业的又一个重要技术环节，应根据地质条件、周围建筑物情况及施工要求，通过现场试验确定，一般控制在0.3～0.7 MPa之间。

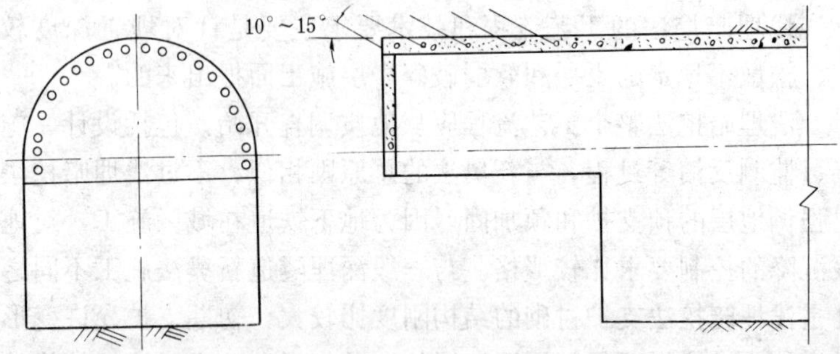

图3-41 小导管注浆施工示意

② 开挖面深孔注浆

对于断面比较大的双线隧道或跨度较大的渡线部分，因注浆小导管加固范围有限，故一般采用开挖面深孔注浆。对于70～100 m²断面的隧道可布置12～18个注浆孔，其中15 m左右的长孔布置6～11个，5 m左右的短孔布置6～7个（见图3-42所示），并采用隔孔注浆的方法。水泥浆的配合比及注浆压力通过现场试验确定。

③ 管棚超前支护

当地下铁道通过自稳能力很差的地层，或地表通过车辆荷载过大，威胁施工安全，或邻近有重要建筑物，为防止由于地铁施工造成超量的不均匀下沉，往往采用管棚法。

所谓管棚，就是把一系列直径为10～60 cm的钢管，沿隧道外轮廓线或部分外轮廓线，顺隧道轴线方向依次打入开挖面前方的地层内，以支撑来自外侧的围岩压力。管棚排列的形状，有帽形、方形、一字形及拱形，见图3-43。可依据工程需要及断面形式确定。而管棚设置的范围、间距、管径则应根据工程地质和水文地质条件以及隧道的埋置深度等因素确定。

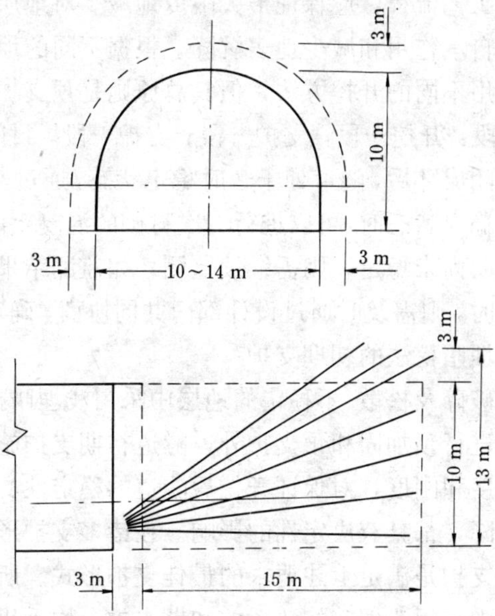

图 3-42　开挖面深孔注浆孔布置示意

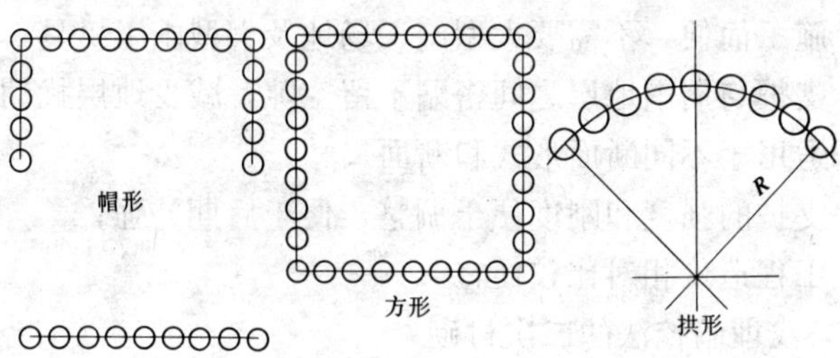

图 3-43　管棚超前支护布管形式示意图

管棚施工的工艺流程分为：封闭开挖面；设置钻机平台；铺设钻机走行轨；测定孔位；钻机就位；钻孔作业；钻机退出；注浆封孔。

（3）区间隧道土方开挖

在松散不稳定地层中采用浅埋暗挖法开挖作业时，所选用的施工方法及工艺流程，应保证最大限度地减少对地层的扰动，提高周围地层自承作用和减少地表沉降。根据不同的地质条件及隧道断面，选用不同的开挖方法，但其总原则是预支护、预加固一段，开挖一段；开挖一段，支护一段；支护一段，封闭成环一段。初期支护封闭成环后，隧道处于暂时稳定状态，通过监控量测，确认达到基本稳定状态时，可以进行二次衬砌的混凝土灌注工作。如量测结果证明尚未稳定，则需继续监测；如监测结果证明支护有失稳的趋势时，则需及时通过设计部门共同协商，确定加固方案。

（4）浅埋暗挖法的初期支护

在软弱破碎及松散、不稳定的地层中采用浅埋暗挖法施工时，除需对地层进行预加固和预支护外，隧道初期支护施作的及时性及支护的强度和刚度，对保证开挖后隧道的稳定性、减少地层扰动和地表沉降，都具有决定性的影响。在诸多支护形式中，钢拱锚喷混凝土支护是满足上述要求的最佳支护形式。所以国内外在不稳定地层中采用浅埋暗挖法时的初期支护，均采用有钢拱或无钢拱支撑的锚喷混凝土。这类支护的特点如下：

① 开挖后能及时施作，并且施作后能尽快承受荷载；

② 施工简便，不需要大型施工场地及大型施工机具；

③ 支护与周围地层之间密贴不留空隙，减少地层扰动；

④ 适用于不同断面形式和断面尺寸；

⑤ 支护的强度和刚度便于调整，便于后期补强；

⑥ 工程造价相对比较便宜。

（5）浅埋暗挖法的二次衬砌

在浅埋暗挖法中，初期支护的变形达到基本稳定后，可以进行二次混凝土衬砌灌注工序。通过监控量测，掌握隧道动态，提供信息，指导二次衬砌施作时机，这是浅埋暗挖法中二次衬砌施工与一般隧道衬砌施工的主要区别。其他灌注工艺和机械设备与一般隧道衬砌施工基本相同。

二次衬砌模板可以采用临时木模板或金属定型模板，更多情况则使用模板台车，因为区间隧道的断面尺寸基本不变，有利于使用模板台车，加快立模及拆模速度。衬砌所用的模板、墙架、拱架，均应式样简单、拆装方便、表面光滑、接缝严密。使用前应在样板台上校核。重复使用时，应随时检查并整修。

（6）监控量测

利用监控量测信息指导设计与施工是浅埋暗挖施工工序的重要组成部分。在设计文件中应提出具体要求和内容，监控量测的费用应纳入工程成本。在实施过程中施工单位要有专门机构执行与管理，并由技术总管统一掌握、统一领导。

① 监控量测项目

根据工程性质及工程地质条件，监控量测项目可分为A类和B类。A类为必测项目，为指导施工、监测工程安全状态服务；B类为选测项目，主要为了解周围地层和支护系统的工作状态，为设计提供依据，以便进一步优化设计。监控量测的测点布置见图3-44，项目安排见表3-8。

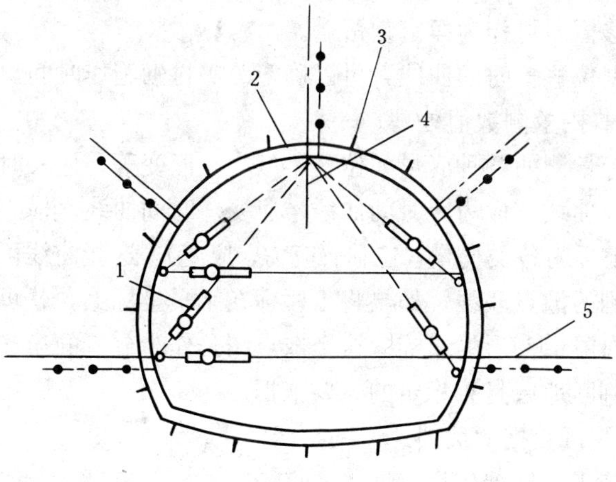

图3-44　测点布置图

1—隧道周边位移量测；2—衬砌内应力量测；3—锚杆轴力量测；4—拱顶下沉量测；5—围岩内位移量测。

表 3-8 A、B 类监控量测项目表

类别	项目名称	段距/m	安设测点数	测试频率		
				0～15 天	16～30 天	31 天后
A类	掌子面地质观测	全隧道	掌子面	1 次/天	1 次/天	1 次/天
	净空收敛量测	10～50	2～6 对测点	1 次/2 天	1 次/2 天	1 次/周
	拱顶下沉	10～50	1 点	1 次/2 天	1 次/2 天	1 次/周
	地表下沉					
B类	地层物理力学参数	200～500				
	地层内变位测量	200～500	3～5 个测孔	1～2 次/天	1～2 次/2 天	1～2 次/周
	锚杆轴向力	200～500	3～5 个测孔	1～2 次/天	1～2 次/2 天	1～2 次/天
	衬砌内应力测定	200～500	切向径向各 3～5 点	1～2 次/天	1～2 次/2 天	1～2 次/天
	支护接触应力测量	200～500	5～9 个测点	1～2 次/天	1～2 次/2 天	1～2 次/天
	地层弹性波	500	2～4 个测点	1 次	1 次	1 次

② 监控量测信息对施工的控制

根据隧道周边位移（收敛）量测数据确定净空预留量。根据位移随时间变化的测试资料进行回归分析，推算最终位移值，此最终位移值即可作为净空预留量。

根据位移—时间曲线，可以确定二次衬砌施作时间。

③ 监控量测数值处理

监控量测的各种变量如位移、应力、应变等，应及时绘出位移—时间曲线、应力—时间曲线、应变—时间曲线。横坐标为时间，纵坐标为各类变量（位移、应力、应变）。这些曲线可能形成极不规则的散点联线，如果将工序标在水平坐标上，就可以看出各工序对隧道变形的影响。这个散点图是作为分析的第一手原始资料，判断地层是否稳定的重要依据。

④ 测试数据的反馈

对施工的反馈作用有以下几点：

(a) 最大允许位移值的控制。最大位移值与地质条件、埋深、断面大小、开挖方法、支护类型和参数有关。在规定最大位移值时，必须考虑这些因素的影响。

经验证明拱顶下沉是控制稳定较直观的和可靠的判断依据；水平收敛和地表下沉有时也是重要的判断依据。对于地下铁道来讲，地表下沉测量显得尤为重要。

(b) 二次衬砌施作时间的控制。按规定，二次衬砌是在初次支护变形基本稳定后施作的。基本稳定的标志是外荷载基本不再增加，位移不再变化，因此可用周边接触应力和位移值这两项指标控制。当隧道断面小于 10 m^2 时，周边位移率 V_n 应小于 0.1 mm/d；断面大于 10 m^2 时，V_n 小于 0.2 mm/d 或周边接触应力 $V_p<5.0$ kPa/d 时，都可认为是基本稳定的指标。目前为方便现场掌握，多以测试位移为主，以机械量测仪器为主。当达不到基本稳定指标时，应进行补救，其措施为对初期支护进行加强；并立即施作二次衬砌。

测试数据对设计的反馈。地质条件的复杂性使地下工程设计不得不采用信息化的设计方法，即通过施工中监测到的围岩动态信息，主要是指位移信息。然后采用反分析技术，推求围岩的本构模型和力学参数，如弹性模量、内摩擦角、粘聚力、粘性系数等等。再采用正分析技术，求出围岩和支护结构中新的应力场和位移场，验算和核实预设计的可靠性，并对其进行修改。

二、盾构法施工

城市地铁的盾构法施工具有以下优点：

① 除竖井施工外，施工作业均在地下进行，既不影响地面交通，又可减少对附近居民的噪声和振动影响；

② 盾构推进、出土、拼装衬砌等主要工序循环进行，施工易于管理，施工人员也较少；

③ 隧道的施工费用不受覆土量多少影响，适宜于建造覆土较深的隧道；

④ 施工不受风雨等气候条件影响；

⑤ 当隧道穿过河底或其他建筑物时，不影响施工；

⑥ 只要设法使盾构的开挖面稳定，则隧道越深，地基越差，土中影响施工的埋设物等越多，与明挖法相比，经济上、施工进度上越有利。

但盾构法施工也存在以下一些问题：

① 当隧道曲线半径过小时，施工较为困难；

② 在陆地建造隧道时，如隧道覆土太浅，则盾构法施工困难很大，而在水下时，如覆土太浅则盾构法施工不够安全；

③ 盾构施工中采用全气压方法以疏干和稳定地层时，对劳动保护要求较高，施工条件差；

④ 盾构法隧道上方一定范围内的地表沉陷尚难完全防止，特别在饱和含水松软的土层中，要采取严密的技术措施才能把沉陷限制在很小的限度内；

⑤ 在饱和含水地层中，盾构法施工所用的拼装衬砌，对达到整体结构防水的技术要求较高。

1. 盾构法施工概貌

盾构法施工的概貌如图 3-45 所示，其主要施工步骤为：

① 在盾构法隧道的起始端和终端各建一个工作井；

② 盾构在起始端工作井内安装就位；

③ 依靠盾构千斤顶推力（作用在已拼装好的衬砌环和工作井后壁上）将盾构从起始工作井的墙壁开孔处推出；

④ 盾构在地层中沿着设计轴线推进，在推进的同时不断出土和安装衬砌管片；

⑤ 及时地向衬砌背后的空隙注浆，防止地层移动和固定衬砌环位置；

⑥ 盾构进入终端工作井并被拆除，如施工需要，也可穿越工作井再向前推进。

盾构机是这种施工法中的主要施工机械。它是一个既能承受围岩压力又能在地层中自动前进的圆筒形隧道工程机器，但也有少数为矩形、马蹄形和多圆形断面的。

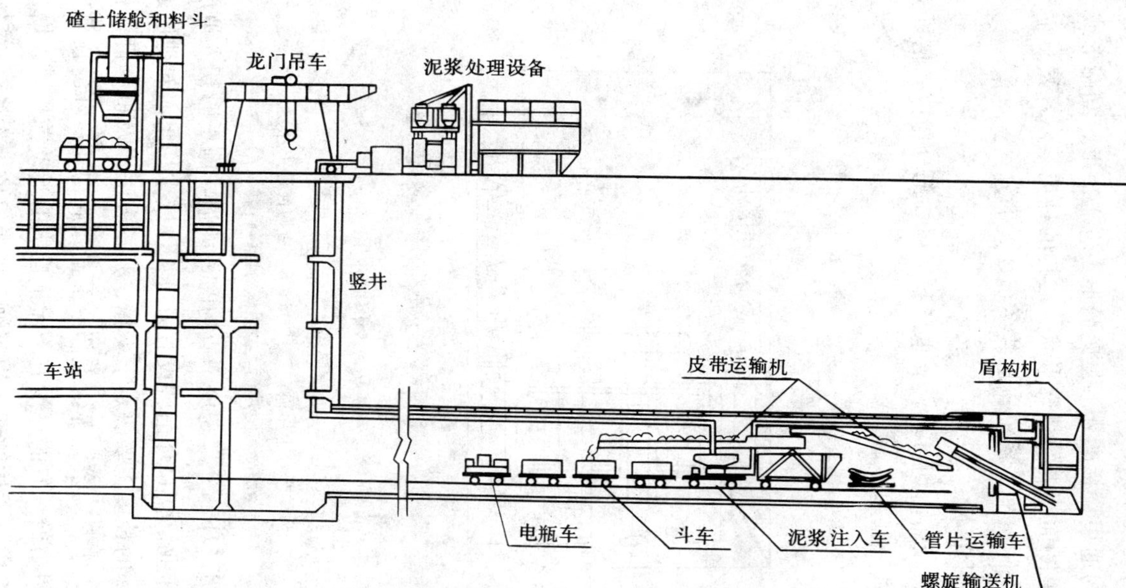

图 3-45　盾构法施工概貌

2. 盾构的构造与分类

(1) 盾构基本构造

盾构的通用、标准外形是圆筒形，也有矩形、马蹄形或半圆形等与隧道断面相近的特殊形状。盾构的种类繁多，其基本构造包括盾构壳体、推进系统、拼装系统3大部分。

① 盾构壳体

盾构的壳体由切口环、支承环和盾尾3部分组成，借外壳钢板连成整体，见图3-46。

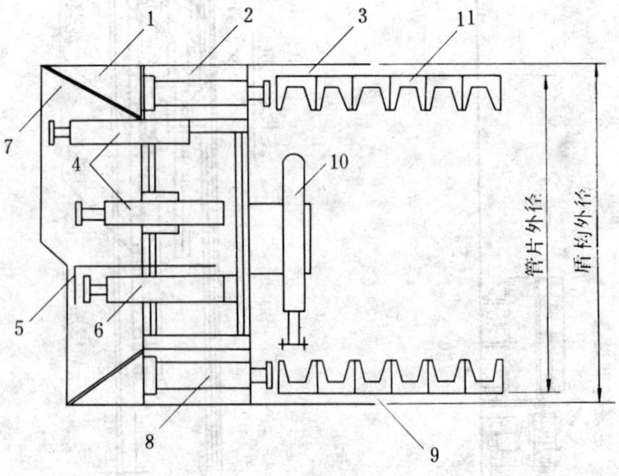

图3-46 盾构构造简图

1—切口环；2—支承环；3—盾尾部分；4—支撑千斤顶；5—活动平台；6—活动平台千斤顶；7—切口；8—盾构推进千斤顶；9—盾尾空隙；10—管片拼装器；11—管片。

(a) 切口环部分 它位于盾构的最前端，施工时切入地层并掩护开挖作业。切口环前端设有刃口，以减少切土时对地层的扰动，切口环的长度主要决定于支撑、开挖方法以及槽上机具和操作人员的工作回旋余地等。大部分手掘式盾构切口环的顶部比底部长，犹如帽檐。有的还设有千斤顶操纵的活动前檐，以增加掩护长度。机械化盾构的切口中容纳各种专门挖土设备。在局部气压式、泥水加压式和土压平衡式盾构中，其切口部分的压力高于隧道内的常压，故切口环与支承环之间需用密闭隔板分开。

(b) 支承环部分　支承环紧接于切口环后，位于盾构的中部。它是一个刚性较好的圆环结构。地层土压力、所有千斤顶的顶力以及切口、盾尾、衬砌拼装时传来的施工荷载均由支承环承担。支承环的外沿布置盾构推进千斤顶。大型盾构的所有液压、动力设备，操纵控制系统，衬砌拼装机具等均设在支承环位置。中、小型盾构则可把部分设备移到盾构后部的车架上。正面局部加压盾构，当切口环内压力高于常压时，支承环内要设置人工加压与减压闸室。

(c) 盾尾部分 盾尾一般由盾构外壳钢板延长构成，主要用于掩护隧道衬砌的安装工作。盾尾末端设有密封装置，以防止水、土及注浆材料从盾尾与衬砌之间进入盾构内。盾尾密封装置损坏时，还要在盾尾部分进行更换。因此，盾尾长度要满足以上各项工作的进行。盾尾厚度从结构上考虑应尽可能减薄，但盾尾除承受地层土压力外，遇到隧道纠偏及弯道施工时，还有一些难以估计的施工荷载，受力情况复杂，所以其厚度应综合上述因素来确定。

② 推进系统

盾构的推进系统由液压设备和千斤顶组成，如图 3-47 所示。其工作原理是：

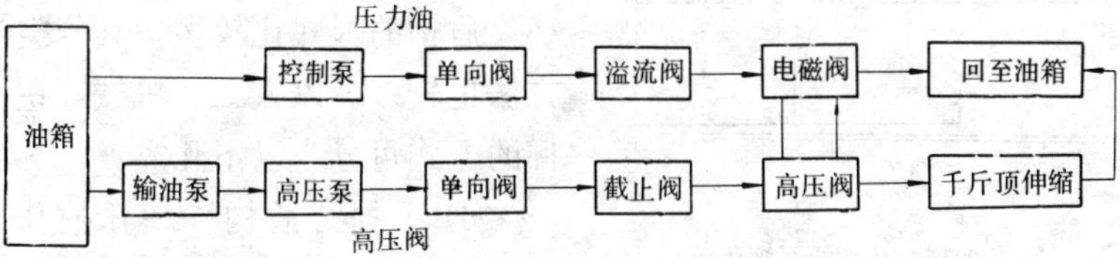

图 3-47　千斤顶液压系统

启动输油泵，将油供给高压泵，使油压升高至要求值；启动控制油泵，待控制油压升至额定压力后，由电磁控制阀将总管内高压油输入千斤顶，使其按要求伸出或缩回，驱动盾构。在小型盾构中，可采用直接手动的高压操纵阀，直接控制千斤顶动作，但安全性较差。

③ 衬砌拼装系统

衬砌拼装系统最常用的是杠杆式拼装器，如图 3-48 所示，由举重臂和驱动部分组成。举重臂采用杠杆作用原理，一端为卡钳装置，另一端为可调节的平衡锤。举重臂的功能是夹住管片或衬砌构件，将其送到需要安装的位置。驱动部分是由液压系统及千斤顶组成，采用手动操纵阀能驱动举重臂作平面旋转与径向移动。举重臂多数安装在盾构支承环上，也有与盾构脱离安装在车架上的。

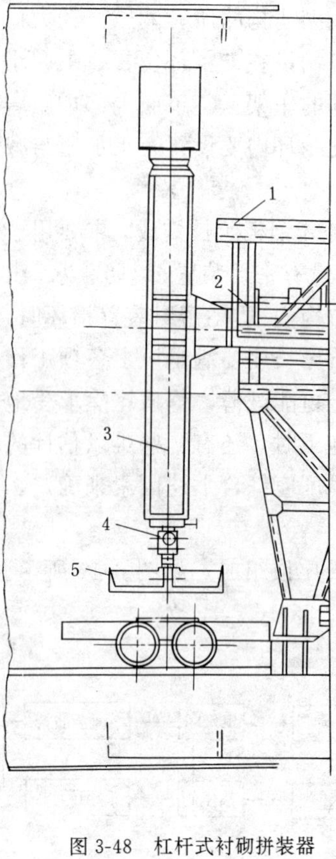

图 3-48　杠杆式衬砌拼装器

1—工作平台；2—旋转驱动装置；3—举重臂；4—衬砌卡钳装置；5—衬砌。

近年来国外多采用环向回转式拼装机，在拼装衬砌时由油马达驱动大转盘，控制环向旋转，其径向及纵向移动由液压千斤顶控制。

(2) 盾构分类

盾构的形式比较多，其分类方法也较多。以人工、机械等挖掘的方式可分为以下几类：

① 手掘式盾构——开挖和出土可用人工进行；

② 半机械式盾构——大部分的开挖工作和出土由机械进行；

③ 机械式盾构——从开挖到出土均采用机械。

以工作面的挡土形式可分为以下几类：

① 敞开式——能直接看到开挖面进行开挖；

② 密闭式——不能直接看到开挖面，靠各种装置间接地掌握开挖面情况来进行开挖。

以气压和泥水等加压方式可分为以下几类：

① 气压式——向开挖面加压缩空气；

② 泥水加压式——用泥水向工作面加压；

③ 土压平衡式——用开挖下来的土使开挖面平衡；

④ 高浓度泥水加压式——对工作面注入高浓度泥水；

⑤ 加泥式：向开挖面注入润滑性泥浆，用以混合切削下来的砂卵石，由混合的泥土对开挖面加压。

盾构的形式还可以把它们组合起来再加以种种命名，按一般分类的方式可分为以下型式：

- 盾构的形式
  - 手掘系统
    - 手掘式盾构
    - 挤压式盾构
    - 半机械式盾构
  - 机械系统
    - 机械式盾构
    - 泥水式盾构
    - 土压式盾构
      - 土压平衡
      - 加水式
      - 加泥式
      - 高浓度泥水式

3. 盾构基本尺寸的选择

(1) 盾构外径

盾尾的内径要比隧道的外径略大，并且盾构与衬砌之间形成必要的建筑间隙，这是考虑了盾构制造及衬砌拼装的可能误差。这个空隙能使盾构在线路曲线部分旋转和使盾构具有与隧道纵剖面相应的坡度。此外，盾构发生偏离隧道设计轴线现象时，如果具有这种空隙便能校正盾构的位置。如果这种间隙过大，事必增大盾构直径，自然会引起坑道体积和衬砌背后空隙体积的增加，也使压入这些空隙的灰浆数量增加。同时，在盾构与衬砌间有间隙存在，会使以高压将灰浆压入衬砌背后的作业复杂化。在使用压缩空气作业时，也会增加空气的泄漏量，因此在决定建筑间隙尺寸时，应使其尽可能最小。

这个间隙（一般称尾隙）如图 3-49 所示，以下式求之：

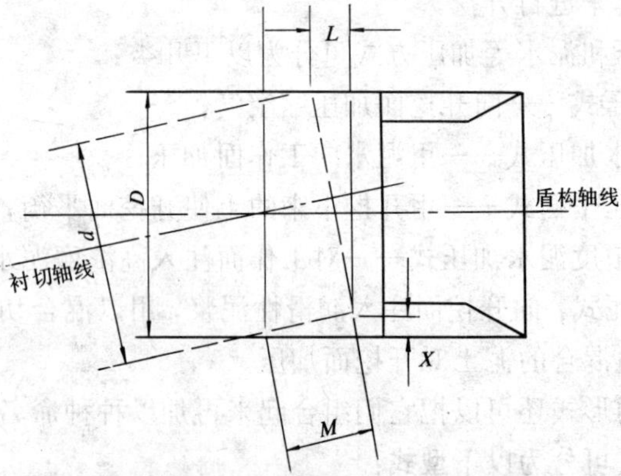

图 3-49　盾构直径计算简图

$$X=ML/d$$

式中　M 为盾尾与衬砌块的重叠长度；L 为最大导程；d 为衬彻环的外径。

通常采用 $L=d/80=0.0125d$，即：

$$X=0.0125M$$

盾构外径即可按下式求得：

$$D=d+2X+2\delta$$

式中　X、d 意义同上式；δ 为盾构厚度，即盾尾厚度。

经大量的施工实践，从装配衬砌的条件出发，尾隙通常为衬砌外径的 8%～10%，因此盾构外径为：

$$D=(1.08\sim1.10)d+2\delta$$

盾尾部分的受力状态较为复杂，是三向受力状态，是一段固定，一端自由的薄壁圆筒，不易求得精确解答，通常由类比和经验公式确定，常用的公式为：

$$\delta=0.02+(D-4)\times0.01$$

式中　D、δ 含义同前。公式计算结果偏大，因此往往以类比法决定其厚度，但希望较薄些。决定盾尾厚度时，要检查一下变形，应满足不致有明显的变形。

（2）盾构的长度

盾构的长度由前檐部、切口环、支承环、盾尾几部分的长度组成。必须考虑适合土质，易于运转操作等因素后再进行决定。盾构长度用下式计算：

$$L=L_C+L_G+L_r$$

式中 L 为盾构长度（从盾尾到保护前檐长度）；L_C 为刃口部分长度，按作业空间长度而定；L_G 为支承环长度，按盾构千斤顶长度而定；L_r 为盾尾长度，按衬砌块宽度而定。

确定盾构长度时，要注意的是它与盾构外径间的关系，从运转操作这点出发，希望盾构尽可能短些，因为减短长度（主要指盾尾长度）可改善盾构的受力状况和提高盾构操纵的灵活度。盾尾最小长度要满足进行衬砌拼装需要，但从拼装完衬砌遇有破损要更换和盾构千斤顶的修理以及曲线地段施工考虑，希望长度多少有点余量。如果衬砌管片没有损坏可能，或可在盾尾范围以外更换衬砌管片的话，则盾构长度可减至最小。一般盾尾长度由下式计算：

$$L_r=m+m_1+m_2$$

式中 m 为盾尾所遮盖的衬砌长度，在稳定地层中等于一环衬砌宽度 b，在不稳定地层中可等于两环衬砌的宽度，并考虑略有余量，一般采用 $m=(1.2\sim2.2)b$；m_1 为盾构千斤顶顶块与刚拼装好的衬砌前端面的间隙，一般为 0.15～0.20 m；m_2 为千斤顶活塞杆回收后，露在支承环外的长度，由千斤顶规格而定，一般为 0.6～0.7 m。

（3）盾构外径与长度的关系

为了盾构推进操纵的灵活，盾构直径与长度应具有一定的比例关系，这个比例（L/D）常称为盾构的灵敏度。普通圆形盾构长度可按下式考虑：

$$D=12\sim6\ \text{m},\ L=0.75D$$

$$D=6\sim3\ \text{m},\ L=1.0D$$

$$D=3\sim2\ \mathrm{m},\ L=1.5\ D$$

其中　D 为盾构外径；L 为盾构长度。这些数值是根据施工实践统计而得来，它除了保证灵敏度外，还能保证推进时的稳定性。对于机械化盾构和专用盾构的长度还与内部设备型式和尾隙采用的封闭方式有关。

（4）垂直隔（柱）与水平隔板（平台）

设计柱和平台时，要考虑保持一定的作业空间，另外它们起着加固支承环的作用，一定要能安全地承受支撑千斤顶的顶力。柱及平台一般安装于支承环部，分隔间的大小，一般宽 1.2 m 以上，高 1.8 m 左右。决定时要充分考虑挡土及挖出泥砂的处理。

柱为防止支承环变形而发生轴向力，并由于承受千斤顶的反力而受弯矩作用，成为复合应力状态，应当计算其抵抗应力。

平台承受前部操作平台挖出的泥土、工作人员、运土装置、拼装机等荷载。同时也是柱的加固梁。

4. 盾构选型的根据

根据不同的工程地质、水文地质条件和施工环境与工期的要求，合理地选择盾构机类型，对保证施工质量，保护地面与地下建（构）筑物安全和加快施工进度是至关重要的。因为只有在施工中才能发现所选用的盾构是否适用，一种不适用的盾构将对工期和造价产生严重影响，但此时想更换已不可能了。盾构选型的根据，按其重要性排列如下。

（1）工程地质与水文地质条件

① 隧道沿线地层围岩分类、各类围岩的工程特性、不良地质现象和地层中含沼气状况；

② 地下水位，穿越透水层和含水砂砾透镜体的水压力、围岩的渗透系数以及地层在动水压力作用下的流动性。

（2）地层的参数

① 表示地层固有特性的参数：颗粒级配、最大土粒粒径、液限 W_L、塑限 W_P、塑性指数 I_P；

② 表示地层状态的参数：含水量 ω、饱和度 S_r、液性指数 I_L、

孔隙比 e、渗透系数 K、湿土重度 γ_e；

③ 表示地层强度和变形特性的参数：不排水抗剪强度 S_u、粘聚力 C、内摩擦角 φ、标准贯入度 N、压缩系数 α、压缩模量 E_s；

(3) 地面环境、地面和地下建（构）筑物对地面沉降的敏感度。

(4) 隧道尺寸：长度、直径、永久衬砌的厚度。

5．盾构施工技术

盾构施工的主要工序有：盾构的安设与拆卸，土体开挖与推进，衬砌拼装与防水等。

(1) 盾构的安设与拆卸

在盾构施工段的始端，必须进行盾构安装和盾构进洞工作，而当通过施工区段后，又必须出井拆卸，盾构安装一般有以下几种方案。

① 临时基坑法

用板桩或明挖方法围成临时基坑，在其内进行盾构安装和后座安装，并进行垂直运输出口施工，然后基坑部分回填并拔除板桩，开始盾构施工。此法适于浅埋的盾构始发端。

② 逐步掘进法

用盾构法进行纵坡较大的，与地面直接连通的斜隧道。盾构由浅入深掘进，直到全断面进入地层形成峒口。

③ 工作井法

在沉井或沉箱壁上预留洞口及临时封门，如图 3-50 所示。盾构在井内安装就位。待准备工作结束后即可拆除临时封门使盾构进入地层。

盾构拆卸井应满足起吊，拆卸工作的方便，但对其要求一般较拼装井为低。

(2) 土体开挖与推进

盾构施工首先使切口环切入土层，然后再开挖土体，千斤顶将切口环向前顶入土层，其最大距离是一个千斤顶行程。盾构的位置与方向以及纵坡度等均依靠调整千斤顶的编组及辅助措施加以控制。

土体开挖方式根据土质的稳定状况和选用的盾构类型确定。具体开挖方式有以下几种：

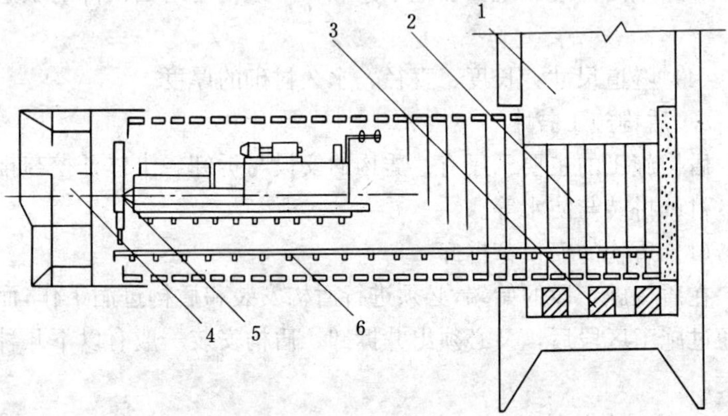

图 3-50　盾构进洞示意图

1—盾构拼装井；2—后座管片；3—盾构基座；4—盾构；5—衬砌拼装器；6—运输轨道。

① 敞开式开挖

在地质条件好，开挖面在掘进中能维持稳定或采取措施后能维持稳定，用手掘式及半机械式盾构时，均为敞开式开挖，开挖程序一般是从顶部开始逐层向下挖掘。

② 机械切削开挖

利用与盾构直径相当的全断面旋转切削大刀盘开挖，配合运土机械可使土方从开挖到装运均实现机械化。

③ 网格式开挖

开挖面用盾构正面的隔板与横撑梁分成格子，盾构推进时，土体从格子里呈条状挤入盾构中。这种出土方式效率高，是我国大、中型盾构常用的方式。

④ 挤压式开挖

挤压式和局部挤压式开挖，由于不出土或部分出土，对地层有较大的扰动，施工中应精心控制出土量，以减小地表变形。

(3) 衬砌拼装与防水

软土层盾构施工的隧道，多采用预制拼装衬砌形式；少数采用复合式衬砌，即先用薄层预制块拼装，然后再灌注内衬。

预制拼装通常由称作“管片”的多块弧形预制构件拼装而成。拼装程序有“先纵后环”和“先环后纵”两种。先环后纵法是拼装前缩回所有千斤顶，将管片先拼成圆环，然后用千斤顶使拼好的圆环沿纵向向已安好的衬砌靠拢联接成洞。此法拼装，环面平整纵缝质量好，但可能形成盾构后退。先纵后环因拼装时只缩回该管片部分的千斤顶，其它千斤顶则轴对称地支撑或升压，所以可有效地防止盾构后退。含水土层中盾构施工，其钢筋混凝土管片支护除应满足强度要求外，还应解决防水问题。管片拼接缝是防水关键部位，目前多采用纵缝、环缝设防水密封垫的方式。防水材料应具备抗老化性能，在承受各种外力而产生往复变形的情况下，应有良好的粘着力、弹性复原力和防水性能。特种合成橡胶比较理想，实际应用较多。

衬砌完成后，盾尾与衬砌间的建筑空隙需及时充填，通常采用壁后压浆，以防止地表沉降，改善衬砌受力状态，提高防水能力。

压浆分一次压注和二次压注。当地层条件差，不稳定，盾尾空隙一出现就会发生坍塌时，宜采用一次压注，压浆材料以水泥、粘土砂浆为主体，终凝强度不低于 0.2 MPa。二次压注是当盾构推进一环后，先向壁后的空隙注入粒径 3～5 mm 的石英砂或石粒砂；连续推进 5～8 环后，再把水泥浆液注入砂石中，使之固结，压浆宜对称于衬砌环进行，注浆压力一般为 0.6～0.8 MPa。

6. 地表变形及隧道沉降

用盾构法施工时，一般在隧道上方均会引起地表变形，这种现象在松软含水地层或其他不稳定地层中尤为显著。地表变形的程度与隧道埋深、隧道直径、地层土质情况、盾构施工方法、地面建筑物基础形式等都有很大关系。隧道衬砌脱离盾尾以后，也会产生一些沉降变形，其大小与地层的地质情况、施工方法、压浆工艺和衬砌防水工艺等有关，但盾构推进完成后，被扰动地层的重新固结，是隧道沉降变形的重要因素。

（1）导致地表变形的原因

① 地层原始应力状态的改变

在原来处于稳定状态的地层中，不论用何种方法开挖隧道，对周围的土体必有扰动影响，盾构掘进时开挖面土体的松动和坍塌，尤其是地下水位的变化，导致地层原始应力状态的改变和土体极限平衡状态的破坏，从而引起地表下沉变形。

② 盾构的挤压扰动

各种开挖方式的盾构，掘进时都不同程度对土层产生挤压扰动。其中全闭胸挤压盾构扰动最大。此外，盾构掘进遇到弯道以及进行水平或垂直纠偏时，也会使周围的土体受到挤压扰动，从而引起地表变形，其变形大小与地层的土质及隧道的埋深有关。

③ 降水引起的影响

盾构进出洞经常要采用降水措施。由于降水会使地层中原来的静水水位在井点管四周改变成漏斗状曲面，使含水地层中土的有效应力增加；还由于周围地下水的不断补充，在一定土层范围内产生动水压力，也导致土中有效应力增加，这就相当于使土层受到附加荷载的作用，而产生固结沉降。因此，降水引起地表变形的范围要扩大到漏斗曲线的范围，其沉降量及沉降时间与土的孔隙比及渗透系数有关，在渗透系数较小的粘性土中，固结时间较长，因而沉降较慢。

④ 盾尾空隙充填不足的影响

盾尾建筑空隙必须及时进行充填，在不稳定地层中施工时，这一点更显得重要，压浆材料的性能及充填量均影响到地表沉降及其速率。盾构施工中的纠偏或弯道施工时的局部超挖，会造成盾尾后部建筑空隙的不规则扩大，其扩大量难以估计，空隙又无法做到及时充填，从而导致地表沉降。

⑤ 管片环的变形

隧道衬砌脱出盾尾之后，在土压力的作用下管片环产生的变形，也会导致地表的少量沉降。

综上所述，盾构施工时，导致地表变形的原因较多，其表现形式是综合性的，要正确预计地表沉降量是困难的。为此，在施工开始前，宜划出一段空地，作盾构掘进时的地表变形实测试验，以取得数据指导施工，特别是建筑群范围内的地下施工。

（2）地表变形的控制

① 减少对开挖面地层的扰动

（a）施工中采取灵活合理的正面支撑或适当的气压压力，来防止土体坍塌，保持开挖面的稳定。条件许可时，尽可能采用泥水加压盾构、土压平衡式盾构等较先进的基本上不改变地下水位的施工开挖方法，以减少由于地下水位变化而引起的土体扰动。

（b）在盾构掘进时，严格控制开挖面的出土量，防止超挖。即使是对地层扰动较大的局部挤压盾构，只要严格控制其放土量，仍有可能控制地表变形。根据上海在软粘土中的盾构施工经验，当用挤压式盾构时，其放土量控制在理论土方量的80%～90%，地表可不发生隆起现象。

（c）控制盾构推进一环时的纠偏量，以减少盾构在地层中的摆动，和对土层的扰动。同时应尽量减少纠偏需要的开挖面局部超挖。

（d）提高施工的速度和连续性。实践表明，盾构停止推进时，会因正面土压力的作用而产生后退。其后退量虽可采取措施减少一些，但后退总难避免。因此，提高隧道施工速度，避免盾构停搁，对减少地表变形有利。若盾构要中途检修或因其他原因必须暂停推进时，务必作好防止后退的措施，正面及盾尾要严密封闭，以尽量减少搁置期间的地表沉降影响。

② 保证做好盾尾建筑空隙的充填压浆

（a）保证压注工作的及时性，尽可能缩短衬砌脱出盾尾的暴露时间，以防地层塌陷。

(b) 保证压注数量，控制注浆压力。注浆材料要产生收缩，因此压注量必须超过理论建筑空隙的体积，一般超过10%左右。过量的压注会引起地表隆起及局部跑浆等现象，对管片受力状态也有影响。由于盾构纠偏、局部超挖、地层存在孔隙等原因，往往使实际的建筑空隙无法正确估计。为此，还应以控制注浆压力，作为充填程度的标准。当压力急骤升高时，说明已充填密实，此时就应停止压注。对注入数量及注浆压力要兼顾。如果注入数量已达到规定标准而压力很低，则说明空隙较大。此时，应增加注入数量，以压力升高到规定值为准。

(c) 改进压浆材料的性能。施工时，地面拌浆站要严格掌握压浆材料的配合比，对其凝结时间、强度、收缩量要通过试验不断改进。提高注浆材料的抗渗性能，将有利于隧道防水，相应也会减少地表沉降。

③ 隧道设计选线时，要充分考虑地面沉降可能对建筑群的影响

选择盾构法施工的隧道区间线路时，要顾及地面建筑状况，尽可能避开建筑群或使建筑物处于地表均匀沉降区内。对双线盾构隧道，还应预计到先后掘进会产生的二次地表沉降。最好在盾构出洞后的适当距离内，对地表沉降及隆起进行量测，取得资料，作为控制地表变形的依据。

(3) 隧道沉降

隧道衬砌成环、脱离盾构以后，就开始有沉降现象出现。起初较大，随着时间的增加而逐渐减小，进而趋向稳定。在正常情况下，造成隧道沉降的主要原因，是盾构在掘进过程中对开挖地层的扰动，以及地基土的重新固结。

引起隧道沉降的另一个原因，是隧道的渗漏水。严重的漏水、漏泥会造成隧道周围的水土流失，危及隧道结构的安全。所以隧道渗漏水应及时堵好。

盾构开挖方法不同，对土层扰动的大小就不一样，对隧道最

终沉降的影响也不一样。不同的土层，由于沉降固结的时间不一样，因而使隧道到达稳定沉降的时间也有所不同。为避免由于隧道沉降而使竣工后的隧道轴线往下偏离设计位置，通常按经验确定一个沉降值，提高盾构施工轴线，使沉降后的隧道接近设计轴线。

第四章　高架铁道结构与施工

第一节　概　述

一、一般原则

高架铁道结构包括站间高架桥和高架车站，是永久性城市建筑。除必须满足安全、经济、使用功能、施工便捷、养护维修方便等要求外，对高架铁道结构还有一些特殊要求值得注意。

高架铁道结构的施工应考虑到尽可能避免对城市交通和市民生活的干扰，在施工现场应不中断原有市内交通，设法降低噪声，特别要避免在邻近原有建筑物采用打入桩，对地下管线要调查探明，若与结构基础有干扰，要采取适当的避让措施等等。

高架铁道结构的造型要与城市景观协调。站间高架桥的高跨比既要考虑到经济，又要考虑到美观；高架车站的造型要有地区特色，简明大方而不追求豪华。

站间高架桥要特别注意防水、排水、伸缩缝、栏杆、灯柱、防撞墙等配套构件的功能完善和外观鲜明，这些都是万众瞩目的对象，直接影响到对工程的评价。

高架桥在必要地段要设置音屏障以减轻车辆运行的噪声，桥上应设置养护、维修人员及疏散旅客的安全通道。

高架铁道的主要技术标准除采用 1 435 mm 的标准轨距外，其他尚未有统一标准，有待设计规范的制定。上海明珠线规定的技术标准为：区间直线地段线间距不小于 3.6 m，站内直线地段线间距为 3.6～4.0 m；线路区间最小曲线半径为 300 m，车站站台在困难地段可设在半径不小于 800 m 的曲线上，车场线路最小曲线半径为 150 m；线路最大纵坡区间正线为 30‰，其他线为 35‰，车站站台在困难地段可设在 5‰的坡道上；线路竖曲线半径一般情况为 5 000 m，困难地段为 3 000 m。

跨越铁路、公路、城市道路和河流时的桥下净空应满足有关规范的限界规定。上海明珠线规定桥下最小净高对一般道路为 5 m，城市主要道路为 5.5 m，电化铁路为 6.75 m。

桥上安全护轮设施，在直线及 $R \geqslant 400$ m 的曲线地段应设钢筋混凝土护轮矮墙结构，在 $R < 400$ m 的曲线地段应设安全护轮轨。

二、建筑材料

高架铁道结构可供选用的材料有钢、钢筋混凝土和预应力混凝土。这 3 种材料各有优点，应该因地制宜适当选择。

高架铁道在市内开工兴建以后，为尽量减少对城市生活的干扰，工期往往很紧。在某些特殊地段，例如跨越重要城市道路、铁路、高架道路或河流的地段，高架桥的跨度既大，结构型式又比较复杂，为争取工期，采用钢桥或钢与钢筋混凝土结合梁桥就是可以考虑的选择。钢桥或结合梁，工厂制造的程度高，施工便捷，对于不均匀沉降不敏感，没有收缩徐变的不良影响。这些优点对于城市轨道交通的高架桥较之于一般的公路桥更为有利。钢材可采用 16 桥（16 q）或 16 锰桥（16 Mnq）等材料。

钢筋混凝土大量用于高架桥的墩台和高架车站建筑。对于只受压力或以压力为主的桥梁墩台、车站建筑的墙与柱，钢筋混凝土具有工艺成熟，造价便宜，施工简单的优点。小半径曲线地段的箱梁桥跨结构也宜采用钢筋混凝土现场浇筑。混凝土强度等级不宜低于 C20，钢筋可采用 A3 或 20MnSi 钢筋（Ⅱ级钢筋）。

高架铁道的桥跨结构、桥梁墩台的大伸臂帽梁、车站建筑的楼板梁及框架结构，应优先采用预应力混凝土。预应力混凝土能充分发挥高强度混凝土和高强度钢丝、钢绞线或热处理钢筋的作用，用于以受弯为主的构件或结构，优越性非常显著。但长期以来，对于无碴无枕的铁路桥梁或城市轨道交通桥梁，预应力混凝土梁的徐变变形是一个比较难以处理的课题。随着部分预应力混凝土理论与实践的推广，这个课题有望从构造上得到解决。其实道理也很简单，过去广泛采用“全”预应力混凝土，不容许预应力混凝土构件产生裂缝（抗裂安全度1.2～1.3），预应力加得很高，构件预拱度很大，随着徐变变形的发展，拱度越来越大，以致无碴无枕桥上轨道标高无法调节。当采用部分预应力混凝土时，容许混凝土在最不利荷载作用下产生少许裂缝，预拱度很少，徐变变形就不再是一个难题。

1998年7月1日生效的上海市标准《预应力混凝土结构设计规程》DBJ 08—69—97适用于以一般混凝土制作的预应力混凝土工业与民用房屋结构，桥梁结构（包括城市道路桥、公路桥、铁路桥和城市轨道交通桥梁）的设计。是我国第一本明确规定适用于城市轨道交通桥梁的规程，可以作为设计依据。

三、荷　载

车站建筑的使用荷载可以参照《建筑结构荷载规范》GBT 9—87。站间高架桥的荷载有其特殊性，尚未制定统一标准。上海市标准《预应力混凝土结构设计规程》规定：“城市轨道交通桥梁的荷载除车辆荷载外，应参照《铁路桥涵设计基本规范》TB 1002.1—99的规定执行；车辆荷载则按所采用的车辆制定；其荷载组合及分项系数见附录B”。兹将附录B“城市轨道交通桥梁的荷载组合及其分项系数”摘录于后（见表4-2），并就其中可以商榷的几项阐述如下。

1. 车辆荷载

城市轨道交通的车辆选型受到各方面条件的制约，因此车辆荷载难以确定，更不能像铁路列车荷载或公路汽车荷载那样制定出有代表性的标准荷载来。“七五”国家重点科技攻关项目成果《城市轻轨交通工程设计指南》建议轻轨车辆荷载的标准图式如图4-1所示。

图中轴重P_1、P_2，轴距D_1、D_2、D_3及连挂车辆相邻轴距D_0应按采用所选车型各项数据。在“七五”国家科技攻关项目214成套技术 0912 中，具体采用 $P_1=100$ kN，$P_2=70$ kN，$D_0=6\ 900$ mm，$D_1=1\ 900$ mm，$D_2=4\ 850$ mm，$D_3=1\ 800$ mm。这个荷载可以换算为 24 kN/m。上海明珠线车辆荷载为四轴制，分重车与轻车，重车轴重 170 kN，轻车 80 kN（见图 4-2），重车可以换算为 29.8 kN/m（动车）或 27.88 kN/m（拖车）。表 4-1 所示为国外某些轻轨高架线路的活载示例。

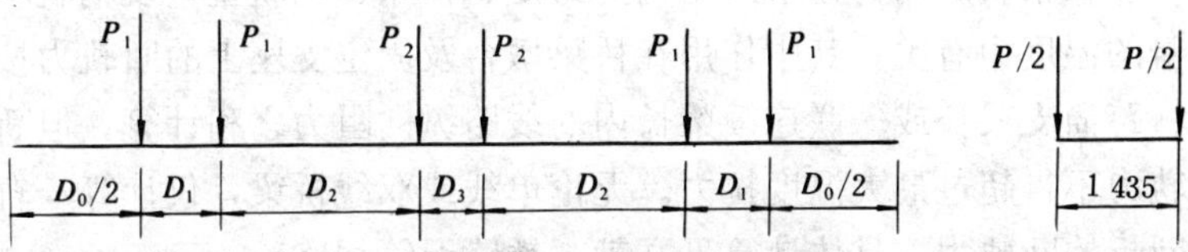

图 4-1　轻轨车辆荷载标准图式

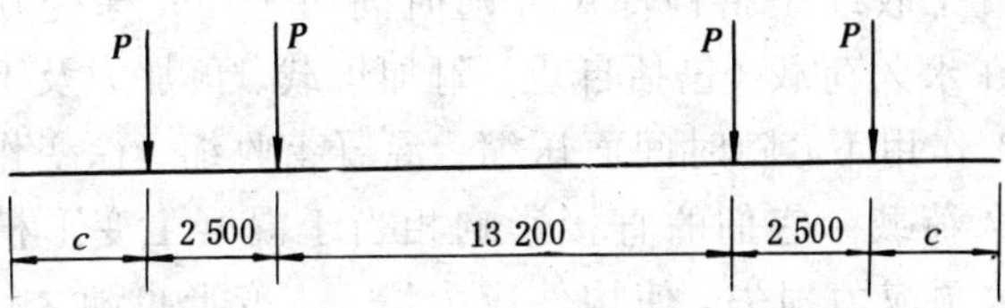

图 4-2　上海明珠线车辆荷载图式

无司机室动车 C=2 300 mm；有司机室拖车 C=3 095 mm。

表 4-1　国外某些轻轨高架线路的活载

国　家	加　拿　大				美　国		
地　点	多伦多	金斯敦	斯卡勃罗	温哥华	华盛顿	亚特兰大	迈阿密
建造年份	1962	1979			1972	1978	1980
活载/(kN/m)	27.25	17.19	16.38	16.38	23.35	23.74	22.47

2. 长钢轨纵向力

当桥上铺设无缝线路时，长钢轨本身除受温度力作用之外，还受梁、轨相互作用的两项纵向附加力作用，即伸缩力和挠曲力。所谓伸缩力是指梁因温度变化而产生伸缩，但受长钢轨的阻挡而不能实现，因而在长钢轨中引起纵向附加力。所谓挠曲力是指梁在列车荷载作用下产生挠曲，此挠曲引起梁上缘即钢轨平面的纵向位移,此纵向位移同样不能实现而引起长钢轨中的纵向水平力。不言而喻，伸缩力和挠曲力又反作用于梁跨（支座）和墩台。此外如果在桥上发生断轨，或者是无缝线路伸缩区设置在梁上时，梁跨（支座）和墩台又将受到断轨力或温度力的作用。总而言之，作用在桥上的长钢轨纵向力包括伸缩力，挠曲力和断轨力三项。

长钢轨纵向力与桥跨结构的跨度、体系、钢轨重量及钢轨本身的温度力有关。其中作用在桥梁墩台及固定支座上的断轨力按一跨简支梁长或一联连续梁长内的线路纵向阻力之和计算，但断轨力不得超过最大温度拉力。无论单线或双线桥梁，仅计算一轨断折的断轨力。具体计算见文献《铁路无缝线路》。

3. 混凝土收缩徐变作用

混凝土收缩是指构件尺寸随时间而干缩；徐变则是指构件尺寸在永久荷载（包括自重、附加恒载、预加力及不均匀沉降作用）作用下，随时间而压缩。混凝土收缩、徐变作用本身也是永久荷载，它们的直接影响相当于混凝土变形模量的降低，导致预应力损失，使构件应力增大，变形也随之增大。其实这些都不难计算，工程师们感到困惑的是构件在预加力作用下预拱度随时间越来越大，曾经出现过铁路桥梁的桥上道碴越来越薄，无碴无枕桥梁的轨顶标高无法调节的现象。前已述，部分预应力混凝土构件容许构件在最不利荷载作用下出现少许裂缝（但在恒载作用下不容许出现裂缝），从而可以适当降低预加力，既节约了材料，又能使构件在永久荷载作用下保持不拱、不挠的状态，从根本上解决了预拱度随时间而发展的问题。

设计时可以在构件中预留两、三根备用束，施工时随时观察梁的状态，利用备用束调节预加力的增减来控制梁的上拱或下挠，不一定要求预拱度等于零，只要控制在毫米级就可以保证混凝土收缩、徐变作用主要使构件缩短而不会产生无法调节的拱度。

表 4-2 城市轨道交通桥梁的荷载组合及其分项系数

<table>
<tr><td colspan="3" rowspan="2">荷载分类</td><td colspan="3">基本组合</td><td>撞击力组合</td><td>施工组合</td><td>地震力组合</td></tr>
<tr><td>Ⅰ</td><td>Ⅱ</td><td>Ⅲ</td><td>Ⅳ</td><td>Ⅴ</td><td>Ⅵ</td></tr>
<tr><td rowspan="5">永久荷载</td><td colspan="2">结构自重</td><td>$\Delta_1/1.0$</td><td>Δ_1</td><td>Δ_1</td><td>1.0/1.0</td><td>Δ_3/Δ_3</td><td>1.0/1.0</td></tr>
<tr><td colspan="2">结构附加恒载</td><td>$\Delta_2/1.0$</td><td>Δ_2</td><td>Δ_2</td><td>1.0/1.0</td><td>1.2/1.0</td><td>1.0/1.0</td></tr>
<tr><td colspan="2">预加力</td><td>—/1.0</td><td>—</td><td>—</td><td>—/1.0</td><td>—/1.0</td><td>—/1.0</td></tr>
<tr><td colspan="2">混凝土收缩、徐变</td><td>—/1.0</td><td>—</td><td>—</td><td>—</td><td>—</td><td>—</td></tr>
<tr><td colspan="2">不均匀沉降作用</td><td colspan="6">根据设计需要参与组合</td></tr>
<tr><td rowspan="4">基本可变荷载</td><td colspan="2">列车活载及动力效应
$(1+\mu)_k Q_{1k}$</td><td>1.4/1.0</td><td>1.2</td><td>1.2</td><td>1.0/
1.0*</td><td>—</td><td>0.75*/
0.75*</td></tr>
<tr><td colspan="2">离心力</td><td>1.4/1.0</td><td>1.2</td><td>1.2</td><td>—</td><td>—</td><td>—</td></tr>
<tr><td colspan="2">列车横向摇摆力</td><td>1.4/1.0</td><td>1.2</td><td>1.2</td><td>—</td><td>—</td><td>0.75/0.75</td></tr>
<tr><td colspan="2">列车制动力或牵引力</td><td>—/1.0</td><td>—</td><td>—</td><td>—</td><td>—</td><td>—</td></tr>
<tr><td rowspan="5">其他可变荷载</td><td colspan="2">风荷载</td><td>—/0.3</td><td>1.1</td><td>—</td><td>—</td><td>0.75/
0.75</td><td>—</td></tr>
<tr><td rowspan="2">温度作用</td><td>年温差外约束</td><td>—/1.0</td><td>—</td><td>1.3</td><td>—</td><td>1.0/1.0</td><td>—</td></tr>
<tr><td>日温差效应</td><td>—/0.8</td><td>—</td><td>1.0</td><td>—</td><td>0.8/0.8</td><td>—</td></tr>
<tr><td colspan="2">长钢轨纵向力</td><td>Δ_4</td><td>—</td><td>—</td><td>—</td><td>—</td><td>—</td></tr>
<tr><td colspan="2">人行道荷载</td><td colspan="6">检算人行道时，$\gamma_Q=1.4$，检算主梁时，不参与组合，即 $\gamma_Q=0$</td></tr>
<tr><td rowspan="2">偶然荷载</td><td colspan="2">地震力</td><td>—</td><td>—</td><td>—</td><td>—</td><td>—</td><td>$\Delta_5/1.0$</td></tr>
<tr><td colspan="2">船只或车辆撞击力</td><td>—</td><td>—</td><td>—</td><td>1.0/1.0</td><td>—</td><td>—</td></tr>
<tr><td colspan="3">施工荷载</td><td>—</td><td>—</td><td>—</td><td>—</td><td>1.5/1.0</td><td>—</td></tr>
</table>

注：① 分项系数中，分子用于强度极限状态，分母用于使用极限状态或施工状态；

② 短划—表示该项不参与组合；

③ 基本组合Ⅱ、Ⅲ只适用于强度极限状态；

④ Δ_1、Δ_2、Δ_3 表示结构自重或附加恒载效应与可变荷载效应同号时为 1.1、1.4、1.2，异号时为 1.0、1.0、0.85；

⑤ Δ_4表示在桥梁铺设无缝线路时，应对桥上无缝线路作专门设计及试验研究，以确定其长钢轨纵向力，并根据不同结构特性及极限状态确定其作用效应和分项系数；

⑥ Δ_5 表示当验算支座部件、梁与支座间连接、锚栓及橡胶支挡设施时，为 1.5，验算其他构件时为 1.0；

⑦ 符号 * 表示根据设计需要采用静活载或动活载。

4. 荷载组合及其分项系数

表 4-2 摘录文献《预应力混凝土结构设计规范》中规定的城市轨道交通桥梁的荷载组合及其分项系数，它是依据国家标准《工程结构可靠度设计统一标准》GB 50153—92 和《铁路工程结构可靠度设计统一标准》GB 50216—94 规定的原则制定的一本地方性标准，有其广泛的适用性和先进性。荷载组合分为 6 类，其中基本组合 3 类，另有撞击力组合、施工组合和地震力组合各一类，兹分述于下。

基本组合Ⅰ：永久荷载的一种或数种（视可能同时出现的情况而定，下同），加基本可变荷载的一种或数种，加其他可变荷载的一种或数种。分别给出强度极限状态和使用极限状态的分项系数。

基本组合Ⅱ：永久荷载中的自重、附加恒载和不均匀沉降（根据设计需要参与组合），加基本可变荷载（不计制动力或牵引力），加其他可变荷载中的风荷载。此类组合只须验算强度极限状态。

基本组合Ⅲ：永久荷载和基本可变荷载同上，加其他可变荷载中的温度作用；此类组合也只须验算强度极限状态。

撞击力组合Ⅳ：除永久荷载的一种或数种及列车活载外，只考虑船只或车辆的撞击力。分别给出强度极限状态和使用极限状态的分项系数，使用极限状态的容许应力限值应依据有关规范适当提高。

施工组合Ⅴ：除永久荷载的一种或数种加其他可变荷载的一种或数种外，再加上施工荷载，分别给出强度极限状态和施工状态的分项系数，施工状态的容许应力限值在文献[1]中另有规定。

地震力组合Ⅵ：除永久荷载的一种或数种加基本可变荷载的一种或数种外，再加上地震力荷载。分别给出强度极限状态和使用极限状态的分项系数，使用极限状态的容许应力限值应依据有关规范适当提高。

第二节　区间高架桥结构设计与施工

一、概　述

站间高架桥可以区分为一般地段的桥梁和主要工程节点的桥梁。一般地段的桥梁虽然结构型式简单，然而就工程数量和土建工程造价而言，却可能占据全线高架桥的大部份额，例如上海明珠线一期工程一般地段桥梁全长 18.71 km，占高架线 80%以上，对于城市景观和道路交通功能的影响不可轻视。因此其结构型式的选择必须慎重其事，多方比较。从城市景观和道路交通功能考虑，宜选用较大的桥梁跨径给人以空透舒适感；按桥梁经济跨径的要求，当桥跨结构的造价和下部结构（墩台、基础）造价接近相等时最为经济；从加快施工进度着眼，宜大量采用预制预应力混凝土梁。实际上一般地段桥梁型式的选定往往是因地制宜综合考虑的结果。

在建筑高度不受限制，或刻意压低建筑高度得不偿失的场合，一般适用于城市桥或公路桥的正常高度桥跨结构均可用于城市轨道交通的高架桥。对于跨度 22 m 以内的桥跨，可采用梁宽 1.5 m 的先张法空心板梁，每线二片，受力情况清晰，桥梁建筑高度较低。工厂预制易于保证施工质量，运输吊装容易解决，可缓解施工期间场地紧张的矛盾，适用于直线地段和半径较大的曲线地段。先张法空心板梁截面中间挖空形式很多，如图 4-3 所示。挖成单个较宽的孔洞，其挖空体积最大，块件重量也最轻，但在顶板内要布置一定数量的横向受力钢筋。图 4-3（a）的顶板呈微弯形，顶板钢筋用量较省，但模板较图 4-3（b）复杂。图 4-3（c）挖成两个正圆孔，当用无缝钢管作为心模时施工方便，但挖空体积较小。图 4-3（d）的心模呈圆端形，由两个半圆及两块侧模板组成，其挖空体积较大，适用性也较好。有些施工单位采用胶囊作心模，形成的孔洞呈椭圆形，位置不很准确，形状也不很规则。

T 形梁设计和施工经验成熟，可以预制也可以现浇，建筑高度稍高，适宜采用B类部分预应力混凝土，预拱度加以控制可以在很大程度上减轻混凝土收缩徐变影响。缺点是从桥下仰望，桥底呈网格状，景观稍差。加拿大多伦多市的轻轨高架桥采用预制双T梁连续后浇桥面简支梁，跨度18.3 m、梁高0.91 m、高跨比1/20，上翼缘宽2.54 m、重33.86 kN/m。美国迈阿密的轻轨高架桥也是采用预制先张双T梁，简支，跨度12.2～24.4 m、梁高1.52 m、梁宽3.66 m、重53.26 kN/m，截面形式如图4-4，图中并示出横隔板的盖板栓接构造。

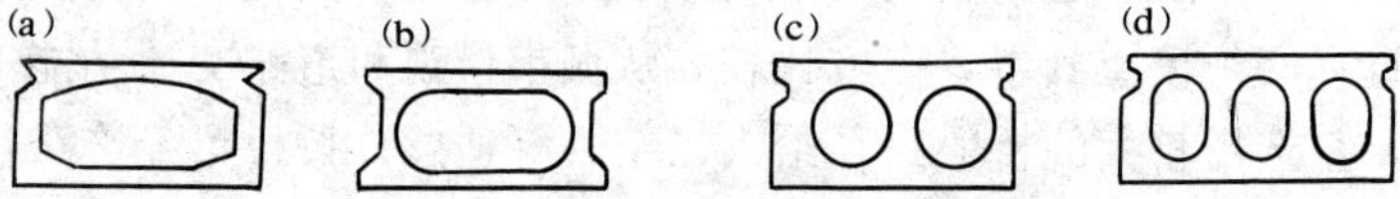

图4-3　空心板梁截面

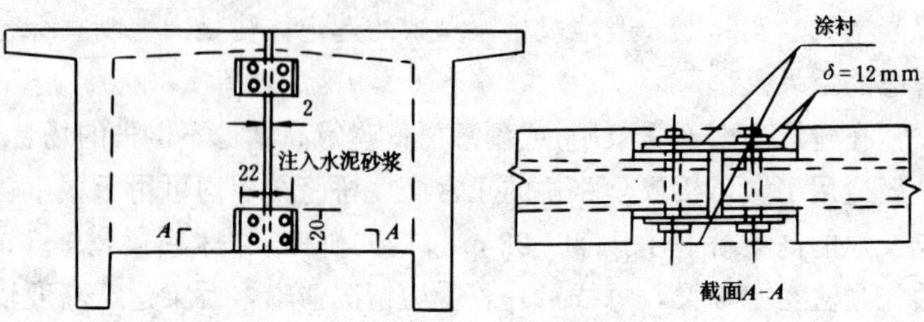

图4-4　双T梁截面

箱梁结构抗扭刚度大，动力特性好，线条流畅，造型美观，设计及施工经验成熟，可以采用钢筋混凝土或预应力混凝土，但箱梁不便整体运输吊装，一般需就地浇筑，相应工期较长，适用于小半径曲线地段和跨越道路、河流跨度较大的情况。

跨越主要道路、河流及其他市内交通设施的主要工程节点可以采用任何一种适用于城市桥梁的大跨度桥梁结构体系。但必需和当地城市景观相协调。采用最多的是连续梁、连续刚构、系杆拱之类。例如上海明珠线跨中山西路桥采用跨度80 m＋112 m＋80 m的双壁墩预应力混凝土连续刚构；跨中山北路桥采用30 m＋55 m＋30 m的连续梁，边孔为预应力混凝土梁，中孔为钢与钢筋混凝土结合梁的混合式结构。跨漕溪路桥采用 54 m+128 m+54 m 的预应力混凝土系杆拱连续梁，如图 4-5（a）所示；跨苏州河桥采用跨度 25 m+64 m+25 m 的中承式钢管混凝土拱，如图 4-5（b）所示。其构造、设计细则可参阅有关资料。

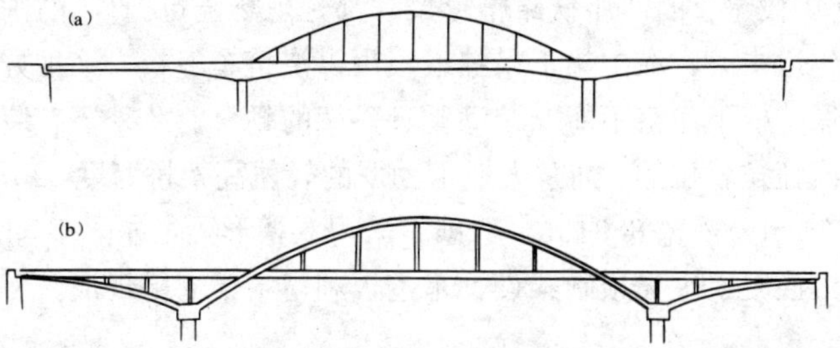

图 4-5　连续梁示意图

(a) 系杆拱连续梁；(b) 三跨连续中承式拱

二、槽形梁结构设计与施工

在建筑高度很受限制的场合，预应力混凝土槽形梁是一种可以优先选用的方案。槽形梁桥由车道板、主梁、端横梁这 3 大部分组成（见图 4-6），其建筑高度只取决于桥宽而与跨度无关，因此跨度越大越有利。桥宽与单线、双线及桥内是否设检修道或桥上架空线接触网电杆位置有关，如表 4-3 所示。

表 4-3　槽形梁桥宽及板厚

类　型	桥宽/m	车道板厚/m
单线，不设检修道	4.1	0.30
单线，桥内设检修道	4.8～5.0	0.35
双线，接触网电杆在桥中央	9.5	0.55
双线，接触网电杆在两侧，且不设检修道	8.9	0.50

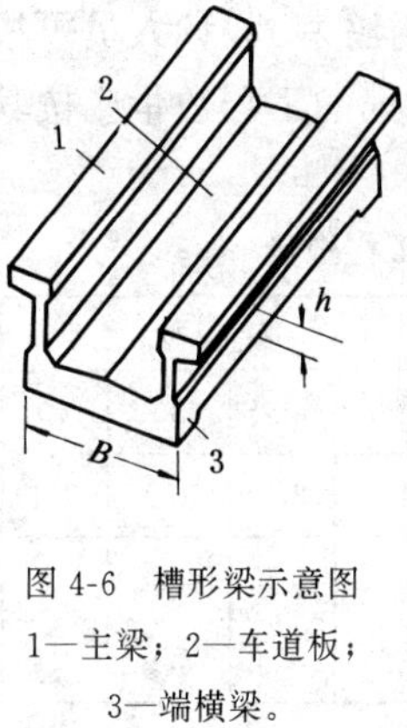

图 4-6　槽形梁示意图

1—主梁；2—车道板；3—端横梁。

槽形梁桥的优点除建筑高度最低外，两侧的主梁还可提供音屏作用，而且预拱度很小，不在乎收缩、徐变影响。轻轨交通高架桥 40 m 单线槽形梁桥的预拱度仅 8.78 mm；40 m 双线槽形梁桥的预拱度仅 4.9 mm。施工方法可以现浇，也可以预制拼装。我国 80 年代建成的两座铁路槽形梁桥都是现场浇筑。日本的中川桥是先建造主梁，在主梁下吊挂模板用以浇筑车道板。这种方法适用于保持桥下净空不能安装满堂脚手架的场合。此外还有装配式施工或拖拉就位的。加拿大斯卡勃罗的轻轨高架桥跨度 32 m，梁高 1.65 m，桥宽 8.94 m，双线，采用双槽形梁，如图 4-7 所示。预应力混凝土主梁预制架设，车道板利用主梁立模现浇。

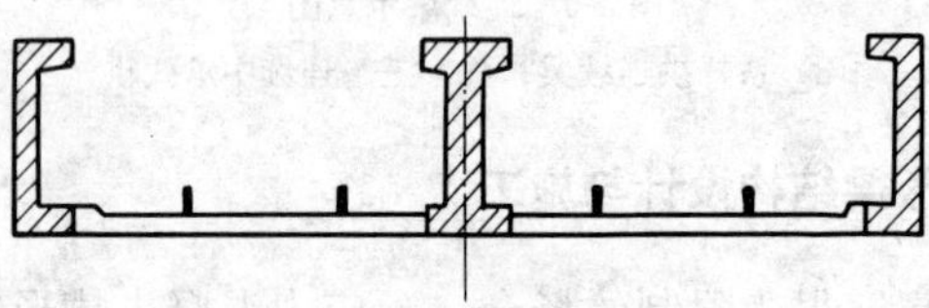

图 4-7　加拿大斯卡勃罗的双槽形梁截面

轻轨交通高架槽形梁桥的工程数量如表 4-4 所示，可供初步设计参考。其中单线 10 m、20 m、25 m 等 3 种跨径的车道板无横向预应力，为单向预应力结构，其他几种均为双向预应力结构，预应力筋采用冷拉Ⅳ级钢筋或 ϕ5 mm 的平行钢丝束。设计人员可按材料供应情况自行选择，须注意的是预应力筋的工程数量应按其标准强度换算。

表 4-4　轻轨交通高架槽形梁桥的工程数量

项　目	单　线					双　线			
跨度/m	10	20	25	30	40	20	25	30	40
梁高/m	1.0	1.5	1.8	2.2	2.9	1.7	2.1	2.2	3.1
车道板厚/m	0.3	0.33	0.33	0.33	0.33	0.55	0.55	0.55	0.55
桥宽/m	4.1	4.8	4.8	5.0	5.0	8.9	8.9	8.9	8.9

续上表

项目	单线					双线			
混凝土/m^3	C40 23.17	C40 58.45	C40 82.0	C40 113.23	C40 185.6	C40 144	C40 181.1	C50 233.67	C50 340.0
纵向 预应力筋/kN	Φ^{l}_{22} 5.53	Φ^{l}_{22} 23.03	Φ^{l}_{22} 44.0	24ϕ5 38.12	24ϕ5 52.0	Φ^{l}_{22} 75.1	Φ^{l}_{22} 102.7	48ϕ5 94.18	48ϕ5 130.0
横向 预应力筋/kN	—	—	—	Φ^{l}_{22} 17.9	Φ^{l}_{22} 23.9	Φ^{l}_{22} 22.7	Φ^{l}_{22} 28.1	Φ^{l}_{22} 34.1	Φ^{l}_{22} 45.4
非预应力筋/kN	18.76	46.31	66.7	60.4	93.2	43.7	57.3	64.79	103.9
拼装块数	4	7	8	8	9	7	8	11	14
块件/kN	160	227	260	360	516	577	650	560	607

槽形梁的具体计算分析可参考有关文献。

槽形梁的装配方案有纵向分块和横向分块两种。此两种方案各有利弊，须根据施工架设条件及所跨越的下部空间决定。

横向分块，每块为一完整的U形截面，横向预应力在预制时已经实施完成，在桥头路堤上串联成整体，然后用纵移法移至桥孔，落梁就位。

这种方法的优点是施工制造简单，块件尺寸和重量都可以做得很小，适宜于长途运输。表4-4中给出各种跨度的槽形梁桥横向分块的块数及重量。块件密贴灌注，工地可以设干接缝，用环氧树脂砂浆粘接，然后在工地只须穿入纵向预应力筋，张拉、锚固、压浆、封端、纵移、落梁，即可架设就位。

这种方法适用于在桥下净空内可以架设临时便梁以便纵移的情况。如系立交桥，在桥下不容许中断交通时，临时便梁可以架设得高一些，还可以在桥下行车限界之外设置支架来承托便梁，借以减少便梁跨度，增加其刚度。纵梁下滑道是连续的，设在临时便梁上缘，上滑道应设在端横梁的下缘。这样，槽形梁在纵移过程中始终保持两端简支状态，无须顾及预拉区出现裂缝等不良后果。

当然也可以在槽形梁的前端装置临时的导梁以便纵移。但这个方法用于简支梁效果不佳，而且预拉区在纵移过程中往往会产生拉应力，须在槽形梁的主梁上翼缘设置临时预应力筋，增加造价。

纵向分块是将两侧主梁预制成两大块体，主梁之间的车道板和端横梁可以预制，也可以在主梁架设就位后就地灌筑。预制的车道板、端横梁和两侧主梁的连接必须采用湿接缝。在工地上要施加横向预应力和纵向预应力。

这种方法缺点较多，一是主梁预制块件重量随跨度加大而增加，可能超过工地现有的架设能力；二是湿接头或就地灌筑车道板、端横梁，这就势必大大增加了工地上的工作量；三是车道板内的纵向预应力不足。如若为了减少工地上的工作量，预先就把整块车道板和端横梁预制好，并施加纵向预应力，这样在工地上就只需做湿接头和施加横向预应力。显然，这么一大块薄板的预制及运输、吊装架设都很困难，而且有失稳的危险。

纵向分块方案的唯一优点是可以利用工地现有的架设机具，将预制主梁直接架设就位，无须设置临时便梁及纵移就位。

槽形梁桥的缺点是工程数量较大；现场浇筑和张拉预应力工作量大，施工较复杂，施工进度较慢；预制拼装则施工经验不足。因此上海明珠线未采用这种结构。其实工程数量大是下承式桥梁所不可避免，其经济效益需要结合下部结构在较长一段线路上因降低建筑高度所带来的利益综合分析。往往在关键桥孔采用槽形梁就能降低很长一段线路的标高，其经济效益是不言而喻的。

三、箱梁结构

箱梁结构分上承式和下承式。上承式在箱梁顶板带小悬臂车道板，适用于建筑高度不受限制的场合。下承式是在箱梁底板带大悬臂车道板（见图 4-8），亦称脊梁式结构，兹分述于下。

1．下承式脊梁结构

这种结构主要靠脊梁来承受纵向弯矩，悬臂板作为行车道板，同时作为传力结构将荷载传到脊梁上，挡墙主要是防止噪声和作车辆倾覆保护，同时也可作为结构一部分（边梁）改善悬臂板的受力。

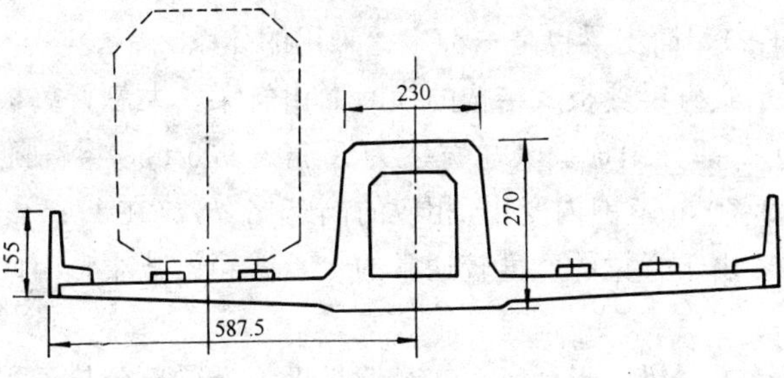

图 4-8　脊梁式箱梁结构（单位：cm）

下承式脊梁结构具有以下优点：

（1）建筑高度低。下承式梁结构的建筑高度为悬臂板的厚度。脊梁高度的改变对悬臂板的厚度并无影响，即跨径的变化不带来建筑高度的改变，这对于城市高架结构的线型布置和建设是非常有利的。建筑高度降低使路面标高及引桥长度减少，降低工程数量。

（2）施工方便，可采用预制构件拼装的方法。施工过程通常是首先吊装脊梁，然后拼装悬臂翼板，整个过程的进行均为拼装。便于城市内施工，施工速度快，并显著减少对城市交通和环境的影响。

（3）结构上需要的部分能同时满足其他需要，除前所述的悬臂板和边梁外，脊梁顶板同样尚可作为检修通道和出事故时人员疏散途径，此外还可提供电杆位置。桥下净空大，可充分发挥原有道路的作用。

（4）脊梁自身就是一个防噪体系，能够减少悬臂板左右相向行驶的车辆相互的噪声干扰；同时脊梁和两边梁组成的防噪体系，在一定程度上能够减少车辆噪声对周围环境的影响。

（5）外型美观。下承式脊梁结构外型独特、美观，有着现代的特征，配以造型简洁的薄壁墩，能够起美化城市环境的作用。

由于城市布局复杂性以及交通体系的自身功能要求，使得结构要有较广的适应性，两跨连续梁体系具有制做方便，施工快速，有利于跨径布置等特点，是一种城市高架结构较适合的结构体系（见图 4-9），简支梁也是一种广泛采用的体系。

下承式脊梁翼板式结构的横断面由脊梁、大悬臂翼板和边梁（挡板）3 部分组成。其总宽度为 8.70～9.5 m，梁高随跨径在 1.60～2.70 m 范围内变化，相应的高跨比（h/l）在 1/15～1/20 之间变化。由于脊梁的宽度较通常的上承式箱梁减小，因此梁高较大。

下承式脊梁由于行车道在悬臂板上，脊梁部分从工程上、实用上和美观上都不希望做得太大、太宽，其梁宽通常为 1.6～2.3 m。结构形式往往为单箱，厚壁甚至实心，变高度等。由于脊梁除了提供部分的纵向抗弯刚度之外，还提供主要的横向抗扭刚度，车轴位置的较大偏心，使得脊梁产生显著的扭转效应。因此脊梁的壁厚一般在 0.25～0.42 m 左右。在支承区域，由于约束扭转的作用，结构的剪应力相当大，通常设置一段实体脊梁（见图 4-9）。

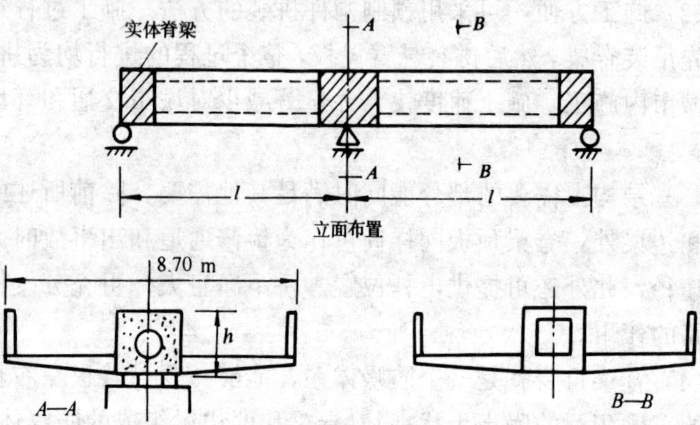

图 4-9 脊梁结构形式

下承式脊梁翼板式结构另一重要组成部分是悬臂板。悬臂板的结构形式可采用纵向连续板，空心板或者用多根悬臂梁代替（见图 4-10）。从施工角度，防振隔振、防噪性能和美观上起见，以实体形式为好，如图 4-10（b）。

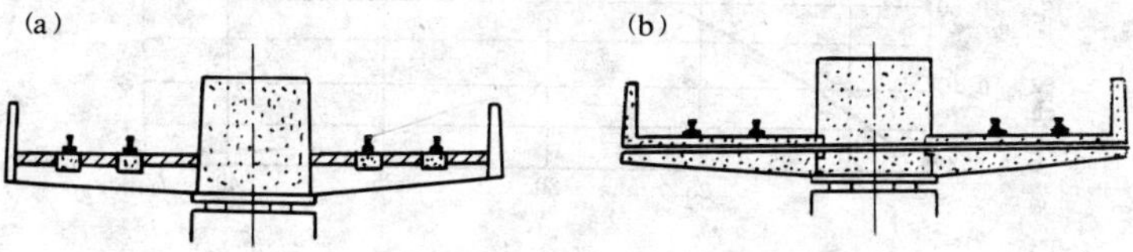

图 4-10 悬臂板形式

(a) 悬臂梁；(b) 悬臂板。

悬臂板除了为上部结构提供空间外，也能提供纵向刚度（因为它有较大的翼缘面积），但对抗扭性能增加不多。悬臂板的主要作用是传递车辆的荷载到脊梁上，承受横向弯矩和剪力作用。在悬臂板和脊梁相接处的根部，为抵抗外力必须在悬臂板上施加横向预应力。悬臂板的纵向可以采用预应力体系或者钢筋混凝土体系。悬臂板根部的厚度为 0.35～0.42 m，直线变厚度。纵向自由边的厚度为 0.15～0.20 m。

下承式脊梁翼板式结构的边梁除了结构上自身的功能之外，还能提供纵向抗弯功能，这对改善悬臂板的受力是有利的。从防振隔振角度考虑，边梁结构形式为实体挡板，其高度一般与车厢地面高度相等。

下承式脊梁翼板结构为双向预应力混凝土结构。纵横向预应力均采用 24 根 $\phi5$ 高强钢丝束，脊梁与翼板混凝土的强度等级为 C50。挡板和桥面轨道系统的混凝土强度等级为 C40。每 m^2 桥面的混凝土用量及钢筋用量见图 4-11 及图 4-12，可供初步设计参考。

普通钢筋用量与小悬臂结构的用量相比曲线值偏高一些。这是由于脊梁体承受较大的扭转作用，纵向钢筋和箍筋用量上升；另一方面由于占主要使用面积的悬臂行车道板纵向采用普通钢筋混凝土体系。

下承式脊梁结构的具体计算分析可参考有关文献。

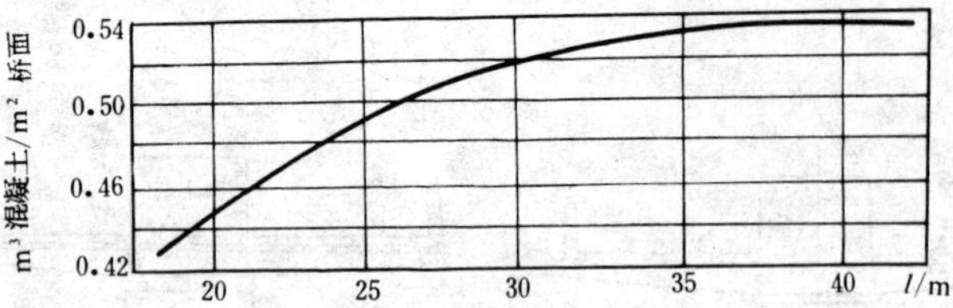

图 4-11　每 m² 桥面混凝土用量

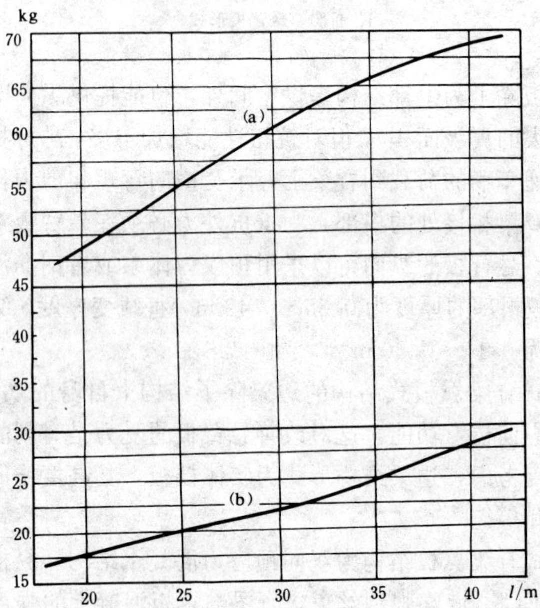

图 4-12　每 m² 桥面钢筋用量

(a) 普通钢筋用量；(b) 预应力钢筋用量

2. 上承式箱梁结构

上承式箱梁结构从受力性能来说比脊梁结构合理，其上翼板位于箱梁的受压区，悬臂长度比脊梁结构的悬臂板要小得多，横向无须施加预应力，是一般公、铁路桥梁常用结构。上海明珠线一般地段的桥梁跨度有 45 m、35 m、30 m、29.3 m、25.85 m 及 20.5 m 等若干种，其中跨度较小的几种本来适宜采用 T 形梁或空心板梁，结果全部采用上承式箱梁结构，其着眼点不在于经济而在于美观。由于工期紧，全线 24.97 km（其中高架线 21.37 km）分段招标，分段施工，不便采用预制架设方法，因此施工方法以现场浇筑为主。

图 4-13 所示为上海明珠线一般地段桥梁跨度 30 m 的主体桥孔几种典型布置方式。图(a)中表示典型的双线桥跨，两线中距 3.6 m；(b)表示两线在某些地段逐渐分开，其线间距 $s>3.6$ m，仍采用单箱双室截面；(c)表示两线完全分开为两行单线桥，采用单箱单室截面。设计时曾经将 30 m 简支梁与 3×30 m 连续梁作详细的技术经济比较，结果每平方米造价若以简支梁为 100，则连续梁上部结构为 105，下部结构为 118，合计为 110，因此一律采用简支梁。

上承式箱梁结构的技术指标以上海明珠线 30 m 梁为例，高度 h 为 1.9 m、高跨比 h/l 为 1/15.79、顶板厚 0.2 m、悬臂根部厚 0.35 m、底板厚 0.2 m、腹板宽 0.2～0.3 m、混凝土等级 C50、混凝土用量 0.56 m^3/m^2、普通钢筋 84 kg/m^2、预应力筋 15.6 kg/m^2，活荷载作用下的挠跨比为 1/2 900。在预应力筋张拉后 90 天浇筑承轨台的条件下，后期徐变量预估为 1.21 mm（上拱）。线路中心至桥面护墙外侧的距离为 2.6 m，一般直线地段线间距 3.6 m，合计桥面总宽 8.8 m。与上节介绍的脊梁结构相较，其桥面总宽（见图 4-9）及每平方米材料用量（见图 4-11 和 4-12）均相差无几。

上承式箱梁结构具体的计算分析可参考有关文献。

四、桥上接触网电杆及轨下基础

1．桥上接触网电杆

架空线接触网电杆在高架桥上的布置有两种方式。

(1) 接触网电杆设在两股道的中间。这种方式需增加桥梁断面宽度 0.5～0.6 m。接触网电杆在桥中央时，须桥宽 $B=9.5$ m，在两侧时只需 8.9 m，而槽形梁桥主梁设在两侧，特别适宜于电杆设在两侧的情况。脊梁式桥的主梁在中央，为电杆设置在桥中央

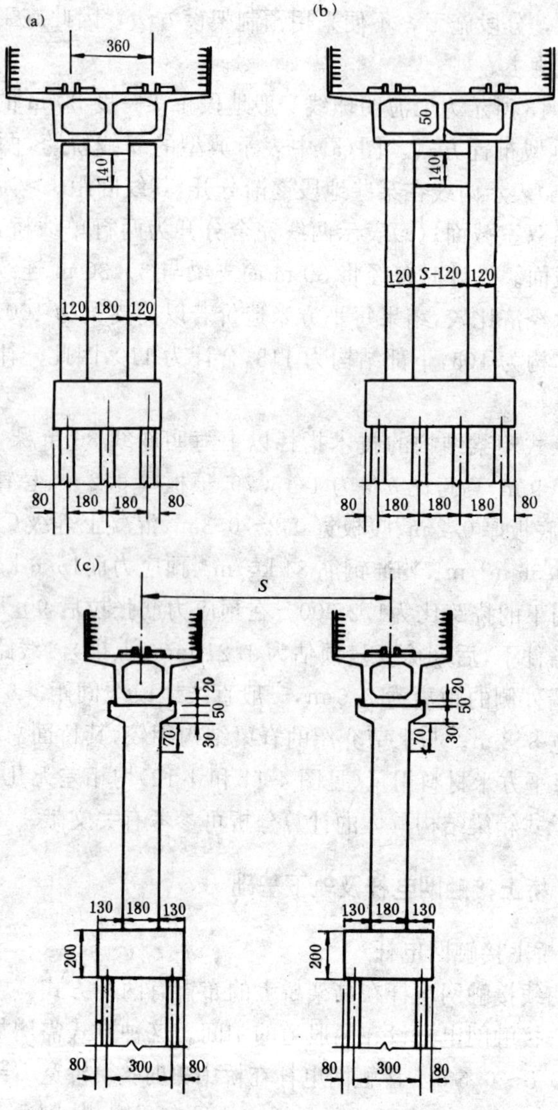

图 4-13　上海明珠线高架桥几种布置方式（单位：cm）

提供了非常有利的条件。

（2）接触网电杆设在桥梁两侧，桥梁断面宽度较小，造价较省，而且对桥下日照影响较小，占用土地宽度也较小。但须树立两排接触网电杆，景观稍差一些。对造价而言，高架桥桥面加宽增加的造价远远超过增加一排电杆的造价。上海明珠线主要采用设在桥梁两侧的方案。

接触网电杆高度及工作荷载取决于接触悬挂方式及车辆限界。接触网悬挂可分为简单悬挂方式和链形悬挂方式（见图 4-14），前者由弹性吊索与接触线组成，后者由承力索、接触线及吊弦组成。在电杆悬挂点处，承力索与接触线水平面之间的垂直距离称为结构高度。结构高度取决于最短吊弦长度，应保证在极限温度条件下，吊弦沿线路方向移动时产生的偏角，半补偿链形悬挂不大于 30°，全补偿链形悬挂不大于 20°，设计中结构高度一般取 900～1 300 mm。最短吊弦应大于 300 mm。

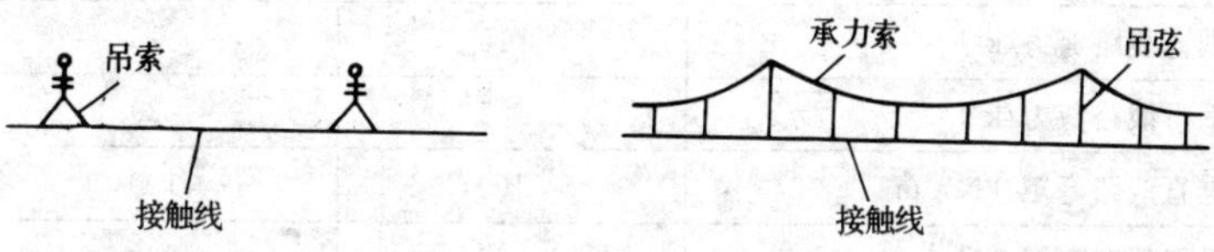

图 4-14　接触网悬挂方式

接触线悬挂高度是指接触线在电杆悬挂点处与两钢轨顶面连线间的距离。接触线在最大正弛度时的最低高度由车辆限界高度加接触网带电部分对车辆的绝缘距离以及施工误差、工务抬道等因素确定。例如湘潭轻轨电车车辆限界高度为 3 820 mm，绝缘距离 25 mm，列车振动余量 50 mm，施工误差及工务维修抬道考虑 50 mm，合计最低高度 3 945 mm。接触线悬挂高度一般取 5 m。

接触网支持装置的类型有腕臂柱支持装置、软横跨、硬横跨等 3 种。在高架桥上一般选用硬横跨，它具有稳定性好，减少电杆高度及荷载，美观等优点。

接触网电杆的侧面限界系指电杆内缘与邻近的铁路轨顶连线

的中心线的水平距离。它必须保证在任何情况下，电杆不得侵入规定的建筑接近限界。以湘潭轻轨电车为例，在直线区段最小允许侧面限界为 2 000 mm，在曲线区段的加宽部分须由计算确定，设计中尚应考虑一定的施工误差。

接触网的跨距即相邻两电杆间的距离是根据悬挂方式，电杆类型，受电弓类型，线路条件，气象条件等因素确定的，在经济上希望增大跨距以节省投资，技术上则要求确保安全可靠，受流质量良好。常用的跨距有 20 m、25 m、30 m、35 m、40 m、45 m、50 m 等几种。上海明珠线接触网柱分腕臂柱和锚柱两种，前者间距 30～50 m，后者间距 50～70 m。

电杆一般有钢柱和钢筋混凝土柱两种。上海明珠线电杆的工作荷载由电气化专业设计单位提供，如表 4-5 所示。

表 4-5　上海明珠线电杆工作荷载

荷　　载	腕臂柱底	锚柱底
垂直力/kN	15	29
垂直线路剪力/kN	15	16
平行线路剪力/kN	5	29
垂直线路弯矩/kN·m	100	100
平行线路弯矩/kN·m	20	200

2．桥上轨下基础

城市轻轨交通高架混凝土桥上的轨道结构，大多数采用无碴无枕承轨台结构。但国外（如韩国的汉城）轨道交通高架桥上也有采用碎石道床的，它具有施工简单，降噪声效果较好，抗爬力大，有利于铺设无缝线路等优点。但养护维修工作量较大，恒载也较大，对桥跨结构不利。

上海明珠线承轨台基础如图 4-15 所示，由支承块①和道床板②、护轮矮墙③组成。

支承块如图 4-16 所示，是一块预制的钢筋混凝土块，长 600 mm、宽 250 mm、高 180 mm，呈五角形，上部稍窄（宽 210 mm）。嵌入桥面上后期浇筑的道床板中，钢轨垫板及扣件即安置在支承块之上。支承块下部预伸出钢筋，埋置在道床板中，随同道床板一道后期浇筑。支承块按每公里 1 680 对设置。

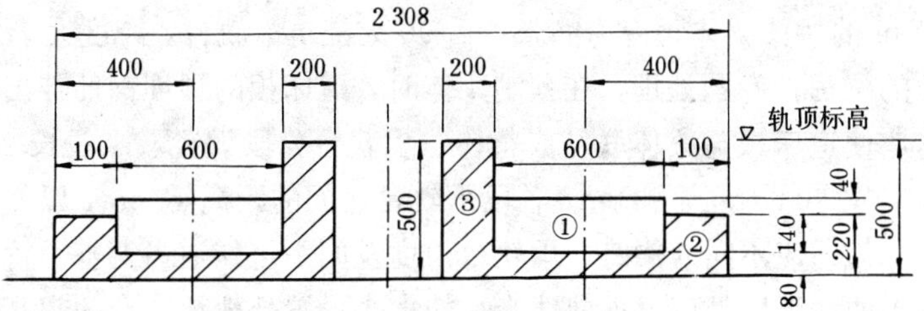

图 4-15　承轨台轨下基础断面图

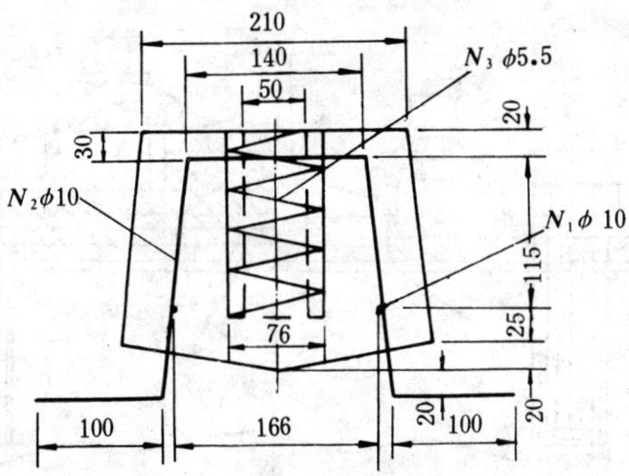

支承块立面图

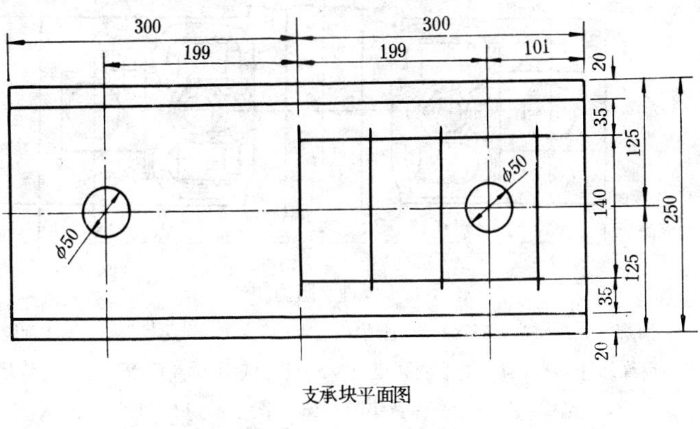

支承块平面图

图 4-16　支承块构造图

道床板连同护轮矮墙一道就地浇筑，将支承块嵌固其中，共同构成轨下承轨台基础。为减少梁体混凝土收缩徐变的影响造成轨道不平顺，承轨台采用二次浇筑法。上海明珠线要求跨度小于80 m 的桥梁梁体预应力筋张拉后 90 天浇筑承轨台，跨度大于 80 m 的梁另作专题处理。在预制梁体时，道床板的预埋钢筋伸出梁体，使道床板与梁体联结成整体。承轨台分段设置，一般长 225 cm，宽 90 cm，高 22 cm，各段承轨台之间的距离 15 cm，以便排水。为适应不同的梁跨，承轨台长度及间距可作适当调整。桥梁位于曲线地段，应根据曲线半径的大小设置外轨承轨台的超高及轨距加宽。道岔、无缝线路伸缩调节器等特殊地段的承轨台另行设计。

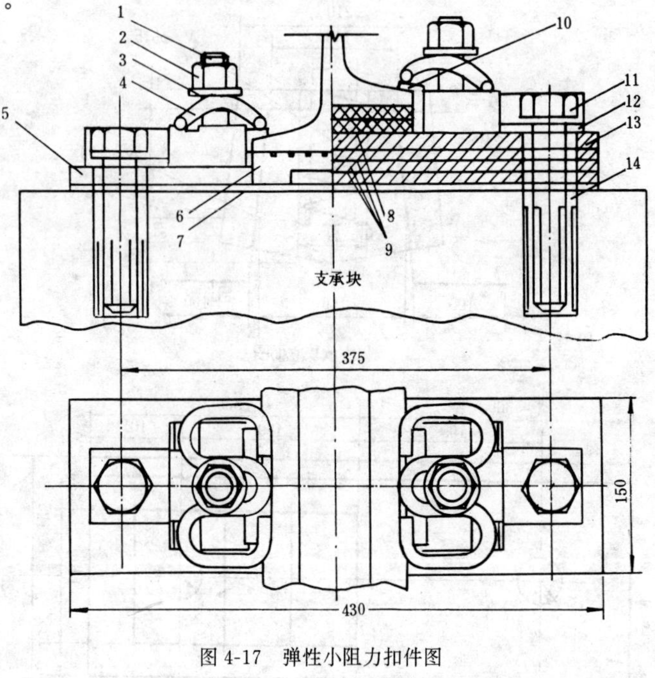

图 4-17　弹性小阻力扣件图

1—T 型螺栓；2—螺母 M24；3—平垫圈；4—弹条；4—铁垫板；6—复合胶垫；7—绝缘缓冲垫板；8—轨下调高垫板；9—铁垫板下调高垫板；10—绝缘块；11—锚固螺栓；12—弹簧垫圈；13—平垫块；14—尼龙套管。

承轨台施工以后的理论最终非弹性变形值，跨度<80 m，为±30 mm，跨度≥80 m 的梁另作专题处理。从梁体施工完成即需对桥梁进行变形（徐变、沉降）的连续观测和分析，通过综合变形曲线提供预期的最终非弹性变形值，以便在施工承轨台时先作部分修正并预留适当的轨面调整量。

图 4-17 表示上海明珠线高架桥上正线及辅助线采用的大调高量小阻力弹性扣件。调高量±40 mm，调距±10 mm。这种扣件能显著减小车辆振动、降低噪声。

高架桥上个别环保要求高的地段宜采用浮置板结构基础，其优点是减振降噪性能良好，上下左右可以调整，结构刚度适当，排水畅通不易造成泄漏电流，不存在混凝土两次浇筑问题。缺点是结构复杂，造价较高，施工精度要求高，难度大。在上海明珠线上仅作小范围试验以备积累经验。

五、高架桥的墩台与基础

高架桥墩台的基础应根据当地地质资料确定。当地质情况良好时，应尽可能采用扩大基础。若为软土地基，则为保证基础的承载能力，防止沉陷，宜采用桩基础。沉桩工艺应根据地面建筑和地下管线的分布状况确定。大部分高架桥可采用施工速度快、工艺成熟的打入桩基础。局部离现有建筑物较近的地段宜选用钻孔桩。钻孔桩施工时应采取有效措施防止泥浆外溢污染道路影响正常交通和道路排水设施，保持环境清洁。

高架桥墩除应有足够的强度和稳定性外，还应结合上部结构的选型使上下部结构协调一致，轻巧美观，与城市景观和谐、匀称，尽量少占地，透空好，保证桥下行车有较好的视线，给行人一种愉快感。常用的桥墩型式有以下几种。

1. T 形桥墩

T 形桥墩占地面积小，是城市轻轨高架桥最常用的桥墩型式。这种桥墩既为桥下交通提供最大的空间，又能减轻墩身重量，节约圬工材料，轻巧美观。特别适用于高架桥和地面道路斜交的情

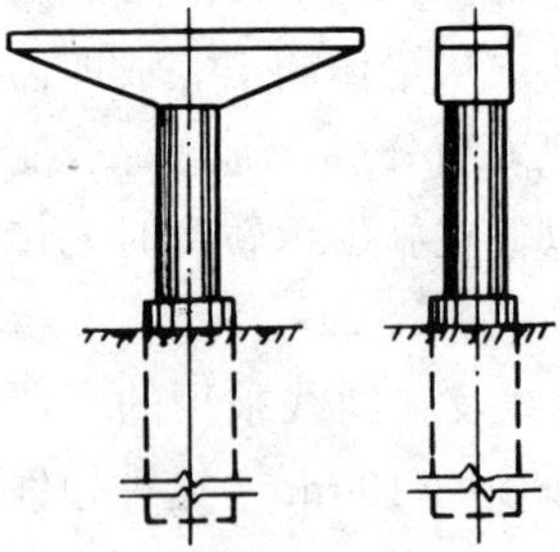

图 4-18　T 形桥墩

况。T 形桥墩由基础之上的承台、墩身和盖梁组成，如图 4-18 所示。墩身一般为普通钢筋混凝土结构，园形，矩形或六角形。大伸臂盖梁，承受较大的弯矩和剪力，可采用预应力混凝土结构。墩身高度一般不超过 8～10 m。

2. 双柱式桥墩

双柱式墩在横向形成钢筋混凝土刚架，受力情况清晰，稳定性好，其盖梁的工作条件比 T 形桥墩的盖梁有利，无须施加预应力，其使用高度一般在 30 m 以内，常用的型式如图 4-19（a）所示。为了避免河中桥墩被较大的漂流物卡在两

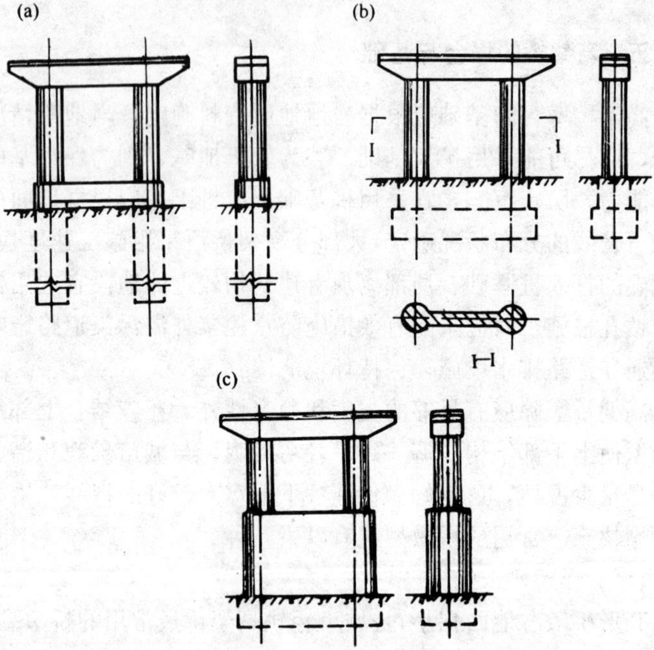

图 4-19　双柱式桥墩

柱之间影响桥梁安全，可做成如图 4-19（b）所示的哑铃式。在城市立交桥中，哑铃式墩可抵抗更大的侧向撞击力。也可在高水位以上或撞击高度以上分为两柱，以下部分为实体圆端形墩，如图 4-19（c）所示。上海明珠线的双柱式桥墩设计成无盖梁结构，上部结构箱梁直接支承在双柱上，双柱上部设一横系梁，如图 4-19 所示。这种构造须在箱梁内设置强大的端横隔板。

3. Y 形桥墩

Y 形桥墩（见图 4-20）结合了 T 形桥墩和双柱式墩的优点，下部成单柱式，占地面积小，有利于桥下交通，透空性好；而上部成双柱式，对盖梁工作条件有利，无须施加预应力，造型轻巧，比较美观，施工虽然比较复杂尚无太大困难。

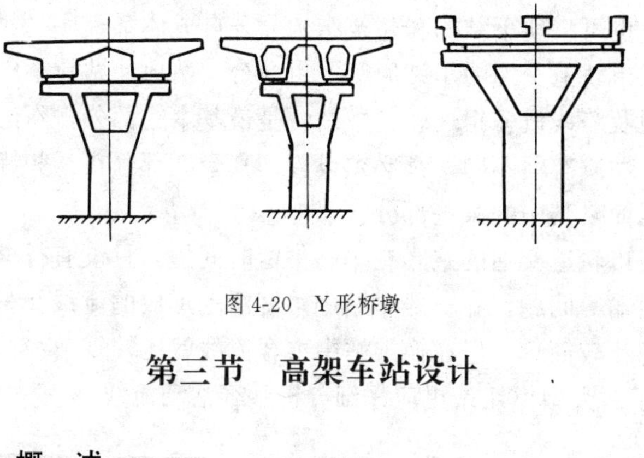

图 4-20 Y 形桥墩

第三节 高架车站设计

一、概 述

城市轨道交通的车站是为旅客乘坐轻轨车服务的基本设施。车站的选址、布置、规模等对轨道交通运营效果具有决定性的意义。车站的设计除满足运营使用功能外，应保证乘客使用安全、方便，并具有良好的内部舒适，美观条件和外部景观协调、匀称。轨道交通车站往往又是连接其他交通的枢纽，交通的方便必然促进城市的发展，因此更要使乘客的乘降、换乘、疏散便捷，以取得显著的经济、社会和环境的综合效益。

站址的选择应满足线路设计和运营管理的要求，同时要考虑城市公共交通组织和城市规划因素。站间距离一般在 1.0～1.5 km，选址困难时可达到 2.0 km。车站规模应满足远期预测客流集散量和车站管理与设备用房的需要，对城市规划中未来的交通换乘站及枢纽站要留有扩建的余地。车站布置要以方便乘客乘降、换乘、疏散便捷为首要目标，并应具有良好的通风、照明、卫生、防灾设备，以提供乘客安全、舒适的乘降环境。

车站建筑造型力求简洁明快、新颖脱俗，外型与城市景观协调，建筑装修应能使车站富有个性和时代感，避免雷同。车站结构一般采用钢筋混凝土框架和钢筋混凝土排架型式、轻型钢结构屋盖系统。大部分车站采取车辆行驶轨道下的结构和建筑结构互相结合成一体的结构体系。个别车站为避免二者互相干扰、沉降不匀，也可将轨下结构和建筑结构分开自成体系。

城市轨道交通的车站原则上由站台、站房、站前小广场、垂直交通及跨线设备组成。其中站台是最基本的部分，不论车站的类型、性质有何不同，都必须设置。其余 3 部分在某些特定情况下可能简略其中的某些部分。

城市轨道交通的乘客在车站集留时间短，且没有行李寄存与货物运输等问题。在一般车站中乘客活动形成的流线及车站服务设施都比较简单，但在换乘站中乘客流线就比较复杂些，如图 4-21 所示。大型枢纽站更应仔细分析乘客活动流线。

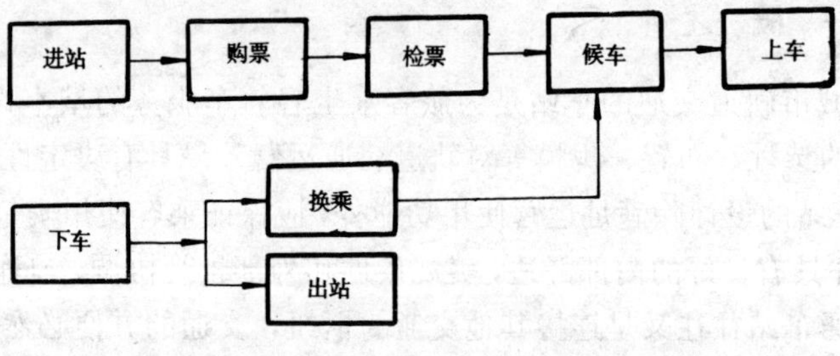

图 4-21　乘客进出站活动流线

车站的总体布局应按照乘客进出站的活动顺序，合理布置流线，要求流线简捷、通畅，不发生干扰，为乘客创造便捷、舒适的乘降环境。

二、站　台

轨道交通线路的站台型式可分为岛式站台、侧式站台和岛侧混合站台等三种型式，如图 4-22 所示。

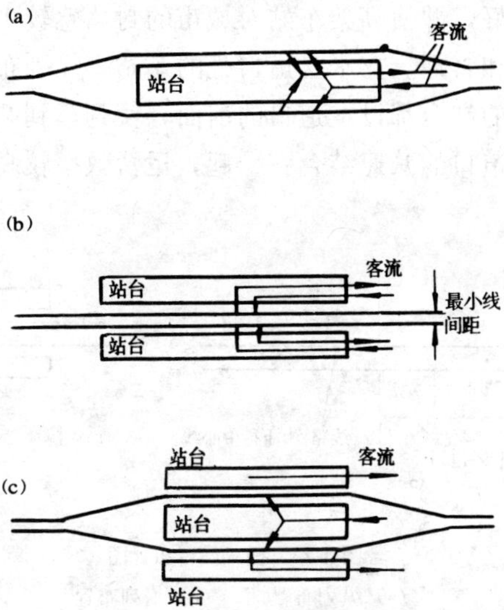

图 4-22　各式站台示意图

岛式站台（见图 4-22 (a)）设在上、下行线路中间，供上、下行两条线路共同使用。线路由区间进入车站时，由于线间距改变，形成一喇叭口过渡段。侧式站台（见图 4-22 (b)）是在上、下行线路两侧各设一站台，线路以区间同样的线间距通过车站。岛侧混合站台（见图 4-22 (c)）一般用于一条轻轨与另一条轻轨的换乘站。

岛式站台和侧式站台各有优缺点。岛式站台利用率高，在两向列车不同时到达时，站台空间比较富裕，但同时到达时，易交错混乱，甚至造成乘客乘错车辆。岛式站台管理比较集中，工作人员较少，乘客中途折返方便。线路结构复杂，需设喇叭口，但站台建筑艺术处理较易，气魄大，对不同时间单向流量偏大的车站来说，采用岛式站台比较有利。

侧式站台两向客流不会混乱，站台利用率较低，管理分散，工作人员较多。站台在建筑艺术处理上空间较分散，但线路不需设喇叭口，比较简单。侧式站台可以横列布置或纵列布置，如图 4-23 所示。横列布置的优点是结构处理较易，施工方便，建筑艺术处理效果较好，并使高架车站对城市的封堵感较少，也便于车站两侧的眺望和管理。在平交道口处的车站，纵列布置有一定的优越性，每侧的站台都设在道口的前面，使列车到站和离站时的低速与过平交道口的减速结合在一起，运营效率较高，并有利于安全。

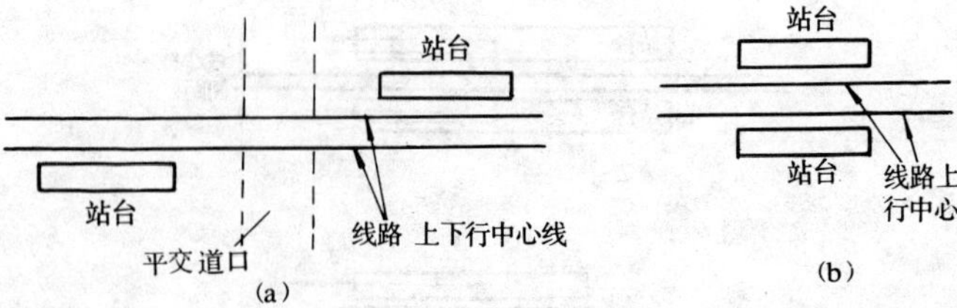

图 4-23　侧式站台布置图

(a) 纵列布置；　(b) 横列布置。

站台长度应由轨道交通车辆联挂的长度决定，考虑到停车位置的不准确和车站值班员及司机确认信号的需要，一般需预留2～4 m。例如上海明珠线站台按 6 节车辆编组，其中 2 节各 24.39 m，4 节各 22.8 m，预留 2 m，合计 141.98 m，按 150 m 设计；预留接长到 8 节车辆编组的施工条件。

站台宽度主要依据是高峰小时流量。在高峰小时内客流量也有不均匀现象存在，例如有可能在高峰小时的 20 min 内通过 40%～70%的高峰小时流量，因此须要引进超高峰系数 1.2～1.4。由此得到必需的最小站台面积：

$$A=P\cdot a$$

式中　P 为高峰小时每侧站台到达的乘客量，其表达式为

$$P=\frac{\text{高峰小时每侧站台客流量}\times\text{超高峰系数}}{\text{高峰小时发车的数量}}$$

a 为站台上每人所占面积，0.33～0.75 m^2/人，一般取 0.5 m^2/人。

侧式站台宽度可按下式计算：

$$b=\frac{A+S}{l}+b1+b2+b3\geqslant 3.5\ \text{m}$$

式中 S 为每侧楼梯和自动扶梯及其他建筑物所占面积，m^2；

l 为列车全长减去车头到第一扇门及车尾到最末扇门的距离，m；

b_1 为旅客侧式站台纵向流动宽度，取 1～1.5 m；

b_2 为站台边缘安全防护宽度，取 0.45 m；

b_3 为柱宽，m。

岛式站台宽度可按下式计算：

$$b=\frac{2A+S}{l}+b_4+2\times b_2+b_3\geqslant 8.0\ \text{m}$$

式中 b_4 为旅客沿岛式站台纵向流动宽度，取 2～2.5 m。上海明珠线取岛式站台宽为 $b=10$ m。

站台有效长度以外两端应设栅栏，同时设乘降到轨道面上的人行楼梯 4 处，以作为检修人员上、下轨道之用。同时可作为列车在区间发生事故时撤离旅客。

站台高度系指站台面距轨面的高度，站台按其高度分为低站台与高站台两种。

站台的高低应和选用的车型相适应。站台与车厢地板面同高，称为高站台，这种站台使乘客上、下车方便，特别有利于残疾人和老年人上、下车，缩短车站停车时间，提高线路的通过能力。考虑到由于车辆弹簧的挠度，在最大乘车效率时，车厢地板下沉的范围在 100 mm 以内，因此高站台高度以低于车厢地板面 50～100 mm为宜。

低站台可降低站台造价，适宜于客流量不大的车站。低站台比车厢地板面低一、二个台阶。我国生产的轻轨样车（湘潭电机厂研制）车厢地板面距轨面高度为950 mm，车辆第一踏步距轨面650 mm，因此高站台高度为900 mm，低站台高度为400～650 mm。上海明珠线规定站台面距轨面高度为1 100 mm。

从轨道中心到站台边缘的距离由建筑限界确定，还应考虑站台施工误差。一般允许施工误差为10 mm，则当车体宽度为2.6 m时，由轨道中心线至站台边缘距离应为1.4 m。站台原则上应布置在平直线段上，但当站台布置确有困难时，地面站可以进入大半径曲线段。此时轨道中心线至站台边缘距离应考虑曲线加宽值和线路超高值。上海明珠线车体宽度3.0 m，轨道中心线至站台边缘为1.6 m。

地面站及高架站站台雨棚上部净空高度应比车厢顶略高，雨棚宽度不得侵入建筑限界。侧式站台非乘降侧应设防护围栏，使乘客候车有安全感并方便车站管理。岛式站台上、下行线路间也应设防护栏杆，防止乘客随意越线造成意外。

三、站　房

车站站房的组成应根据运营管理的要求来决定。主要包括站厅、管理设备用房和通道。兹分述于下。

1. 站厅

站厅是售票、集散、连接车站进出口和站台的场所。如果运营管理采用车上自动售票方式，车站为无人管理而以集中监视的闭路电视系统提供保证时，站厅可以只是一个简单的风雨棚而无售票、检票功能。这种车站在国外现代化城市轨道交通中已屡见不鲜。如果运营管理采用车下售票方式，则车站应设售票房、检票口，有的车站还须设置票库。

为了减少占地面积、方便乘客乘降和便于管理，高架车站的站厅层一般设在站台层的下一楼层。地面站的站厅层一般设在地面，在闹市区当用地紧张时，也可将站厅层设在地下。售票口及检票口的数量均按超高峰小时客流量计算，每个售票口通过1 200 人/h，每个检票口通过2 600 人/h。售票室的位置应与进站口毗邻，乘客购票后随即检票进入站台，使乘客活动流程尽可能短。在站厅中还应考虑预留自动检票机，自动或半自动售票口的位置。

2. 管理设备用房

车站管理及设备用房的布置应尽量不影响乘客进出站的流线，与乘客候车区隔开。车站工作人员与站台的联系及调度室与线路的联系均应不受乘客干扰。上海明珠线拟定各车站管理及设备用房有如下几种：

车站控制室	50 m^2
站长室	10 m^2
信号机械房	60 m^2
电池房	15 m^2
通信机械房	60 m^2
自动售检票机房	2×25 m^2
防灾报警室	20 m^2
值班员室	10 m^2
副值班员室	2×8 m^2
站台服务员室	2×10 m^2
清扫员休息室	10 m^2
清扫用具库	2×8 m^2
交接班室	15 m^2
公安室	2×15 m^2
更衣室	2×15 m^2
间休室（夜间工作人员）	15 m^2
车站用品库	15 m^2
茶水卫生室	3×10 m^2
中心站站长室	12 m^2
泵房	30～50 m^2

高架站的管理设备用房应尽可能布置在地面以降低工程造

价，可在桥下空间或街道两侧空地布置站房。

3. 通道

通道包括出入口通道、楼梯、自动扶梯、消防楼梯、人行天桥等。出入口是乘客进出车站的大门，它的位置应根据站前小广场及站内、站外人流交通组织关系来确定。以最大限度地吸引客流为原则，力求采取与地面公交换乘最方便的方案，有条件的出入口应尽量与附近的商场、公共场所、人行天桥等有机结合。开向城市主干道的出入口，要留有一定面积的集散场地，以减少对地面交通造成过大的压力。对于较短的站台，可一端设进口、一端设出口，使进出站人流互不干扰。对于三节车及三节车以上联挂的站台，为避免乘客进出站流线过长，宜两端均设进出口，有条件时也可在中间设进、出口。

出入口通道的宽度和数量应根据车站的规模和客流量来确定，要求在紧急情况下在 6min 内把聚集在站上和车上的人员全部疏散出站。通道总宽度可按下式计算：

$$b=\frac{\gamma A}{6\ m}$$

式中　γ 为安全系数，取 $\gamma=1.2$；A 为一列车旅客人数加站台上候车人数加工作人员人数；m 为每分钟每米宽度通过人数，取 $m=83.3$ 人/(m・min)。

出口楼梯总宽度计算公式同上，唯取 $m=70$ 人/(m・min)，楼梯最小宽度 2 m，踏步高度 135～150 mm，宽度 300～340 mm，每个梯段不得超过 18 步，中间休息平台长度 1 200～1 800 mm。楼梯净宽超过 3 m 时，应设置中间扶手。自站厅至站台层超过 3 层的车站，自下而上应设自动扶梯，并考虑残疾人专用的电梯和通道。

车站建筑的布置及设施应具备有效的消防措施，严格执行各有关防火规范。建筑高度不超过 24 m 的车站按 GBJ 16—87《建筑设计防火规范》的有关规定执行。建筑高度超过 24 m 的车站应执行 GB 50045—95《高层民用建筑设计防火规范》，按一类高层建筑，一级耐火等级设计。

四、站前小广场

站前小广场起集散乘客的作用，是乘客进出站的缓冲之地，为过往乘客提供休息场所和停放车辆。

对于特大型车站或大型换乘站，站前小广场的设计内容比较丰富，必须与城市、交通规划部门协调研究，布置大小适宜的站前小广场，认真分析轨道交通及其他形式公共交通的乘车和换乘人流，做好引导，使各种人流互不干扰。同时要考虑布置汽车、自行车的停放场，布置适当的商业服务设施（例如餐厅、商亭、书报亭等）以及公用设施（例如休息椅、垃圾箱、厕所等），并布置绿地以美化环境。

对一般的大、中、小型车站，在城市人口众多，用地紧张的情况下，只能在可能的条件下因地制宜，恰当布置进出站的缓冲地带，并且配合简易可行的交通安全保护措施（例如斑马线等），使乘客进出站有安全感。鉴于我国目前自行车交通量很大，在站前小广场上或车站附近街道两侧或其他地方应设置自行车停车场，以方便居民用自行车换乘轨道交通车辆出行。自行车停车场面积，中型车站应在 240 m^2 以上，大型车站应在 480 m^2 以上。

第五章　轨道交通工程环境评价

城市轨道交通是城市现代化的交通运输工具，与公共电汽车相比，它具有运量大、速度快、安全可靠、时间准确的优点，已成为解决城市交通拥挤、噪声和大气污染的一项切实可行的措施。随着我国城市交通运输的发展，目前许多大中城市正在规划设计城市轨道交通运输系统，以满足日益增长的城市旅客交通需求。但由于城市轨道交通的工程特点，其产生的环境影响问题如大气污染、振动、噪声、电磁干扰等诸多方面，已经引起了社会的广泛关注，也是世界各国城市轨道交通普遍存在的一个值得重视的问题。

第一节　各种城市交通方式的资源环境指标比较

随着我国城市化和机动车化的发展，城市交通体系越来越多地需要占用大量的土地，消耗大量的燃料，产生大量的环境污染和生态负效应，而我国现有的资源（包括土地资源）储量和能源结构，以及基于城市发展模式和可持续发展进程的环境容量限制，对于城市交通的发展也有着各方面的制约作用。为此，我们有必要对各种交通方式与资源环境方面的关系进行分析，以谋求城市交通的可持续发展。

首先，交通运输是石油资源的最大消耗者。据联合国统计，交通运输部门已经成为最大的石化燃料消耗部门。随着我国经济的发展、城市规模的扩大、以及人口的增加，刺激了人们对交通设施的需求，相应引起交通运输业对土地占用和一次性能源消耗的增加。但是，我国资源存在很多不足：人均资源占有量少，低于世界平均水平；资源消耗速度快、强度高、利用率低；后备不足，供求矛盾问题突出。因此，尽量选择资源消耗少的城市交通方式是实现城市可持续发展的需要。

表 5-1 列出了日本大城市圈各种交通方式单位人公里能耗及大气污染物质排放量指标的资料，表 5-2 列出了日本各种轨道交通方式的单位人公里能源消耗指标的资料。从表 5-1 及表 5-2 可以看出，利用轨道交通来满足旅客运输需求，每输送 1 人公里可以分别比公共汽车、营业用小汽车、家庭用小汽车节省能源消耗量 1.7 倍、12 倍和 6 倍左右。从而说明轨道交通是一种节省能源的最好的城市交通方式。

表 5-1　日本大城市圈各种交通方式能耗及大气污染物质排放量

交通方式	能源消费量/(kJ/(人·km))	CO_2/(g/(人·km))	NO_x/(g/(人·km))	SO_x/(g/(人·km))
城市轨道交通	423	4.7	0.179	0.011
公共汽车	749	19.4	0.504	0.144
营业用小汽车	5 434	89.3	0.496	0.041
家庭用小汽车	2 520	44.6	0.257	0.021

表 5-2　日本各种轨道交通的能源消费

<table>
<tr><th colspan="2">线区、区间</th><th>运　量/(10^3人·km)</th><th>电力消耗/(10^3kW·h)</th><th>平均乘车率/(%)</th><th>原单位/(kJ/(人·km))</th></tr>
<tr><td rowspan="5">JR</td><td>山手　品川—田端</td><td>6 948 000</td><td>109 917</td><td>272</td><td>151</td></tr>
<tr><td>东海道　东京—热海</td><td>19 534 000</td><td>455 419</td><td>229</td><td>218</td></tr>
<tr><td>东海道　米原—神户</td><td>10 934 483</td><td>434 721</td><td rowspan="3">80</td><td>373</td></tr>
<tr><td>予言赞　高松—松山</td><td>870 000</td><td>37 136</td><td>402</td></tr>
<tr><td>鹿儿岛　门司港—鹿儿岛</td><td>4 347 000</td><td>276 327</td><td>599</td></tr>
<tr><td colspan="2">东武私铁</td><td>6 579 006</td><td>221 133</td><td>48</td><td>318</td></tr>
<tr><td colspan="2">西武私铁</td><td>5 012 000</td><td>169 000</td><td>52</td><td>318</td></tr>
<tr><td colspan="2">东急私铁</td><td>3 776 000</td><td>94 031</td><td>69</td><td>234</td></tr>
<tr><td colspan="2">阪急私铁</td><td>3 788 000</td><td>103 695</td><td>49</td><td>260</td></tr>
</table>

续上表

线区、区间		运　量/(10^3 人·km)	电力消耗/(10^3kW·h)	平均乘车率/(%)	原单位/(kJ/(人·km))
札幌地铁	东西线	637 649	28 880	40	427
都营地铁	三田线	1 238 951	58 000	49	440
营团地铁	银座线	1 454 000	38 000	68	247
千叶城市独轨		61 981	7 002		1 063
冈山电铁(路面电车)		8 084	1 210		1 411

其次，城市交通是我国城市的主要污染源。近几年来，随着我国经济的发展和城市化、机动车化进程的加快，我国城市环境质量状况下降相当严重。在世界十大污染城市中，我国就占了 4 个，分别是北京、上海、广州和沈阳。在环境污染中比较严重的是大气污染和噪声污染，目前我国城市大气污染物主要有悬浮颗粒物、SO_2、NO_x、CO 等气体，城市交通是这些污染的主要排放源(见表 5-3)。

表 5-3　1992 年北京机动车排气污染占大气污染物总量的比重　　(%)

项　目	CO	HC	NO_x
采暖期	47.32	61.27	15.68
非采暖期	80.31	79.14	54.79
全　年	63.36	73.54	21.70

另一方面，从表 5-1 可以看出，利用轨道交通来满足旅客运输需求，每输送 1 人公里可以分别比其他交通方式减少 CO_2、NO_x、SO_x 大气污染物质的排放量 4～19 倍、1.4～2.8 倍和 2～13 倍。由此说明轨道交通是一种减少大气污染的最好的城市交通方式。

最后，城市交通用地也是城市主要的用地类型之一。表 5-4 列出了各种城市交通方式单位运输量所需土地面积的指标，从表中可以看出，为了完成每 1 人公里的客运周转量，轨道交通可以比其他交通方式节约土地 3～6 倍。

表 5-4　各种城市交通方式单位运输量所需土地面积的比较

交通方式	轨道交通	营业用汽车	家庭用汽车
所需土地面积 /(m²/(人·km))	2.0×10^{-3}	5.9×10^{-3}	12.2×10^{-3}

综上所述，从能源消耗、环境污染、土地占用面积等指标来看，城市轨道交通在实现城市交通可持续发展对策中是具有相当重要的地位的，值得大力发展。

第二节　城市轨道交通振动与噪声

一、城市轨道交通振动与噪声源分析

城市轨道交通产生的噪声与振动是不可分的，它主要产生于轮轨系统和动力系统，其发生源有以下几种：

(1) 轮轨噪声。由车轮和轨道的振动而辐射的噪声。列车行驶时众多车轮与钢轨作用所产生的作用力，造成车轮与钢轨结构上的振动，构成车轮与钢轨的声辐射。这种振动与噪声，一是列车行驶到半径很小的曲线上所发出的“尖叫声”(参见图 5-1)；二是车轮滚过钢轨接头处所发出的“撞击声”(参见图 5-2)，这种

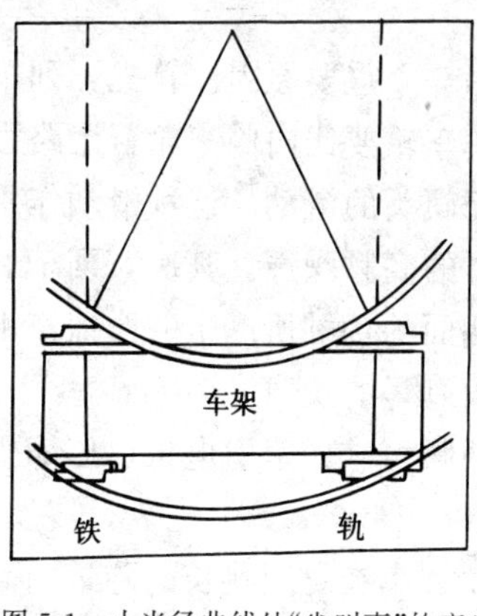

图 5-1　小半径曲线处“尖叫声”的产生

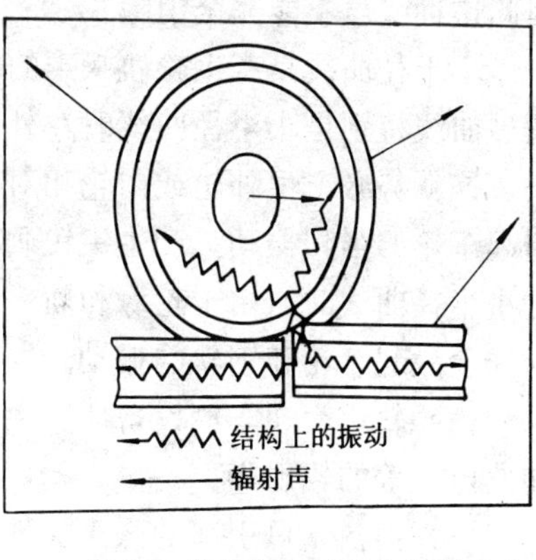

图 5-2　钢轨接头处“撞击声”的产生

振动与噪声随着长轨的发展和使用，有所减小；三是轮缘与钢轨接触面之间的微小不平度也会造成有节奏的“隆隆声”的滚动噪声（参见图 5-3），由于轨面不平整，振动级可增加 5～10 dB。

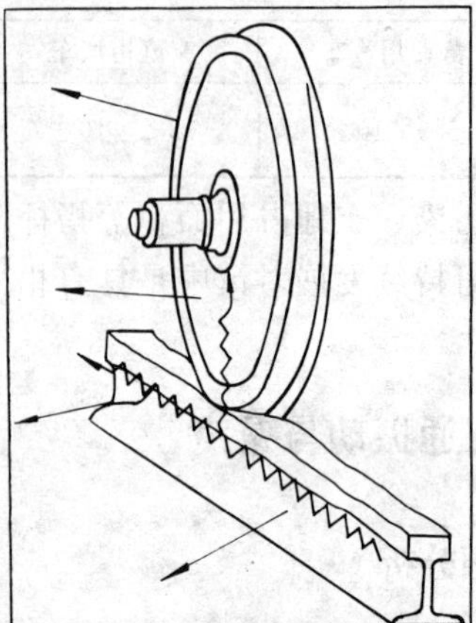

图 5-3　轮缘与钢轨接触面处“隆隆声”的产生

由车轮和轨道的振动而辐射的噪声是城市轨道交通系统的重要噪声源。这种噪声主要是由车轮辐射出，并通过钢轨和道床向外传播。噪声级主要取决于作用在车轮或轨道上的非连续的干扰力的大小和变化速率以及轮轨对这些干扰力的响应。

最主要的干扰力是由轨道的不连续性引起的，例如钢轨接头和道岔等。采用由焊接长轨组成的无缝线路可以在很大程度上降低钢轨接头噪声。但即使是无缝线路，也存在伸缩缝和道岔，因此这种噪声不能完全消除。

小半径曲线是产生轮轨噪声的另一个重要原因。首先，列车通过曲线特别是小半径曲线时，外侧车轮要比内侧车轮行走路程长，这就势必产生外轮或内轮相对于轨头的滑动。这种滑动作用引起车轮的强烈振动，产生尖锐刺耳的高频噪声。其次，列车通过小半径曲线时，由于轮缘和轨头侧面的接触所产生的摩擦作用同样会激起车轮和钢轨的振动，发出刺耳的噪声。

（2）轨道交通车辆设备所产生的噪声。如牵引电机、压缩机和发电机等的辐射噪声。

（3）由活塞风引起的噪声。地铁列车在封闭狭长的隧道内高速行驶，会形成强大的气流噪声，加重了地铁环境的总声级。

（4）由通风系统引起的噪声。地铁车站和区间的轴流通风机开动时，会产生一定的机械和气流噪声。

（5）由高架结构的振动而辐射的噪声。当列车行驶在高架结构上时，还将激发高架结构的振动而辐射噪声。

（6）通过承重柱体向邻近建筑物传递的噪声。

图 5-4 表示了日本新干线高架桥附近列车噪声级分布情况。

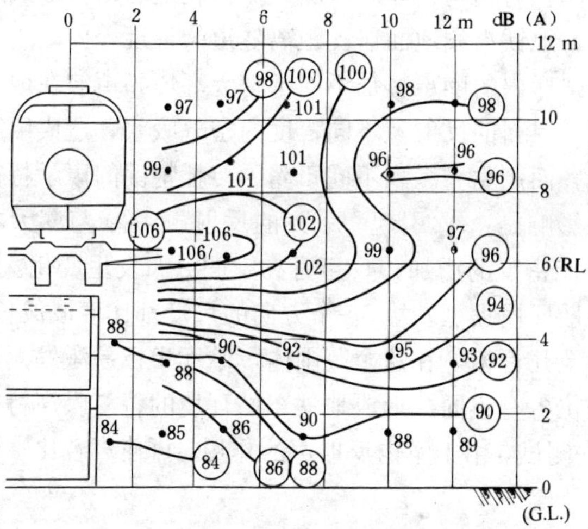

图 5-4　高架桥附近列车噪声级分布情况

另外，列车振动是一个比较复杂的问题，影响因素很多，且具有随机性。目前普遍认为列车竖向振动是由以下因素引起的：

（1）个别突然性的激振源，主要是沿线路长度方向物理性质不固定而产生的局部病害；

（2）周期性的激振源，如钢轨接头处的下沉，车上装有发动机等；

（3）随机性激振源，即轨道不平顺激起的车辆振动（轨道不平顺有几何不平顺和动力不平顺。所谓几何不平顺是钢轨顶面的不均匀磨损及道床的永久变形，所谓动力不平顺是由于列车运行在钢轨基础沿长度方向的弹性不均匀）。

二、地铁与高架轨道交通噪声特征分析

地铁振动与噪声的授体是地铁工作人员、乘客及地铁沿线地面的居民。影响范围包括列车车厢、驾驶室、车站站台、集散厅、工作值班室及地铁沿线地面建筑物内。实测表明，影响地铁振动与噪声污染强弱的主要因素是：车辆类型、列车长度、列车速度、车站站厅体积与结构、地质状况、支撑轨道的结构形式及轨道扣件的种类、地铁沿线地面居民距离隧道的远近等。

地铁站厅内的噪声特征不同于露天环境，声波在地下空间传播时，由于界面的反射及不同程度的空气吸收，造成声能在空间发生变化，而产生一系列不同于露天传播情况的声学特征。站厅对声音的影响是：① 引起一系列的反射声；② 与露天不同的音质；③ 声能密度的增加；④ 声音在空间分布发生变化。地铁车站站台和集散厅属大型站厅，各个方向的尺度都比声波波长大几倍、几十倍甚至几百倍。在这个范围内，站厅中极易激发大量的谐振波，其相位各有不同，形成地铁车站环境的特有噪声特征（混响声大）。据测试，由于室内反射声的作用，可使声音比室外提高十几个 dB。

实测与主观感觉表明：地铁振动与噪声对于地下空间环境的影响重点是噪声问题，对于地铁沿线地面环境的影响重点是振动问题。

而高架轨道交通系统噪声主要由轮轨噪声和高架结构噪声组成，它的特征还有以下重要特点。

（1）声源位置。线路高架后，轨道交通噪声的声源位置也相应升高，简化后的声源位置可与车轮中心同高。高架梁噪声的声源位置，简化后可与梁的侧表面水平中心线同高。

（2）高架结构噪声。高架结构噪声是由轮轨相互作用而产生的结构二次噪声辐射所引起，其大小与结构类型、表面积、道床结构、轨道类型及隔振措施有关。

（3）高架结构对轮轨噪声的屏障作用。高架结构对桥面以下

区域，由于阻挡了轮轨噪声的传播，产生了一定的声衰减。

（4）建筑物的声反射。高架轨道交通系统多在主要街道上沿街走向，如沈阳一期工程沿主要街道穿过沈阳市中心。街道两侧的临街建筑多为中、高层建筑，列车运行噪声除地面反射外还受到建筑物的反射，在街道中形成了较强的混响声场。

（5）临街建筑物对高架轨道交通系统噪声产生声屏障作用。

通常，高架轨道交通线路比地面轨道交通线路的噪声大，这主要有以下两个方面的原因：一方面是大地能吸收靠近地面传播的噪声；另一方面是高架轨道交通线路的噪声辐射面要比地面轨道交通线路的噪声辐射面大得多。

三、北京地铁振动现状测量结果及分析

北京市环境检测中心物理室在进行北京地铁复兴门至八王坟段工程环境影响评价的工作中，对北京地铁现状（即目前运行的一线和环线两条地铁线路）振动对环境影响进行了调查测量和分析。

1. 测量与评价方法

测量手段采用GHZ-1型公害振动仪。环境振动评价量采用地面垂向Z振级（V_{LZ}）。Z振级是按ISO2631/1和ISO/DIS2631/2规定的Z计权因子修正后得到的振级（dB）。

测量方法采用《城市区域环境振动测量方法》中的有关规定：在测量调查中，读取每次地铁列车通过过程中的最大示数，每个测量点连续测量20次列车，以20次读数的算术平均值作为评价量。

振动传播的衰减测量，选取典型路段（两地铁车站中间地段）垂直轨道方向不同距离的测点进行测试。

测量范围为地铁沿线地面建筑物内、车站站台内和地铁列车内。

2. 测量结果与分析

（1）地铁沿线地面建筑物内振动影响测量

首先，地铁振源测量（在车站区间隧道风道内进行）结果列于表 5-5。从表中可知：地铁列车在隧道内高速运行，距轨道水平距离 1.5 m 处振级平均值为 81 dB，最大值为 85 dB。而距轨道水平距离 24 m 处振级可衰减 10 dB 左右。

表 5-5　隧道内振级测量结果

测点	距外轨距离/m	地面基础材料	V_{LZ}/dB	备　注
1	1.5	水泥混凝土	81.0	最大值为 85.0 dB
2	12	水泥混凝土	73.1	
3	24	水泥混凝土	71.6	

其次，沿线地面建筑物内测量结果列于表 5-6。从表中可以看出：振级大小与建筑物的基础类型、结构形式和距地铁距离有密切关系。轻质结构或基础较浅的房屋，其振级与土壤振级接近，距隧道水平距离 17～28 m 时，振级可达 76.5～79.2 dB，超过交通干线道路两侧昼间标准 2～4 dB（国标中交通干线道路两侧昼间 75 dB，夜间 72 dB）；而距隧道水平距离 30～40 m 处，振级在 73.4 dB；40～45 m 处振级可降至 70 dB 以下。质量很大的钢筋混凝土建筑物的振级，较之自土壤传来的振级有相当大的衰减。主要原因是其固有频率低，不易被激励起较大振动。距离隧道水平距离 32 m 处：高层建筑物地下室内振级小于 60 dB，一层以上测不出地铁行驶时引起的振级；多层楼房（4～5 层）地下室内振级小于 66 dB，一层以上也测不出地铁行驶时引起的振级。

表 5-6　地铁沿线地面建筑内振级测量结果

建筑物类型	距隧道水平距离/m	隧道深度/m	地面基础材料	V_{LZ}/dB
平房（轻质结构，基础较浅）	17～28	9～13	砖地	76.5～79.2
	30～40	9～13	砖地	73.4
	40～45	9～13	砖地	小于 70
二层老式楼房	32	9	地板地	65.7
4～5 层楼房（地下室内）	32	13	混凝土	小于 66
高层（15层）楼房（地下室内）	32	9	混凝土	小于 60

上述结果说明：由于基础结构不同，相同距离振级衰减差值在 5～20 dB。在北京现有的地质条件下（砂卵石为主），基础结构较好的楼房，距隧道水平距离在 30 m 处，振级可降至 70 dB 以下。

（2）地铁车站环境振级测量

车站位置选在复兴门站（立交式上下两层）、埠成门站（环线岛式站台）、木樨地站（一线岛式站台）和古城站（一线侧式站台）。车站内振级传播情况较为复杂，测量结果见表 5-7。

表 5-7 地铁车站环境振级测量结果

测点名称	车站位置	环境性质	地面基础材料	V_{LZ} /dB
站台中央	车站底层	公共环境	水磨石地	80.4～92.8
楼　　厅	车站中层	公共环境	水磨石地	75.7～87.2
卫技值班室	车站中层	工作环境	混凝土	73.4～78.3
变电值班室	车站中层	工作环境	混凝土	78.0～84.8
行车值班室	车站底层	工作环境	混凝土	76.5～88.9
总机值班室	车站中层	工作环境	混凝土	80.0
变压器机房	车站底层	机　　房	混凝土	85.7～86.9

从表中可以看出，站台振级较大，在 80～93 dB 之间。其主要原因：一是受到列车进出站影响的距离较近；二是站台下面多为空间体（复兴门站为双层立交车站），容易产生共振影响。相比之下位于车站中层的楼厅振级较小，在 76～87 dB 之间。

车站内工作值班室振级大小决定于其所处位置。较高的是行车值班室，为 76～89 dB；变压器机房为 86～87 dB。这两个工作间位于车站底层两头，同站台同一水平高度，列车从房间两侧通过，激励起的振级较大。较低的是卫技值班室（同楼厅同层），振级在 73～78 dB 之间。

由于地铁车站为人、车共存，人员相对集中的公共场所，环境振动应有一定限制才能确保地铁安全、可靠、高速地运行，较强的振动还会产生较严重的噪声污染，影响车站值班人员的语言传递。从上述车站环境振级测量结果来看，行车值班 、总机站务室振级在76～89 dB之间，加之同时产生的噪声影响，容易使值班人员疲劳，精力不集中，应采取减振隔振措施来降低车站环境的振动影响。

(3) 列车车厢内振级测量

在典型列车车厢内测量的结果列于表5-8。从表中可以看出：列车车厢内振级在102～105 dB（列车时速在60～65 km/h），最大值可达108 dB。地铁车辆运行中产生的振动属于对人体的全身振动影响，其能量集中在35～60 Hz频率范围，为人体的非共振频带，对人体的生理效应不明显。

表5-8 列车车厢内振级测量结果

列车型号	地面材料	行车速度/(km/h)	稳态值/dB	最大值/dB
国产DK-16型	硬橡胶板	60～65	102	105
国产DK-8型	硬橡胶板	60～65	105	108
日本产0003-TC型	硬橡胶板	60～65	102	105

四、缓解城市轨道交通振动与噪声的措施

地铁振动与噪声的危害主要有三个：一是直接影响到列车内驾驶人员和乘客；二是列车进出站时，给车站环境带来污染；三是列车运行时使地铁沿线地面建筑物产生振动和固体声（通过土质为媒介传播的声音），使居住在建筑物内的居民受到危害。地铁振动与噪声，通过土壤传递到沿线地面建筑物，其传播途径如图5-5表示。一列地铁列车通过时，在地面建筑物上引起振动的持续时间，大约为10 s。在一条地铁线路上，高峰时在两个方向一小时内可以通过30对列车，或更多一些。因而，振动作用和持续时间，可以达到地铁总工作时间的15%～20%。因此，地铁运行中对地面产生的污染不能忽视。

对轨道交通系统来说，噪声最小的线路是采用道碴枕木式道床的地面线路。无碴轨道的噪声要比有碴轨道大，这是因为无碴轨道即使采用了适当的弹性扣件，噪声能量还是要传给道床，形成一种更大的噪声辐射面。此外，道碴吸收噪声的功能是很强的，

取消了道碴，也就不能利用这种功能。

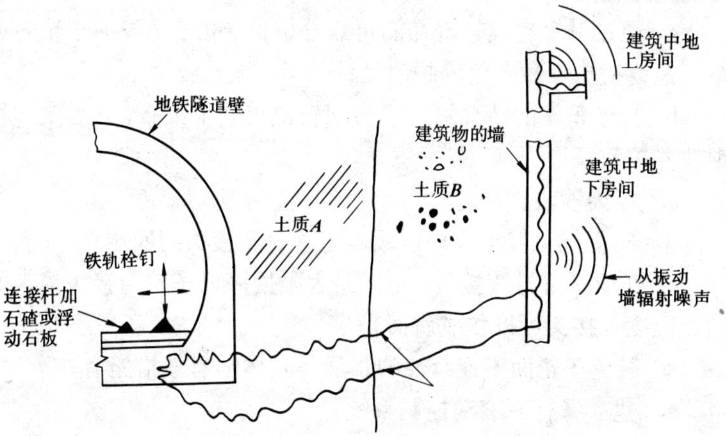

图 5-5　地铁传送振动和噪声示意图

新加坡地铁系统缓解轮轨噪声的实践措施已取得了良好的效果。现分别介绍缓解车轮怪音、撞击和滚动噪声的有关措施。

(1) 缓解车轮怪音的方法

① 减少通过弯曲钢轨的侧向蠕变。具体的有效措施有：

a. 避免小半径曲线；

b. 采用易驾驶的转向架。

② 改变轮轨表面的摩擦或蠕变性质。具体的有效措施有：

a. 润滑车轮或钢轨踏面；

b. 在车轮或钢轨上设置特殊的踏面。

③ 最大限度降低车轮共振反应。具体的有效措施有：

a. 采用阻尼车轮；

b. 采用弹性车轮。

④ 阻挡声音反射。具体的有效措施有：

a. 设置路边噪声屏障；

b. 设置机车挡裙。

(2) 缓解撞击噪声和滚动噪声的方法

① 最大限度降低车轮踏面和钢轨表面的不连续性，降低车轮与接头撞击的剧烈程度。具体的有效措施有：

a. 通过对车轮运转寿命的可靠分析，建立一个校准车轮的策略，最终提出一种车轮养护政策；

b. 校准车轮的情况可对研磨钢轨提出一个策略，并形成一种钢轨养护政策；

c. 焊接钢轨；

d. 实行优化养护程序以缓解绝缘钢轨接头的噪声；

e. 作成平滑过渡接头，可以最大限度降低车轮与接头撞击的剧烈程度（接头可以作成斜面）。

② 避免车轮面不连续性的扩展。具体的有效措施有；

a. 建立滑行～滚动控制系统；

b. 使用合成材料表面或圆盘制动。

③ 最大限度避免轮～轨对表面不规则性的反应。具体的有效措施有：

a. 采用弹性车轮；

b. 采用弹性或阻尼钢轨；

c. 降低机车运行速度。

④ 作为一种最后办法，可采用吸收噪声屏障，或把绝缘钢轨接头重新安置在受噪声影响不大的地区。

另外，从轮轨垂直耦合振动体系分析入手，在钢轨与轨枕之间，轨枕与道床之间增加弹性垫层可以有效地减少噪声。巴黎 7 号线、13 号线地铁在巴斯底狱的新歌剧院下通过，歌剧院方面认为地铁车辆的噪声和振动对剧场的演出有影响，巴黎地铁公司进行了研究、试验，并会同歌剧院、巴黎声学研究所共同进行了现场测试。试验证明在枕木底部加了一层橡胶垫后情况得到了改善。

第三节　城市高架轨道交通电磁辐射

电力驱动的交通系统中，在所有电动设备附近都会产生电磁场。近年来，公众舆论特别关注电磁场对人类健康的潜在的不利影响。另外，电磁场还会对交通线路沿线的通讯和铁路信号电缆产生电磁干扰。这种现象常以其字首的缩写来表示，就是大家都知道的 EMI（electromagnetic interference）。

城市高架轨道交通电磁辐射主要的辐射源有：

(1) 牵引供电系统。由交流降压后，整流转换成母线电压，在整流器上完成交直流转换过程中出现的高次谐波向外电磁辐射。在上海地铁牵引变电所整流屏测得电磁辐射的电磁噪声场强，与频率成反比，其值为 31.8～57 dB (μV/m)，而且有车比无车时辐射场强高 4 dB。

(2) 供电电源系统，即地铁专用的高压系统的线路及有关设备，如主变压器、开关及母线等。由于电压高、电流大，持续向周围空间辐射电磁能量。广州地铁对主变压器机房进行测量，测得最大工频场强为 6.3 V/m，大部分为 5.8 V/m。

(3) 列车在运行中，受电弓与接触网产生瞬间离线，造成的火花放电包含很宽的频谱，对沿线造成宽频带的射频电磁干扰。上海地铁在不同频率情况下测得场强为 86.5～108.5 dB(μV/m)之间。

根据国标规定，电磁辐射居民暴露界限值在 0.1～3 MHz 频率范围内的电场强度为 40 V/m，即 152 dB（μV/m）；在 3～30 MHz 频段为 67 V/m，即 152～142 dB(μV/m)；在 30～300 MHz 频段为 142 dB (μV/m)。对现有城市轨道交通所有电磁辐射测量结果都远低于国标值，不会造成电磁污染，符合 GB8702—88《电磁辐射防护》免于管理的规定。

而对电子通信设备的电磁干扰则情况比较复杂。比如对电视接收，主要决定于被评价地点的电视信号电磁辐射的强度（D）与该处干扰场强（U）的比值。当 D/U 值大于 35 dB 时，就可以正常收看；而对于有线电视则无影响；对于通信技术，受电弓离线的火花放电影响可能最大，但它与机动车打火的辐射强度是在同一数量级的，因此一般情况下，不会对城市造成电磁干扰。但是与城市轨道交通线路平行的电话线路会受到电磁场的干扰，人们在使用电话时常可听到这种噪声。在美国，工作频率是 60 Hz 的电气设备（例如使用 25 kV 交流电的轨道系统）产生的电磁场对电话通讯线路噪声干扰最大，因为后者的标准工作频率也是 60 Hz。电磁干扰也会影响未加屏蔽的铁路信号电缆，导致道口栏木、信号铃和信号灯错误操作。

电磁场实际上是电场和磁场的结合。这两种场是不同的。对环境的影响也不同。电场的干扰比较容易处理，只需在电话线路的外部或内部采取各种各样的屏蔽措施，即可减小或完全消除这种干扰。这种屏蔽措施在电气化铁道（包含城市轨道交通）的设计中是常被采用的。但是，仅靠屏蔽措施本身不能完全消除磁场对电话线路的干扰。解决的方法一般是适当地调整轨道和牵引线路的布置，使磁场减小以至消失。而对于电视接收障碍问题，可以通过提高电视天线位置或设置远离轨道交通线路的共用接收天线来加以解决。

应该指出的是，电磁场对公众身体健康的潜在影响还不十分清楚。近年来，已经做了大量的工作，研究 25 kV 60 Hz 的交流市电（其电压和频率都与 25 kV 的轨道动力线相似）对人体健康的影响。关于电磁场对人体健康的影响方式与程度的研究还没有取得最终结果。另一方面，对市电的研究结果也不能直接用于 25 kV 的轨道系统，因为二者的供电方式不同：轨道系统采用单相供电而市电采用三相供电，因此产生的电磁场也就不同。

由于对人体暴露于轨道系统电磁场的安全标准缺少一个专门的指标，人们只能采取一些谨慎而保守的方法来减小其影响。最简单的方法就是尽量增大产生电磁场的设备与人体的距离。随着距离的增大，电场的强度急剧下降，磁场强度也是如此，只是下降的速率稍低些。因此，变电所和牵引线路应布置在远离人群集中的地方（例如铁路车站、十字路口和居民点等）。

参 考 文 献

1 王午生．铁道线路工程．上海：上海科学技术出版社，1999

2 佐佐木等．板式轨道（中译本）．北京：中国铁道出版社，1983

3 中华人民共和国铁道部．铁路线路维修规则．北京：中国铁道出版社，1997

4 何宗华．城市轻轨交通工程设计指南．北京：中国建筑工业出版社，1993

5 施仲衡等．地下铁道设计与施工．西安：陕西科学技术出版社，1997

6 王兆祥等．铁路工程测量．北京：测绘出版社，1986

7 崔之鉴．地下铁道．成都：西南交通大学出版社，1981

8 程骁，潘国庆．盾构施工技术．上海：上海科学技术文献出版社，1990

9 余志成，施文华．深基坑支护设计与施工．北京：中国建筑工业出版社，1997

10 天津大学，同济大学等校合编．土层地下建筑施工．北京：中国建筑工业出版社，1982

11 陶龙光，巴肇伦．城市地下建筑．北京：科学出版社，1996

12 刘建航，侯学渊．盾构法隧道．北京：中国铁道出版社，1991

13 钟桂彤主编．铁路隧道．北京：中国铁道出版社，1993

14 上海市标准．DBJ 08—69—97 预应力混凝土结构设计规范．

15 中华人民共和国铁道部标准．TBJ 2—96 铁路桥涵设计规范．

16 胡匡璋等．轻轨交通高架桥槽型梁结构的研究．214—成套技术—0912 课题报告，1990

17 广钟岩主编．铁路无缝线路．中国铁道出版社，1995

18 范立础主编．桥梁工程．北京：人民交通出版社，1993

19 胡匡璋主编．槽型梁．北京：中国铁道出版社，1987

20 胡匡璋主编．桥梁．北京：中国铁道出版社，1994

21 根桥辉等．都市铁道の再评价．JREA，1993，36(12)：3～7

22 数字でみる铁道’95．運輸経済研究センタ保，1995，231

23 大聖泰弘．運輸交通分野のCO2 削減方策とその課題．国際交通安全学会志，1997，22（4）：37

24 大浦泰．铁道における省エネルギ保．省エネルギ保と環境，1998，9(6)：11

25 陆化普．轨道交通与21世纪城市交通的发展战略．’98 北京国际现代城市轨道交通工程与装备技术研讨会论文集，1998，56

26 土屋敬．省エネと環境問題から見た鉄道．JREA，1994，37(2)：11

27 王毅．浅谈地铁振动与噪声．地铁与轻轨，(1)：19～20

28 吕其康．轻轨交通系统的规划设计．地铁与轻轨，1993，(4)：41～42

29 天野光三．铁道工学．丸善株式会社，1984

30　王毅．北京地下铁道振动对环境影响的调查与研究．地铁与轻轨，1992，(2)：21～24

31　赵锡宏．新加坡地铁系统缓解轮轨噪声的措施简介．城市轨道交通研究，1998，1(2)：68～69

32　金锋．城市高架轨道交通若干问题探讨．城市轨道交通研究，1998，1(3)：11～13